U0829325

青蓝
文库

青蓝文库

论法律作为常识的制度化

叶一舟 著

中国法制出版社
CHINA LEGAL PUBLISHING HOUSE

献给我的父母

编委会委员（按姓氏拼音排序）：

常鹏翱　车　浩　陈杭平　陈新宇　侯　猛

劳东燕　雷　磊　李　昊　栗　峥　宋华琳

王　莹　谢海定　许德峰　尤陈俊　张　红

张　翔　张　龑　赵　宏　赵　磊　朱　腾

问渠那得清如许

经过两年多的策划和工作，《青蓝文库》终于面世了。这中间，凝聚了很多人的努力和期待。中国法制出版社邀我写一个总序，考虑到丛书包涉法学各个专业，自己所学狭薄，我一开始有些犹豫。但又想到司马迁所言：“序者，绪也，所以助读者，使易得其端绪也。”参与和见证一段历史，无形中就承载了记录绍介的义务。读者可能希望了解到这套文库的来龙去脉，如果我的序能够有所帮助，那还是义不容辞的。

说来话长。这套文库的大致雏形，最早涌现于 2016 年 3 月某日，中国法制出版社的马颖女士与我在陈明楼办公室的一番叙谈。马颖在法律出版界是资深编辑，那时刚接任编辑六部主任一职，很想为法制社的学术出版再开局面，拓展出一些新气象。而我自己当时手头文债积压，并无新货，于是，我们就聊到其他出版项目，其中就包括，法制社打算资助出版一批优秀博士论文。

如所周知，博士论文凝聚了一个人以学术为业的最初心血，是他走上学术之路的叩门砖，意味着从汲取导向的学生，开始向创新导向的学者蜕变。而且，从学术史经验来看，博士论文中也不乏经受住了时间检验的经典之作。尽管意义与价值如此之大，但是，在当下的出版环境中，博士论文出版却非常之难。一来，是由于纯粹的学术著作的受众市场本身就非常狭小；二来，在逼仄的市场中，书的销量和效益又往往与作者的知名度挂钩。于是，一个名不见经传、初出茅庐的学者，捧着手中新鲜出炉的博士论文，既不容易得到学术市场的认可，也因此很难获得出版社的支持。名家大腕被争相约稿，而刚出道的新人，即使自掏腰包自费出版，恐也难逃被冷落敷衍的命运。所以，尽管每年中国的法学院校里有很多博士生毕业，但是，即使是其中最优秀的博士论文，想要立即出版也非易事，往往是“养在深闺人未识”，直到作者闯出腕儿来、有了学术名声的那一天，蒙尘的明珠才可能绽放光芒。

然而，此时出版，已有些错过，不再是学术新人最渴望自我肯定和向学界证明的迫切时机，也不是学者在最艰难的出道之初，最急需的支持和鼓励，因而，可能只是锦上添花。过往，中国人民公安大学出版社的《北大刑法博士文丛》，以及武汉大学出版社的《武汉大学刑法学博士文库》，为很多刚毕业的刑法博士提供了论文出版的平台，成就了他们人生中的第一本书，那是颇有高义的雪中送炭之举。不过，这两套文库作者限于特定高校和刑法专业，影响不免有限。如今，法制社有意精心打造一套文库，推出全国法学院各专业的优秀博士论文，这种对学术新人鼎力相助的力度，可谓前所未有，出版社的学术情怀和社会担当更是令人敬佩。因此，当听到马颖提出这个出版计划并征询我的具体建议时，我也感到很振奋，愿意尽自己绵薄之力，帮助她绘成这个蓝图。

我当时向马颖建议，可以通过民间渠道邀请一批中青年学者，而非官方机构来遴选优秀论文。这不仅是由于，机构评选论文的形式已成窠臼，更主要是考虑，如果评审人与被评审人年龄代际相近，那么无论是个人的学术潜质还是论文情况，都一定更为熟悉。而且，相对于年长的学界大家来说，中青年学者距离在毕业前后的艰难岁月中努力跋涉的经历，时间还未久远，因此，对学术新人出头的不易，以及博士论文出版的困难，大都有尚未淡化和忘却的切身体会，可能更愿意去投入精力帮助后来人。加之较少社会杂务，更多爱惜学术羽毛，评选上也会更加认真、负责和公允。

马颖是个很有决断力的人，她听了我的建议后，完全赞同这个新的民间方案，并请我推荐和联系编委会人选。我被马颖的热诚感染，受她之托，给一些学界朋友打了电话。大家在了解到这个出版计划后，几乎都是毫不犹豫地应允下来，愿意义务承担审查来稿和推荐优秀论文的工作。编委会的人员组成很快就确定下来。这也让我颇有感触，一个有情怀的出版项目，不需要多少鼓吹，自会焕发出它的光彩，吸引和召唤着有学术责任感的学者们汇集。

万事俱备，只欠开会。2016 年 4 月 18 日，第一次神仙会胜利召开。根据出版社的记录，第一次与会的学者名单如下：车浩、陈新宇、侯猛、劳东燕、雷磊、栗峥、王莹、许德峰、张翔、张龑、赵宏、朱腾、谢海定。舒丹、马颖、王雯汀三位法制社编辑策划主持了第一次聚会。聚会之日适逢当年的北京电影节，于是，由我提议，大家在小西天附近餐叙后，又集体遛弯到中国电影资料馆，看了一场银河映像系列之《暗花》。从电影院出来，仍然意犹未尽，找了一处胡同里的茶馆继续聊。

这次聚会颇有成果。商定的内容包括：(1) 在全国范围内面向各个高校和专业征求优秀论文。(2) 采用作者自荐和编委推荐两种方式确立稿源。(3) 编委会的工作制度和推荐评审的义务。(4) 兼顾图书质量和出版规模等基本理念和规则。其实，答应参与编务的学者，虽然是法学各个专业里出类拔萃的青年才俊，但毕竟有学校和专业的隔离，相互间并没有想象中那么熟悉，甚至是闻名已久但从未谋面的神交，是《青蓝文库》这个出版项目中包含的学术理想和情怀，调动了每个人的学术热忱，大家才聚到一起来。每个人都很珍重自己的责任。在集聚餐、喝茶、看电影于一体的聚会中，严肃活泼地讨论了问题，达成了共识，像这样的交游轶事，对我们每个参与者都是很奇妙的体验，也是一次弥足珍贵的回忆。

第一次聚会后不久，法制社就在征求各位编委意见的基础上，面向全国，推出了正式的征稿启事。“《青蓝文库》是由中央级法律专业出版社中国法制出版社创设的重大出版项目，专门出版中国法学专业优秀博士学位论文。文库旨在发现有潜质的学术新星，为法学博士论文的发表搭建优质平台。文库支持和推动高校不断推出创新性成果，与学界一起探索和确立中国法学博士论文的优秀标准。”这份启事，包括我本人在内，多位老师参与修改润色，应当说，完整地表达了出版社编辑和我们编委会成员的共同心声。

在这份启事中，中国法制出版社郑重承诺：《青蓝文库》的出版无需任何资助；出版社会精心打磨每一部作品，以精美的版式设计和装帧风格匹配作品的学术价值；对《青蓝文库》的出版成果，出版社会积极联系各学术刊物、报刊媒体、学校官方平台等进行大力宣传；每一年度出版社将邀请出版论文作者参加“青蓝出版沙龙”，享受一次打破学科专业界限相互交流的盛会。显而易见，这些承诺如能一一实现，那么，进入《青蓝文库》，对于博士毕业的学术新人在学界影响力的彰显和提升，将会有极大的助力。这可能是青年学者能在国内出版界得到的最好的亮相机会了。当然，这份启事中也写明了我们这些编委的承诺，即编委会成员将尊重学术研究视角和立场的多元化，本着充分的学术包容精神，对挑选出真正有价值的论文怀有使命感，力求评选结果客观公正。

出版社与编委会的第一次碰头议事，设在小西天，以独特的方式，取得了非常好的效果。在其乐融融的气氛中，沟通了感情，增进了对《青蓝文库》这项共同事业的认同度和使命感。可能是受此激励，三个月后的一个周末（2016 年 7 月 23、24 日），马颖很快又趁热打铁组织了第二次编委会会议，地点设在京郊。报到当天下午，大家就开始了分组审稿的工作。第二天，在北京实创西山科技培训中心，召开了正式的评审会。针对符合征稿要求的21篇博士论文，按照“严格筛选、宁缺毋滥”的原则，以编委的个人初审为基础，经过分组审稿、分组讨论以及集中评审后，编委会成员进行匿名投票。再由出版社统计全体编委的推荐意见，当场公布获得三分之二（即12名以上）编委推荐的论文名单。针对入选的论文，编委会确定一至两名编委，综合全体编委的修改意见，会后与论文作者直接沟通，提出完善建议。至此，第一次评审会圆满完成，共评选出4篇优秀论文，作为《青蓝文库》第一批次推出的作品。

这是一次非常成功的论文评审会。这首先得益于，马颖、王雯汀、罗莎、侯鹏、吴宇辰等几位出版社的编辑及工作人员，为这次评审会付出了大量的心力来准备、策划和安排。其次，参加评审会的编委会成员，包括陈杭平、侯猛、劳东燕、雷磊、栗峥、王莹、许德峰、尤陈俊、张翔、张龑、朱腾、赵磊以及本人在内，都本着珍重这份责任的态度，对评审投入了很大精力。会前，出版社就已经通过邮件把论文发给了编委进行预审，等到开会当天，各学科组的编委对所推荐论文和存在争议的论文讨论得非常深入，争论得也十分激烈，可以说是充分且坦诚地交换了意见。

之后很长时间，我都常常想起这次令人难忘的评审会。马颖等各位编辑老师的策划安排，可谓煞费苦心。会议所在之地离龙泉寺很近，龙泉寺是全国有名的佛教古刹，出过很多高僧，常常以现代人喜闻乐见的方式传播佛法，寺内香火旺盛，游客如织，置身其中，感受到一种出世般的内心宁静，但也不会斩断与人间烟火的勾连。浸染在这种情绪中，特别适合投入接下去的评审工作。因为学术一途，本来也是素心人之事，要能脱心志于俗谛之桎梏，而付出精力去评审和推荐他人的论文，更是要有一种对学术共同体的使命感。所以，我觉得法制社的这次会议策划颇有禅机、值得回味。

半年之后，我们又在法制社的会议室召开了第三次编委会，也是第二次论文评审会。有了前两次成功的会议打下的基础，编委会磨合日趋顺畅，后面的评审会就进入了良性运转的正常轨道。值得一提的是，在几次会议中，大家逐渐达成一项共识，即《青蓝文库》支持的对象，不仅仅是优秀论文本身，而且是论文作者的学术之路。因此，虽然论文质量不错，但是作者博士毕业后就不再从事学术工作的，原则上不纳入出版计划之列。

受命作序，回想往事，点点滴滴都涌上来。这样不厌其详地叙述过往细节，正如开头所言，因为要向读者诸君讲述《青蓝文库》的来龙去脉，希望文库的每一位作者都能记住历史。法制出版社多次表示，他们有能力、有信心将《青蓝文库》的项目坚持下去，十年、二十年甚至更久。我也相信，未来将有更多的青年才俊，以这套文库为阶，走上学术舞台的中心。序中所记，是在这套文库诞生过程中，出版社编辑和编委会成员付出的热情和心血，当然，肯定还有很多我不了解的幕后工作无法呈现。我一直认为，缺乏学术传承和积累，是中国法学曾被人讥为“幼稚”的重要原因。而学术传统的形成，不是某一两个人甚至一两代人就能毕功的事业。我们每个人，都是在无尽的历史长河中来承担各自的使命。我们努力完成自己的作品，也不要淡忘先行者的努力和恩惠，同样，有能力时，更应尽力去帮助和支持学术之路上的后来人。由此，学术共同体才可能写下历史记忆，中国法学才可能形成绵延不断的积累。

问渠那得清如许？我想，年轻学者们锐意十足的作品、学界同仁间相互守望和提携的赤诚、出版界襄助学术的热忱，就是那永不枯竭的源头活水吧。愿中国法学的学术传统涓涓不息，清水长流！

是为序。

车浩

2018 年 4 月 9 日于北大陈明楼

推荐序

法理学的基本任务是回答法是什么。当我们说，我们正在致力于建设一个法治国家，建设法治国已经成为常识的时候，我们首先得知道，作为国家属性而非工具的法究竟是什么。这个问题若再加一个限定，就是中国要建设成为一个法治国家，法和中国人的生活是什么关系。

2010年，我从德国回到中国人民大学法学院任教，适逢国内掀起深度阅读西方的思潮。这一思潮与其说是针对当代西方知识现状的，不如说是深刻反思国内20世纪90年代以来不加反思效仿西方知识体制的。但是，这种反思和批判对于国内法学来说，似乎还有些超前。具体来说，关于法是什么，这个认识论上的问题，还没有搞得特别清楚。我就此将深受新康德主义影响的汉斯·凯尔森的规范法理论作为法学基础教材加以讲授。正如新康德主义社会学家西美尔在1900年出版的《货币哲学》110年后再次成为中国的畅销书，凯尔森的规范法理论对于理解现代法治国的内在机理是不二之选。

然而，凯尔森从主权推导法律规范效力来源的范式虽然对应了近代中国的建国和立宪，但是，这种纯粹形式的法律毕竟需要立法的质料，即便如凯尔森所言，任何质料都可以进入实定法，但是，无米下炊这种事也是可能发生的。其实，早在黑格尔的《法哲学原理》中，现代国家与市民社会的二元论就为法的社会来源命题埋下了伏笔。无论是马克斯·韦伯，还是拉德布鲁赫的法学作品中，都有法的社会来源包括承认规则的论述。然而，近代中国革命否定的并不只是王朝政治，也有广土众民千百年来形成的文化与习俗。现代性对于中国人来说，不只意味着新政治，还意味着广泛而深远的新文化运动。旧文化失去了合法性，自然就无法进入实定法律体系内。新文化，包括法治国观念，还只是一套观念，想要成为中国人的生活还需要静待时间的沉淀。

历史是意义的层层累积。走进 21 世纪第二个十年，不觉间改革开放也已 40 多年，中国的自主形象慢慢在历史的延展中浮现出自己的轮廓，旧文化中的一些内容虽然历经革命洗礼，依然以顽强的姿态支配着大众的行动，新中国以来的各种观念逐渐以各种形态扎进了普通人的生活当中。当我们想要制定新的法律，改进旧的法律，除了那些移植而来的法条之外，中国人自己的意义世界是怎样的，新中国几代人生成的"常识"有哪些，这些都成为当下需要格外关注的问题。

叶一舟博士 2012 年从香港中文大学硕士毕业来到人民大学读博，对分析法学理论产生了浓厚的兴趣。还博士生时的叶一舟敏锐地捕捉到了这样一个略有些超前的主题，也正是因为超前，从生活中的常识变成法律中的规范不是一个恰当的切入点，特别是在法律移植大潮尚未褪去的情况下实属不易。因此，叶一舟另辟险径，深入西方哲学思想史中较少受到主流关注的脉络——常识和日常语言的哲学资源中寻找答案。如果说，法律规范如凯尔森所理解的是一种纯粹的客观意义，这样一种认识在后期的维特根斯坦那里已经得到了修正，因为这样的法律就和光滑的冰面一样，人们无法在上面行走。可是，就此说法是介于主观意义和客观意义之间的某种意义，显然过于宽泛，更准确地说，法是一种介于相对正确性与绝对正确性之间的客观意义，那么，脱离了形而上学的思想束缚，日常生活中那些"常识"就成了制定法律最佳的立法质料。

一定程度上，常识和语言一样，都属于社会制度，对人们的话语和行动具有约束力。叶一舟博士充分展示了他良好的语言分析哲学修养，从近乎为人遗忘的哲学家里德开始，梳理出一条常识哲学的思想史脉络。在这一串耀眼的珍珠项链上，摩尔、维特根斯坦、弗雷格、奥斯丁这些令人生畏的语言分析哲学家的思想，在叶一舟博士的笔下，都得到了简明清晰的论述与评判。在此基础上，他提出了一个以“康德—弗雷格—维特根斯坦”为轴心的理论框架，为法理学上的深入论证搭建了一个有效的哲学观念框架。

凯尔森与哈特是20世纪人类法学思想中两座实证主义的高峰。立基于普通法传统的哈特为凯尔森的规范法理论做了具有里程碑意义的修正。从常识的角度观察这一修正，可谓正好窥得其中堂奥。从原初规则到二级规则的修正，表明的正是粗糙的常识性法律观念经过打磨升级为法律规范的理性加工过程。为了更好地掌握一手资料，叶一舟博士远赴比利时的安特卫普大学，跟随欧洲中青年一代明星法学家帕夫拉考斯研习法哲学，深研维特根斯坦的“语言游戏”思想和哈特的法学理论。在本书中，他提炼出法律规范生产的“日常实践—权威—法律规范性”结构，不仅从原理层面阐明了法秩序具有历史实践决定性的一面，也为理解中国的法治实践提供了一个具有穿透性的观察视角。

法律是常识的制度化，这一表述清楚地说明了作者的写作主题，却不是一个精确的表达。因为法律是一种理性的设计，常识虽然是日常生活意义的历史凝结，但采集常识并将之加工依然是一个理性化的过程，单纯的制度化显得过于生硬，一定程度上偏离了法治的初衷。叶一舟博士亦对此有着明确的意识，他的意图在于强调中国的革命胜利和主权建国的传统，常识在中国法治建设中的出场尚有待时日。旧文化中保留下来的常识以及共和国新生活正在生成的新常识，必将是塑造中国法治主体性的社会土壤和基石。所幸叶一舟博士为此预备了严谨的知识库存，故特此推荐，期待更多的来者。

2020年4月28日

序言——回到常识

一

叶一舟博士的《论法律作为常识的制度化》一书即将出版，很高兴为他作序。他谈到的是一个最基本的法学理论问题，即法律规范性的来源是什么。中外古今各个学派几乎都涉及这一问题，因为它是法理学的最基本的认识论问题。

法律具有规范性，是一个不争的事实，是一个事实判断。法律可以使人们服从，法律可以规范人们的行为，把人们的行为纳入法律所设计的轨道，提倡、要求或禁止某种行为。但是这种规范性的来源是什么，中外古今的学者们有很多不同的意见，以致形成对立的学派。

人们服从法律是由于法律的强制力，如果不服从会在身体上或心理上带来不利的后果，这是一个显而易见的规范性来源的解释，中国的法家属于这一思路，西方的奥斯丁的主权者命令、暴力说等都属于这样的解释。法律规范性的命令解释也是一种利益的解释，因为它归根结底是从是否有利、是否能带来有利的结果的角度所做的解释。中国的法家主张法治的理由就是这样，即所谓性恶论，“人生而有好恶，故民可治矣”（《商君书·错法》）。西方的分析法学常常和利益法学相勾连，而利益法学又常和社会法学有着密切联系。

人们服从法律不依靠于任何外部因素，而是由于法律体系自身，这是从规范自身的属性解释法律规范性的来源的理论。中国法家就是这样看待法律规范性问题，所谓“法者，编著之图籍，设之于官府，而布之于百姓也”(《韩非子·五蠹》，即法律规范性来源于编著于图籍中的官方文件，而这些官方文件按照其效力等级、作用范围排序。西方凯尔森所主张的纯粹法学的理论，即法律是由从个别规范、低级规范到高级规范、基础规范所组成的规范体系，其中以司法判决为代表的个别规范服从于一般规范，低级规范服从于高级规范，所有规范服从于基础规范。在规范体系中，规范性来源于规范体系自身的属性，不借助于任何外在因素，包括权力的等级。但是，值得注意的是，作为规范等级最高的基础规范的规范性来源是什么，人们为什么服从基础规范，从规范体系自身却得不到说明，不得不求助于法外因素，即归结于超越法律体系之外的非经验的先验结构。这无异是在暗示法律规范性的最终来源从法律体系自身无以说明，而必须求助于法律之外。

在分析法学、规范法学的范围内，哈特的理论具有典型意义。哈特洞察法律规范性来源问题的复杂性，如何既保持规范解释的纯粹性，又避免利益和基础规范的尴尬，是他着力要解决的问题。哈特把这一问题转化为两类规则，即初级规则和次级规则，所谓初级规则即人们习以为常的行为方式，是原初的规则，只设定义务，至于义务是否能被履行，遇到对义务有不同的理解时怎么办，则完全是不确定的。因此初级规则是一种简单的、存在严重缺陷的规则，它具有不确定性、静态性和无效性。值得注意的是，这种初级规则并不只存在于未开化的社会，即“前法律社会”，它也存在于现代社会之中，它是经验的产物，是法律规则的原型。而次级规则则是关于规则的规则，即当人们对规则有不同的看法，需要特殊的机构应用规则，需要对规则进行授权、统一的解释时所产生的规则。初级规则是人们实际生活的制度化，而次级规则则是初级规则的再制度化。值得注意的是，哈特所谓法律规则产生的标志并不是初级规则，即习惯，而是次级规则，是初级规则与次级规则的结合。由于有了次级规则，当发生争执、对习惯及其适用有不同看法时，才可能有效地适用规则。分析法学常常标榜自己不借助于任何非法律的力量，就法律谈法律，但恰恰是在法律分析的起点上，即初级规则的层次把非法律的成分引进，只是在产生了次级规则之后才进入奥斯丁的主权者命令的领域，进入凯尔森的规范分析的领域。换句话说，哈特的初级规则把凯尔森基础规范做了一个转换：在凯尔森那里作为最高层级的基础规范，在哈特那里转变为初级规则，它们规范性的来源都不能从法律自身得到说明，而必须追溯到法律之外。

自然法学关于法律规范性来源的理论却完全不同于分析法学，从法律自身、从权力体系去寻找，而是把法律规范性的来源归结于更高的法、自然法或者直接诉诸道德，一句话，自然法学是在法律之外寻找规范性的来源。在自然法学看来，自然法高于实在法，人们服从于实在法是由于在实在法之外存在的并高于实在法的自然法，而自然法或者是自然秩序，或者是上帝的意志，或者是人类的理性，正是这些先于实在法存在、能够作为人类社会共同体构成要素的客观精神决定着人们为什么遵守法律，决定着法律规范性的来源。中国的儒家也是这一思路，“道之以德，齐之以礼，有耻且格”（《论语·为政》），“礼者，法之大分也，类之纲纪也”（《荀子·劝学》），也就是说，法律规范性来源于礼、德。

社会法学关于法律规范性来源的理论也不是从法律自身中去寻找，而是把目光聚焦于法律之外，但他们不是诉诸更高的法，而是关注法律之外的现实关系。如埃利希所说的“法发展的重心不在立法，不在法学，也不在司法判决，而在社会本身”，换句话说，法律之所以具有规范性，只从法律自身或司法判决中，都不可能得到回答，而是从现实中已经存在的关系中去寻找答案。如果现实中不存在这类关系，或者这类关系还没有达到制度化的水平，法律不可能具有规范性。因此，只有在现实的关系中才可能找到法律规范性的来源。中国古代思想家也非常注意从现实社会关系中寻找规范性的来源，所谓“一兔走，百人追之。积兔于市，过而不顾。非不欲兔，分定不可争也”（《吕氏春秋·慎势篇》），就是从现实关系中解释所有权关系的规范性来源。

二

马克思主义法学对法律规范性来源问题有自己系统的理论。它既不同于分析法学、规范法学，也不同于自然法学、社会法学，而是建立在这些法学理论基础之上，对法律规范性来源问题提出历史唯物主义和辩证唯物主义的思考。首先法律的规范性来源于社会关系本身的规范性。法律之所以具有规范性，人们之所以服从于法律不能只从法律自身的性质来思考，也不能从人类精神的一般发展来理解，相反它们根源于社会关系本身的属性。恩格斯说："在社会发展某个很早的阶段，产生了这样一种需要：把每天重复着的生产、分配和交换用一个共同规则约束起来，借以使个人服从生产和交换的共同条件。这个规则首先表现为习惯，不久便成了法律。随着法律的产生，就必然产生出以维护法律为职责的机关——公共权力，即国家。"[1]

法律规范性从发生学上来源于每天重复着的生产、分配和交换产品的行为，只是当这些行为每天重复，演变成习惯，才为法律的产生奠定了基础。人们遵守法律不是因为规则自身，主权者的命令和规范体系的形成是法律规范性产生的必要标志，但是比起社会关系的自身结构的形成而言，它们毕竟是第二位的，是发生在社会关系结构形成以后的事。

在法律和社会关系之间，法律是一种规则，它和社会关系本身的内在结构相联系。所谓社会关系，即人与人之间的关系。它首先表现为个别发生的偶然的关系，只是在这种关系反复出现以后，才逐渐形成了这种关系的内在的结构，以一种固定的内在的联系把关系的各个方面、各个要素连接在一起，于是形成了常态结构，即习惯。这时，人们之间的联系不再是偶然、任意发生的，而是表现出一种有规则性。习惯与人们行为的内在结构之间是同一的，不可分离的。早期的法律即习惯法是不成文的，也很难

[1] 恩格斯：《论住宅问题》，载《马克思恩格斯文集》（第3卷），人民出版社2009年版，第322—323页。

和行为本身、社会关系的内在结构区分，即使早期的成文法也多半都是习惯法的记载。人们真正把法律与社会关系的内在结构区别开来是在文字出现以后，借助抽象的思维活动，特别是出现了抽象的一般规则，人们的思维开始能从现实的行为中抽象出它们的内在规则。这样，法律规则开始和现实的社会关系相分离，法律与人们行为的内在结构之间不再是同一的，它可能正确地反映这一结构，也可能错误地或歪曲地反映这一结构。因此，一方面，我们应该看到法律根源于社会关系的内在结构，另一方面，法律并不是这个内在结构本身，而是这个结构的表现形式，有时可能表现得好，有时可能表现得差。

实际上，我们在任何一种社会关系中都可以看到现实的社会关系和它的内在结构从合一到分离的过程。就所有制关系而言，最初形态的所有制关系，实际就是表现在生产、交换和流通过程中的对物的占有、使用、处分，其他任何人则表现为对这种行为的尊重，都不得侵犯这种处置，这是所有制关系的内在结构，是现实经济关系中的习惯。所有权关系从所有制关系中分离是在这种内在结构、习惯已经形成以后，特别是当人们对具体的物的归属关系发生争执，需要一个权威的机构把这些关系固定下来，并按照一个统一的规则解决这些争执的时候，即出现“承认规则”之后，所有权制度产生了，成为所有制关系的法律表现。

再如交换关系，现实生活中的交换关系，无论是物物交换，还是通过货币的形式交换，都表现为有不同使用价值的物品之间的交换，一方在让渡自己产品的时候从另一方获得自己所需要的产品或货币等价物。自愿、互利、有偿，这就是交换这一行为的内在结构，当这种内在结构固定下来，也就意味着形成了交易习惯。同样，为了确保这种习惯规则的确定性和有保证性，特别是保证交易当事人今天所达成的协议在一段时间以后能够实现，成文的规则应与实际的交易行为相分离，成为一种依赖于具体交易但又先于交易产生并保证交易安全的独立的规则。这样，我们就把交换产品的行为和制约这种交换的契约区别开来，契约成为依附并凌驾于实际交换行为之上的法律形式。

在政治、思想、文化领域也是这样，首先出现的是个别的行为，只是在这种行为反复发生后，才形成了其内在结构，比如说一个社会的权力结构、阶级结构、种族结构，社会上不同阶级、阶层、政党、利益集团之间的相对稳定的关系结构，根据它们的实力对比形成某种“游戏规则”，即在该领域实际通行的法则。同样，在实际的关系中，这种内在结构、“游戏规则”和实际的政治、思想、文化关系本身是不可能分离的，是合二为一的。把这种内在结构以成文规则的形式固定下来，一方面，使这种关系获得确定性、有保证性，使其披上合法性的外衣；另一方面，这种分离又可能使固定化的规则脱离现实的关系，特别是当现实关系的结构发生变化时。

法不仅能够成为社会关系的法律形式，还可以成为法律本身、法律现象的形式。各种诉讼法是各种诉讼行为反复出现的产物。实际上，最早的诉讼都与实体法不分，至今仍然有许多国家的实体法与诉讼法不分。诉讼法的出现，使诉讼的法律行为规范化，与实体法相分离，成为它的法律形式。

三

马克思主义法学不仅从正面揭示法律规范性的形成过程，而且特别指出这一法律规范性的形成过程在唯心主义那里被颠倒了，法律不是来源于社会关系的内在结构，而是产生于立法自身，产生于法学自身的内在根据。

法律规范性不是来源于社会关系的内在结构，而是来源于法律自身或法学自身，这样一种认识是如何产生的？这里有两个关键性的阶段。第一个阶段发生在从社会关系到立法的过程中，“随着社会的进一步发展，法律进一步发展为或多或少广泛的立法，这种立法越复杂，它的表现方式就越远离社会日常经济生活条件所借以表现的方式。立法就显得好像是一个独立的因素，这个独立的因素似乎不是从经济关系中，而是从自身的内在根据中，可以说，从‘意志概念’中，获得它存在的理由和继续发展的根据”[1]。这是在法律规范性生成过程中出现的第一次异化，由于法产生过程中立法者的意志起着关键作用，给人一种假象，似乎不是社会生活条件而是立法者的意志决定着法律规范性的形成，像恩格斯所说的：“人们忘记他们的法起源于他们的经济生活条件，正如他们忘记他们自己起源于动物界一样。”[2]

第二个阶段发生在职业法学家阶层、法学产生的过程中，“随着立法进一步发展为复杂和广泛的整体，出现了新的社会分工的必要性：一个职业法学家阶层形成了，同时也就产生了法学。法学在其进一步发展中把各民族和各时代的法的体系加以比较，不是把它们视为相应经济关系的反映，而是把它们视为自身包含自我根据的体系。比较是以共同点为前提的，法学家把所有这些法的体系中的多少相同的东西统称为自然法，这样便有了共同点。而衡量什么算自然法和什么不算自然法的尺度，则是法本身的最抽象的表现，即公平。于是，从此以后在法学家和盲目相信他们的人们眼中，法的发展就只不过是使获得法的表现的人类生活状态一再接近于公平理想，即接近于永恒公平。而这个公平则始终只是现存经济关系的或者反映其保守方面，或者反映其革命方面的观念化的神圣化的表现”[3]。由于职业法学家的努力，使分散、凌乱、相互矛盾的立法系统化，成为具有内在一致性的体系，由于法学的产生，法律离制约它们产生的社会物质生活条件越来越远，似乎法律不是从物质生活条件中而是从法学家的头脑中，从被法学家通过比较和推演的方法而找到的自然法、永恒公平的观念中产生的，法律形成的真实图景以及法律规范性产生的实际途径完全被颠倒了，不是社会的物质生活条件在创造法律，而是法律所体现的自然法观念、永恒的公平在创造、演绎着现实生活。这是法律规范性形成过程中的第二个

[1] 恩格斯：《论住宅问题》，载《马克思恩格斯文集》（第3卷），人民出版社2009年版，第322—323页。

[2] 恩格斯：《论住宅问题》，载《马克思恩格斯文集》（第3卷），人民出版社2009年版，第322—323页。

[3] 恩格斯：《论住宅问题》，载《马克思恩格斯文集》（第3卷），人民出版社2009年版，第322—323页。

异化。第一个异化，立法的产生隔断了法律规范性与现实社会生活的联系，似乎不是社会生活本身的结构，社会关系的规范性产生法律的规范性，而是法律的规范性起源于“自身的根据”，也就是说法律规范性来源于法律自身，而从法律自身解释法律规范性就是我们上边提到的分析法学和规范法学，包括中国的法家对法律规范性的解释。第二个异化，职业法学家阶层和法学的产生进一步隔断了法律规范性与现实生活的联系，法律规范性不是来源于法律自身，而是来源于法学自身，不是法律而是法学家赋予法律规范性。从法律自身升华到法学自身，反映了法学从法律中的剥离，从法律到法学的进化，但是离产生它们的物质生活条件更远了，法律规范性与社会结构、社会关系本身的规范性的联系变得更模糊了。西方的自然法学，包括中国的儒家都属于这类思想。虽然他们不是从法律自身寻找规范性的内在根据，而是从法学家的头脑中，从法学家所发现的人的公平意识、自然法观念或礼、德、道之中寻找规范性的来源。

四

回到叶一舟博士的主题，回到常识。为什么要回到常识？还是沿着恩格斯的思路，因为法律规范性问题经过法律和法学的唯心主义解释，被弄得越来越扑朔迷离，远离法律赖以形成的物质生活条件，远离人们在日常生活中看得见、摸得着的常识，现在的任务就是把法律规范性与现实生活，与常识的真实联系展现出来。

我们可以用下面的图表示社会结构与法律规范性联系的常识。

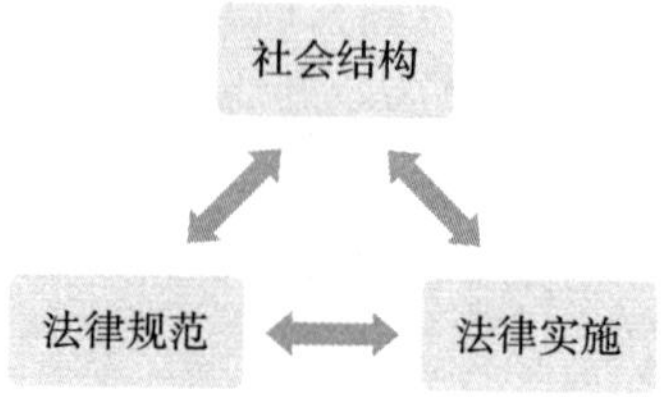

图 1　社会结构与法律规范性联系的常识

法律规范性是通过法律能够规范人们行为的属性，它表现在两个方面，一个方面是立法，立法是主权者的命令，要按照立法权限和立法程序，依法立法，法律规范性的来源似乎是主权者，来源于法律体系自身所具有的的合法性，从而使立法在整个法律体系中有序、和谐，但是这只是立法的形式方面，更主要的是立法的实质内容与立法所调整的社会关系本身的内在结构的联系，即立法是否能够具有规范性，最终决定于立法是否符合它所反映和调整社会关系的内在结构，这是立法的实质方面，是常识。不仅仅如此，常识还告诉我们，当立法规定不符合它所反映和调整的社会关系的结构时，立法或迟或早总要更改；当社会关系发生变化时，不是立法程序或立法权限迫使立法的修改，而恰恰是社会关系内在结构的变化使立法不得不做出调整。

另一方面是法律实施，法律实施无论是司法还是行政执法，都必须有法律依据，司法与执法行为的规范性来源于法律规范本身，法律实施必须在法律规定的范围内进行，以法律为准绳。不知从什么时候开始，这一问题复杂化了，在认识论上，人的认识包括作为主体的立法者的认识来源于实践这一常识，拿到法学中似乎表现为幼稚，表现为不入门，还没有从哲学思维转化为法律思维。探究这种认识产生的原因，恰恰是从法律实施阶段开始的，这里所说的法律思维，就是法律实施的根据是法律规范，法律规范是法律思维的起点，而法律实施只不过是法律规范在具体环境中的逻辑展开，法律规范似乎是法律实施的先验框架，一切具体案件只有套入这一框架中才配称为法律实施。但是这种法律思维除了忘记了作为法律实施根据的法律规范来源于社会关系的结构，也忘记了法律实施常常是矫正法律规范是否符合社会关系的结构重要手段，如果不符合，则要通过立、改、废、释等手段把法律规范矫正到符合社会关系基本结构的轨道上。当然，无论是法律实施，还是法律的立、改、废、释，都要在法律的框架内进行，符合合法性的原则，体现法律规范性，但是社会关系的结构就像一个阴影，或明或暗地发挥着关键作用，这也就是我国法律实施特别强调法律效果与社会效果统一的根本原因。只注意社会效果，不注意法律效果，不顾法治的基本原则，不按照法律的权限和程序实施，当然是不对的；但是只注重法律效果，不理会社会效果，特别是由于法律自身的缺陷，如法律过时，法律的规定不清，只注重法律效果，面对社会变迁却不知变通，越实施造成的危害会越大。

借用马克思的名言：“社会不是以法律为基础的，那是法学家的幻想。相反地，法律应该以社会为基础。”[1] 回到常识，就是抛弃法律规范性来源于法律和法学的“法学家的幻想”，回归到法律以社会为基础，法律规范性以社会结构为基础的轨道。只有这样，法律和法学才可能建立在可复制、可检验的科学的基础之上。

朱景文

2019 年 5 月于世纪城

[1] 《马克思恩格斯全集》（第 6 卷），人民出版社 1961 年版，第 291 页。

目 录

001 导论：以“常识”为视角的规范性研究

第1章 法律规范作为一种意义

029 1.1 规范与行为的意义

045 1.2 通过语句把握对象之意义

059 1.3 重解“法律规范作为意义”

064 1.4 小 结

第2章 常识与法律规范的生成

069 2.1 哈特法学思想中的日常语言哲学探源

091 2.2 哈特的法理学：意义理论与法律理论

115 2.3 小 结

第3章 主权者与法律作为常识的制度化
119 3.1 官员实践与法律对常识的制度化
137 3.2 主权者与法律对常识的制度化
156 3.3 哈特模式的终结及主权者作为生活世界之意义创设者
169 3.4 小 结

第4章 法治：一种相互理解的秩序状态
177 4.1 以常识理性作为立法活动的基本指引
187 4.2 尊重常识与司法的内在道德
200 4.3 小 结

202 结 语
205 参考文献
219 后 记

导论：以“常识”为视角的规范性研究

当代中国法律实践和理论研究中的一个至关重要的问题，就是现代法律与中国人的本土生活之间如何有机地衔接和协调。为了回应该问题，本书所关注并欲予阐明的，是法律的规范性与人民群众日常生活之间的内在联系。之所以要阐明二者的内在联系，是因为我国是在西方世界的裹挟下开启现代化进程的，因此现代法律制度与本土生活之间在很长的一段时间里都处于不断地碰撞与协调的态势。为此我们必须在规范理论的层面思考一个原理性问题，即法律规范性与人们的日常生活之间是否具有内在联系？基于这一思考，本书选择以“常识”为视角结合规范理论的重要思想对法律规范性进行深入的分析和阐明。因为，以常识为视角的规范性研究为回应上述原理性问题提供了一个新的理论视角，以进一步探寻人们日常生活中的常规性判断和相关实践与规范性生成之间的内在联系，把这种由日常生活中生发出来的规范制度性转化为法律的模式。申言之，法律并非仅仅是一种外在于生活世界的强制秩序，而是共同意义的制度化体现。法律作为一种调整共同体生活的规范，它需要保护人们在生活世界中所看重的意义，因此它必须从人们日常生活中获取规范性力量。本书提出一种以“常识”为视角的规范性研究，并致力于论证以下核心命题：法律作为常识的制度化。笔者认为，上述研究视角和核心命题首先为揭示法律规范性的基础提供了一个崭新的、深入规范理论内部的理解，也为思考当代中国法制建设的基本方向提供了新思路。就法律规范性的基础而言，以常识为视角不仅能将一些在人们日常生活中真正看重的价值及切实调整人们行为的规则形式纳入法学研究视野当中，更有助于揭示法律规范性的深层结构，即法律来自人们在日常生活中日积月累、习以为常的常规判断和常规实践的制度化。

基于上述选题的考虑，本书提出并致力于论证的核心命题就是，法律作为共同体的规范来自生活世界本身，是共同意义的制度化体现。否则，法律将不可避免地沦为单纯的外部强制秩序。为此，我们必须在规范理论的原理层面上思考一个问题，即规范是如何从人们的日常生活中来的？之所以要思考这个问题，是因为人们在日常生活中所富含的是人们对于各类对象的自然理解、对各类事务的常规判断和相应的常规实践。这些自然理解、常规判断和常规实践构成了共同体成员有关合理性和正当性的基本标准，以及社会秩序的基本层面。这些内容与法律规范的关系究竟是怎样的？法律规范如何从中获取规范性力量，使其能切实地规制共同体成员的行为？上述问题在法律理论上都具有非凡的研究价值。以常识为视角的规范性研究是为回应上述问题而提出的。从一般层面上讲，常识就是人们在日常生活中日积月累形成的自然理解，是常规判断和常规实践的集中表现形式。因此，与常识紧密联系的另一个概念就是常理，也就是基于人们的自然理解而形成的基本道理或基本判断。[1] 然而，本书对于常识的理解与定义并不止步于此，而是要阐明常识就是生活世界中的共同意义。唯有在阐明常识是共同意义后，有关法律规范性及其与日常生活之内在联系的思考才能得到最为坚实的理论基础。因为，规范是作为一种意义存在的，而意义最终产生于日常生活并以常识为一般形式普遍存在于日常生活当中。法律规范则来自对这些意义的制度性转化。这也是本书所提出的核心命题的主要思路展开。

总之，以常识为视角的规范性研究，就是要探寻人们日常生活中的常

[1] 相关理论分析，参见陈嘉映：《常识与理论》，载《南京大学学报》2007 年第 5 期。

规性判断和相关实践与规范性生成之间的内在联系，并把这种由日常生活中生发出来的规范制度性转化为法律的模式。申言之，法律并非仅仅是一种外在于生活世界的强制秩序，而是共同意义的制度化体现。或许会有观点认为，以该命题为核心的研究是在把简单问题复杂化。如果说简单问题复杂化指的是将普通人所持的观点或见解复杂化的话，那么这种观点并不构成真正的批评。正如冯友兰所指出的那样，普通人所持的见解与哲学家之间见解可以是无异的，但普通人只是知道他们所持的见解，却不能系统地进行分析和说明。[1]这种看法并非冯友兰的一家之言，而是指出了一个学术研究中的普遍现象。一些道理是大部分人都能偶有所得的，但这并不能取代一个系统理论的解释和原理的阐明。

如前所述，若不想让法律沦为一种外在于生活世界的强制秩序，那么就必须寻得一种模式提炼人们在日常生活中的共同判断与常规实践所包含的规范性内涵，借此令法律成为生活秩序的一部分。而上述过程可以被概括为“法律作为常识的制度化”。这不仅是对法律规范性产生之原理的阐明，也是使法律保护人们生活中重要的价值并真正成为普遍行为规则的必由之路。但仍然值得追问的是，许多知识都可以被冠以“常识”之名，那么以常识为视角的规范性研究与当代中国法律实践之间有什么联系呢？通过广泛的现象观察，本书发现常识在当代中国的立法和司法活动中一直在发挥作用，但我们的法学理论研究却缺乏对常识之制度性内涵的研究。本书结合对现有西方理论的理解和对我国法律实践的观察，认为涉及制度性事实和规范性事实的常识判断与当代法律实践联系最紧密，故以它们为本书的主要对象。

首先，并非所有被称为“常识”的内容都是与法律实践有关的。单纯关于原始事实（brute fact）的常识陈述，如“太阳是热的”“地球是圆的”，这些判断一般而言与法律实践没有直接联系，但在某种条件下会影响法律判断的结果。例如，当涉及案件事实中的因果判断而又缺乏直接证据时，以日常

[1] 参见冯友兰:《中国哲学史》，重庆出版社 2009 年版，第 5—6 页。

生活中的行为常规模式出发进行常识推理并以此作为判断的基础是得到普遍接受的模式。它们还具有一点认识论上的启示，即人们具有直接认识到对象属性和特征的普遍能力。此一点在哲学理论的探讨中是必要的，因为唯心论（idealism）和实在论（realism）的根本分歧之一即在于此。这一点认识论上的启示对于法学理论而言则是奠基性的，这涉及法律理论在寻求规范性基础时所采纳的基本模式。然而，本书作为法理研究，所涉及的探讨将集中在法律理论层面，只在有必要的时候才会涉及上述认识论的探讨。

其次，关于制度性事实（institutional fact）的常识是与法律实践相关的。根据塞尔的理论，制度性事实就是指某对象的存在是以特定人类制度的相关规则为前提的。例如，“他们是夫妻”“这是一份遗嘱”“你们之间存在合同”。上述例子中的“夫妻”“遗嘱”“合同”等语词的意义以特定人类社会中的某些制度为基础，如婚姻家庭和商业交易制度，而这些制度就是构成性规则（constitutive rule）的体系。构成性规则对于社会制度而言十分重要，甚至可以说缺乏构成性规则，很多社会制度就无从谈起。这些规则当中相当大的部分是约定俗成的，惯习（convention）[1]就是这些规则的现实化。因此，制度性事实本身就与常识紧密相连，其包含的规则大部分都是常识性的，或者说就是常识。我国的立法很早就体现了这一认识，

[1] 对于 convention 一词，学界目前仍没有统一的译法。在汉语表达中，该词最适切之意是“约定俗成的规范”，即通过特定文化背景中的历时性主体间交往形成的社会规范。较为流行的译法是将其译作“惯习”。然而“惯习”在汉语中与“习惯”之间的区分并不显著，而“习惯”是现代汉语比较常用的词。亦有作品将该词译作“常规”，参见［德］马克斯·韦伯：《社会学的基本概念》，顾忠华译，广西师范大学出版社 2011 年版，第 59 页；或译作“习律”，参见［德］马克斯·韦伯：《经济行动与社会团体》，康乐、简惠美译，广西师范大学出版社 2011 年版，第 324 页。同一个出版社在同一个作者的作品中，对该词的翻译都出现了两种译法，可见如何用汉语适切地表达该词的内涵，确实具有一定困难。“常规”与“习律”二者虽突出了规范内涵，但都缺乏“约定俗成”的历时性主体间交往之意。可是，“习律”失之于表达了过强的规范性，“常规”则与另一个重要概念 normality 的翻译产生冲突。为了方便讨论，本书从现有的译法中选择“惯习”一词作为对 convention 的翻译。

尤其是在涉及大量人们日常生活事务的民商事立法。[1]从相关的立法和司法解释中可以看出，法律中所说的“交易习惯”指的就是在从事相关交易时常识性的做法——交易双方都被视为具备或应当具备相应的知识，只不过在用词上使用了汉语中常用的“习惯”一词。这种人民群众在日常生活中通过反复实践形成的一套行为规则及对行为性质的判断模式构成了常识最基本的制度性内涵。我国立法的这种常识理性精神还延伸到了司法技术中，“推定”指的就是在现有证据无法直接得出结论的时候，借助常识进行推断，以得出合理的结论。[2]然而，现有法律研究却远远没有在规范理论层面对此实现理论化，更鲜有发掘其中有助于揭示法律规范性来源的内容。

最后，关于规范性事实（normative fact）的常识也是与法律实践相关的。关于规范性事实的常识，可以用以下的例子来展示。例如，“在任何一个法治国家，维护宪法权威是社会的基本价值共识，也是政治运行的基本常识……在中国，宪法权威看似一种常识，但并没有成为国家机关和公职人员的政治伦理与价值，也没有成为具有约束力的规则”[3]以及“……对于行政长官来说，其必须是爱国者。这本来是一个政治常识，现在反而成了一个有争议的、需要论证的话题”[4]。相关例子在西方也存在，最为著名的例子是托马斯·潘恩的《常识》一书。在该书中，潘恩批评了英国殖

[1] 例如，我国《合同法》第61条就规定：“合同生效后，当事人就质量、价款或者报酬、履行地点等内容没有约定或者约定不明确的，可以协议补充；不能达成补充协议的，按照合同有关条款或者交易习惯确定。”最高人民法院在《最高人民法院关于适用〈中华人民共和国合同法〉若干问题的解释（二）》第7条对此条法律又做了相应解释：“下列情形，不违反法律、行政法规强制性规定的，人民法院可以认定为合同法所称‘交易习惯’：（一）在交易行为当地或者某一领域、某一行业通常采用并为交易对方订立合同时所知道或者应当知道的做法；（二）当事人双方经常使用的习惯做法。”

[2] 参见何家弘、刘品新：《证据法学》，法律出版社2008年版，第264—265页。

[3] 韩大元：《如何维护宪法权威》，中国数字时代：http://chinadigitaltimes.net/chinese/2013/08/爱思想—韩大元：如何维护宪法权威，最后访问日期：2015年1月21日。

[4] 陈端洪：《特首爱国标准更高更严》，大公网：http://news.takungpao.com/hkol/politics/2014-06/2564071.html，最后访问日期：2015年1月21日。

民政府的政策，并主张一系列关于未来政治实践的命题。这些内容与人民群众在日常会话中的共同判断及在日常实践中规制人们行为的惯习性规则没有什么关系。潘恩通过用“常识”作为书名，表达了他对未来政治实践的特定规范性主张。从上面三个例子看来，每一个陈述至少包含两层内涵。第一层内涵表达了说话者的规范性态度，即说话者认为／相信他主张的内容具有规范性，是无可置疑的、普遍的规范。第二层内涵则表达了对一个规范性事实的断言。规范性事实是通过一个为真的规范性命题被认知的。[1] 因此，当认为说话者成功地断言（assert）了一个规范性事实的时候，即认为有一个相应的为真的规范性命题。决定一个规范性命题是否为真，取决于它与现存的规范性体系中的其他规范性命题是否融贯。关于规范性事实的常识陈述往往被说话者用来表达对未来特定实践的规范性主张，即表明被主张的内容具有普遍的、无须特别论证的正确性并应成为特定实践的规范。申言之，说话者主张行为人应该依据被广泛认可并接受为常规（normal）的行为准则做出行为——说话者通过主张特定内容为常识来主张特定内容是规范，这种陈述在立法和司法活动中也是大量存在的。

综上所述，关于制度性事实和规范性事实的常识与法律实践之间的联系十分紧密，这也是本书的主要研究对象。在我国法律实践中，部分清晰地认识到了常识的制度性内涵的立法者和法官已经率先迈出自己的脚步，而法律理论目前对此的研究还较为匮乏，已有的研究成果也存在诸多不尽如人意之处。可是，仅凭目前先行的个别实践却难以形成一个统一的、普遍的理念。为此，法律理论既要联系实践，又要指导实践——直面实践中显示出来的重要问题：常识与规范的内在联系，并通过理论化的方式阐明常识如何作为法律规范性的来源。本书正是以此为方针确立了研究的范围和主要对象，而且以实践为指导将研究的主要对象确定为关于制度性事实的常识和关于规范性事实的常识。

本书所依赖的理论背景主要是源自苏格兰启蒙时期的常识哲学以及英

---

[1] See John Skorupski, “Irrealist Cognitivism”, *Ratio*, December 1999, p.455.

国的日常语言哲学。作为一种人类的智识现象，常识是一切社会中最古老而又唯一自然的知识形式，它是人民群众在日常生活中积累而成的、覆盖生活各个方面的认识。作为一个理论概念，常识是指作为被共同体整体接受并在日常思考和商谈（discourse）中被常规（normally）适用的共同判断。[1] 从与规范的联系来看，人们依据这种在日常生活中常规适用的共同判断形成了对诸种公共或私人事务的正当性判准，是生活秩序的重要基础。

在规范性研究中，传统、习俗和惯习等重要的概念与常识之间具有家族相似性，它们与法律的关系在原理上都能被划约为对常识与规范的关系的探讨。之所以这么说，是因为“常识”作为一个理论概念在现代西方法学理论中——尤其是西方哲学实现“语言转向”后的法学理论中占有重要的地位。也就是说，自凯尔森以降的规范理论都围绕着一个核心认识展开，即法律规范是一种意义。然而，规范作为一种意义从何而来，却是不同规范理论存在分歧的地方。申言之，每一套规范理论范式的背后都对应着一套意义理论，欲真正回答规范从何而来的问题，就必须先思考意义如何生成的问题。西方思想界经历了从弗雷格开始到后期维特根斯坦的语言转向后，意义理论已经得到了极大的发展，尤其是后期维特根斯坦启发的日常语言哲学对意义的生成等问题进行了深刻的思考。日常语言哲学的思想结晶通过哈特的努力被引入对法律规范性基础的探讨中，开启了规范理论的新篇。常识也正是在上述哲学和法理学的发展中被放到了一个中心位置。然而，我国现有的法律理论研究里却鲜有从规范性生成的角度来研究常识与现代法律的内在联系。本书正是希望借助西方的哲学和法学理论资源从规范性生成的角度来揭示常识与现代法律的内在联系。

常识作为一个独立的理论概念进入哲学探讨中的历史可以追溯到苏格兰启蒙运动。在苏格兰启蒙运动中，托马斯·里德（Thomas Reid）以“常识”为核心概念建构了一套涵盖认识论及伦理学等多个方面的哲学理论，

---

[1] 我此处的理解参考了西季威克的观点，但做出了改动，强调了常识是一种共同判断。至于为何要做此强调，在后文中将会详述。西季威克的原文可参见 Henry Sidgwick, “The Philosophy of Common Sense”, *Mind*, New Series Vol.4, No.14, 1895, p.150.

开启了被后世称为“苏格兰常识哲学”的思想流派。在此后近两个世纪里，常识哲学不但对整个英国的哲学思想造成了重大影响，对于美国早期的哲学和政治思想也有广泛而深远的影响。[1] 在随后的一段时间里，常识哲学受到了来自以约翰·斯图尔特·密尔（John Stuart Mill）为代表的思想家的批判，并一度偃旗息鼓。然而，在经历了这一段低潮期后，常识哲学通过一系列思想继承或师承关系又重新回到了西方哲学的中心舞台。1895 年，亨利·西季威克以《常识哲学》为题在《心灵》杂志上发表了一篇文章，他在文中澄清了里德思想中的核心观点，并回应了一直以来存在的对里德的误解和批评。[2] 在西季威克的著作《伦理学方法》中，他用了大量篇幅介绍并分析了“常识道德”的内涵、特征和缺陷，并试图以功利主义为基础提出一套综合性的理论框架。西季威克的研究可以被视为从常识的视角出发进行规范性研究的一次重要尝试。摩尔（G.E. Moore）作为西季威克的学生，也十分强调从常识的角度思考哲学问题，他“捍卫常识”的立场及相关文章在当时的哲学界引发了许多讨论。同时，作为“日常语言哲学”起源的几个早期人物之一，常识在很大程度上通过摩尔进入日常语言哲学研究的中心地带，[3] 许多日常语言哲学的研究虽然没有直接论及常识，但它们的问题意识和基本思想都与常识有着紧密的联系。实际上，日常语言虽然不等同于常识，但却和常识有着千丝万缕的联系，甚至可以说以日常语言为中心的理论在某种程度上就是以常识为中心的理论——不同的是，当从不同的角度或进路切入的时候，总是会呈现出不同的面相或问题。这种“常识—日常语言”的理论意识对于“语言转向”后的一系列哲学家都

[1] See Benjamin W. Redekop, “Reid's Influence in Britain, Germany, France, and America”, Terence Cuneo and René van Woudenberg（ed）, in *The Cambridge Companion to Thomas Reid*, Cambridge University Press 2004, p.313.

[2] Henry Sidgwick, “The Philosophy of Common Sense”, *Mind*, New Series Vol.4, No.14, 1895, pp.145-158.

[3] 根据已有的研究显示，维特根斯坦通过摩尔接触到了许多常识哲学的问题意识和主要观点，因此深受影响。在维氏的手稿中，甚至发现与里德所说过的话一模一样的句子。See Alan R. White, *G. E. Moore: A Critical Exposition*, Basil Blackwell Press 1958, p. 38.

有不同程度的影响，对于被认为是属于“日常语言哲学”这一方向的哲学家而言更是如此。在哲学家里面，影响最为深远的当属维特根斯坦和以约翰·朗绍·奥斯丁（John Langshaw Austin，以下简称 J.L. 奥斯丁）。在《蓝皮书和褐皮书》中，维特根斯坦提出了要通过解决哲学家的困惑来抑制哲学家对常识进行攻击的诱惑。[1] 通过维特根斯坦后期的思想，我们可以理解他在此处所指的解决哲学家困惑的方式就是日常语言分析，这也揭示出常识与日常语言之间的重要联系之一：通过日常语言分析的方式来维护常识及以常识为中心概念才能得出的一系列重要结论。上述思想在《哲学研究》中的关于“语言游戏”和“生活形式”的论述中得到了更为全面的拓展。在“牛津日常语言哲学”圈子的第一代成员中，除了 J.L. 奥斯丁以外，黑尔（R. M. Hare）和伍兹利（A. D. Woozley）都对于涉及“常识—日常语言”的诸多问题提供了许多极具价值洞见，对涉及规范性的问题而言尤是如此。这些洞见最终通过哈特（H. L. A. Hart）的思想对现代西方法律理论的研究产生了巨大的影响。尼尔·麦考密克（Neil MacCormick）在哈特之后对相关问题做出了更为深入的研究，阐发出了更新的思想。麦考密克指出，里德和康德的共同主张在于，人们基于天赋的理性可以认知并坚持价值和规范领域中的终极规则。[2] 通过上述梳理，我们可以发现在哲学与法学理论的研究领域里，以“常识”为中心概念已经形成了一套较为完整的、脉络清晰的知识体系。同时，这也表明了一种以“常识”为中心概念的规范性研究有扎实的理论依据和研究价值。

从上述思想史梳理中可以发现，常识作为一个独立的理论概念也经历了一系列思想沿革。在一般层面上，常识指的就是人们在日常生活中常规采取的共同判断。由此延伸出常识的第一个基本内涵，即基于人们日常的直观性认知得来的自明的、行之有效的法则。在日常语言哲学得到了长足地发展后，常识的视角通过对日常语言的研究呈现，此时常识与意义之间

[1] 参见［奥］路德维希·维特根斯坦：《蓝皮书和褐皮书》，涂纪亮译，北京大学出版社 2012 年版，第 76—77 页。

[2] 参见［英］尼尔·麦考密克：《法律推理与法律理论》，姜峰译，法律出版社 2005 年版，第 5—6 页。

的联系成了定义的重点。在此层面上，常识作为人们在日常生活中通过语言和非语言实践所积累下来的共同判断，其作为一个整体就是生活世界的共同法则和共同意义的整体。日常语言哲学的代表人物之一，同时也是哈特的同事斯特劳森认为人们除了采纳常识当中有关意义和真理的核心概念之外，别无他路。任何一种特殊的知识或者意义的生成，都必须与人们对相关对象的常识性理解想联系起来，否则这种知识或意义就失去了最基本的出发点。[1] 而分析哲学的主要任务之一就是要对构成常识这一基本面的那些核心概念及它们之间的联系进行描述。

综合上述思想沿革和学者观点，本书在此对相关核心概念做基本的定义。在本书中，常识作为一个理论概念继承的正是常识哲学和日常语言哲学有关判断和意义思想。因此，本书所称的常识指的就是共同意义。申言之，常识所称的“常”表达的是日常的和共同的意思；“识”指的就是知识。所有的知识其实都是以判断或命题的形式存在的。所以，常识指的就是人们在日常生活中形成的共同判断。而在绝大部分情况里，判断又是以语言的形式做出的，并结合相关理解活动产生意义。在日常的语言活动中，特定语词或语句的意义实际上建基于人们在日常生活中的自然理解。因此，作为一个理论概念的常识在根本上是指的是基于人们在日常生活中的自然理解所产生的共同意义。据此，另一个重要的概念“常识理性”也得到了定义。常识理性所指的就是基于人们在日常生活当中形成的自然理解及其相应的思维模式所形成的理性形式。这种理性形式的特点就是以常识、常情和常理作为推理及合理性论证的基础。

在当代法学理论研究当中不乏以常识或日常生活为主要视角的研究，尤其是以“法律与社会”为研究进路的传统。[2] 这一进路对本书多有启发，然而本书试图以规范自身为研究对象，对法律规范与日常生活之间的联系进行研究。基于对西方哲学和法理学发展脉络的总体考察，本书所提

[1] See P. F. Strawson, *Analysis and Metaphysics*, Oxford University Press 1992, pp. 13-4.

[2] 对于这一研究进路的讨论，可参见［美］帕特里夏·尤西克、［美］苏珊·S. 西尔贝：《日常生活与法律》，陆益龙译，商务印书馆 2015 年版，第 36—54 页。

出的研究进路可被概括为以意义理论统摄规范理论，从思考意义的性质与生成为基点思考规范的性质与生成。根据此进路，本书的分析框架主要由三个部分组成。首先，揭示“法律规范作为意义”这一命题的内涵；其次，阐明意义最终来自人们的日常生活，取决于人们的生活形式；最后，分析和探寻把来自日常生活之意义制度化为法律的模式。为了完成这三个部分，本书需要对凯尔森与哈特的规范法学进行深入的分析，说明二者的内在关联和根本不同之处，以使常识与法律规范的关系得到原理性的说明。

从常识出发探究法律规范性的来源并非要求得到一个常识陈述（common sense statement）的清单，随后从中挑出被广泛接受的规范性判断作为法律判断的基础。了解人民群众在日常语言中的各种表达和陈述固然重要，但在此之前必须阐明原理，否则所做的东西本质上就是寄希望于类似自动售卖机式的法官。因此，需要一个能贯穿现代法律理论研究的命题，令常识以该命题为轴心而得以在现代法律理论的整体图景中确定自己的位置，进而才能正确地展开它与规范的关系。该理论命题就是由 20 世纪最伟大的法学家汉斯·凯尔森提出的——法律规范作为意义。[1] 可以说，该命题是自凯尔森后的法理学研究中最为核心的命题及要义所在。申言之，由于法律是人类社会最重要的规范形式之一，在接受了“法律规范是作为一种意义”的论断后，任何欲探究法律规范性的理论都必须首先致力于阐明这种意义的性质、特点以及获致这种意义的方式、条件和过程。因此，相关法律理论都致力于回答如何从特定事实获致规范这种意义，即回应如何从实然过渡到应然的问题。此处也就涉及了本书对凯尔森、哈特及其传人的规范理论的一个基本判断：每一套规范理论背后都对应着一套意义理论，对规范性来源之研究背后就是对意义生成之研究。

凯尔森的纯粹法理论旨在让法学独立于自然科学及其他科学，令其成为一门具有独立性的科学。实现上述目标的关键在于理解法学是一门认知

[1] 参见［奥］汉斯·凯尔森：《纯粹法理论》，张书友译，中国法制出版社 2008 年版，第 41—44 页。

科学，而认知的对象是规范，并且规范之存在在于其具有效力。换言之，规范作为一种意义，其存在的形式是它具有效力。这一点得到了凯尔森以后众多法学家的认可，但不同学者在规范之效力来源的问题上却持有不同学说。不同的法理学家正是基于不同的哲学基础对上述内容进行阐明，并由此形成了不同的学派理论。甚至连凯尔森本人在不同思想阶段，也尝试从不同的哲学基础出发对相关内容进行阐释。凯尔森在思想早期主要依赖于康德与新康德主义的哲学，但在晚年开始考虑通过语言哲学来阐明纯粹法的一些内容。诚然，凯尔森早期所依赖的哲学传统与后来弗雷格和早期维特根斯坦所代表的语言哲学是有内在联系的。凯尔森强调规范不等同于事实，也不等同于人们的主观判断，"法律规范作为意义"既有别于事实也有别于主观价值。弗雷格的意义理论则同样反对将对象所处的范围简单地分为客观事实和主观状态，他指出还有第三领域，即思想。而思想即意义，它既不是外界的事物，也不是内心的表象，它属于第三领域。弗雷格的这一论断与凯尔森关于规范是既有别于事实又有别于价值之间的第三领域的论断直接对接，产生了共鸣。弗雷格的超越之处在于指出了当某人说自己的某个表象与事物是一致的时候，我们思维的对象是一个句子的真，而句子都是有意义的，因此我们借助对句子意义的把握来考虑句子的真，亦即我们通过把握句子表达的思想来获得客观知识，而"思想是不能由感官感觉的东西……感官可感觉的东西都排除在可以考虑真这个问题的领域之外"[1]。更为重要的是，思想是由命题承载的，而非个人内心的意识或表象。命题不属于任何一个私人的意识，也不是实际被观察的对象，它是独立、公共且客观的。由此可以得出一个重要的结论，即我们必须承认有一个第三领域。如果我们认为所有的认识对象都只能是表象或否认存在他所称的第三领域，那么所有历史科学和道义学说都是不可能的，所有的法律也都要失去效力。[2] 在此处，弗雷格和凯尔森的思想发生了直接的联系——凯

[1] [德] 弗雷格：《弗雷格哲学论著选辑》，商务印书馆 2006 年版，第 133 页。

[2] 参见 [德] 弗雷格：《弗雷格哲学论著选辑》，商务印书馆 2006 年版，第 150—151 页。

尔森所一直致力于说明的关于规范存在及其特点的问题，在弗雷格的思想中找到了最为坚实的基础和直接的肯认。凯尔森关于“法律规范作为意义”的论断就可以理解为，法律规范是客观为真的应然命题。

提出“法律规范作为意义”，是凯尔森的重要贡献。这一论断不仅明确了对法律规范之存在形式的基本认识，也为规范理论打开了一片广阔天地。然而，凯尔森的理论所包含的纯粹性和先验性，使得他所主张的意义与人们的普遍实践之间形成了难以消融的隔阂。换言之，凯尔森在理论理性的层面将规范所处于的第三范围清晰地开辟了出来，但却由于其纯粹性而导致人们实际生活中的规范现象无法融入理论视野当中。哈特基于日常语言分析哲学所阐发出来的新分析法学在凯尔森理论的缺陷上，将相关研究推进到一个新的阶段。常识也正是通过哈特的理论进入了现代法理学研究领域的中心地带。其进入的方式是通过对日常语言的分析和对意义自身的性质进行重新理解来实现的。总的来说，意义就是人们在日常生活中对语词的使用。放到规范理论的探讨中，规范或规则作为一种意义，其中值得注意的是，常识即便进入了法学研究的领域当中，它与规范之间的联系方式也不是单一的。从哲学的角度看，常识作为一种知识形式是图景式展开的，一些备受关切的概念在一套经典问答的范式中得到了连接，共同形成了一套较为完整的理解世界的方式。因此，威廉·詹姆斯将人类理智发展史上第一个重要的平衡阶段称为常识阶段。[1]20 世纪分析哲学的代表人物彼得·斯特劳森则主张哲学必须采纳常识中的核心概念，因为没有比常识更为基础和稳妥的层面能用以作为语词意义的基础；形而上学的任务就是对上述概念进行描述，并阐明这些概念之间的相互联系。然而，在这幅哲学图景之中，有两条最为显著的脉络，它们分别是日常语言哲学和常识实在论（common sense realism）。这两条脉络在早期常识哲学反对观念论（idealism）的认识论传统和情感主义的道德哲学传统时就扮演了重要的角色。以里德为例，在

[1] See William James, *Pragmatism*, Longmans Green Co. 1907, pp. 168-170.

反对亚当·斯密的情感主义道德哲学主张时，里德通过日常语言分析提出了一个十分有力的反驳：从情感主义的角度来看，对他人行为的正当性判断在本质上只是表达出说话者的某种特殊感受，则当我说“我认为你做得对”而对方否认我的这个判断时，对方的否认实则表达的是“你在说谎”。若从非情感主义的角度来看，对方的否认对我不会有任何冒犯。究其根本，这表明了对行为正当性的判断只涉及行为本身，而不涉及说话者自身。所以，持情感主义立场的某个道德哲学家在对行为做出正当性判断的时候，他“要么是在说些没有意义的话，要么是在违背每条语法和修辞学的规则，因为他在谈论自己却假装在谈论其他事情”[1]。那么，行为正当性判断的基础在哪呢？从常识哲学的角度来看，主要有两处：一是特定的社会惯习；二是对日常规范性实践的直观（intuition）。前者与日常语言一同构成了一套意义理论，即认为进行语言活动就是进行一种守规则的活动，语词的意义在于其在日常中的实际用法；后者则逐渐演化为常识实在论，以其为基础的意义理论认为意义来自直接对事实的认知。

综上，若将凯尔森“法律规范作为意义”这一论断作为理论前提，那么一套规范理论在本质上则总是依赖于某种意义理论——基于这种意义理论，规范理论方能回应规范性生成的问题，亦即回答如何从实然过渡到应然的问题。具体而言，在法学研究中的规范理论所要关注并解答的问题是如何能通过对特定事实的认知并结合某种实践模式来阐明法律规范的生成。同时，一个国家法治的实现，首先，必须考虑到国家治理中的真言化机制——作为法理规范的意义必然来自客观为真的应然命题；其次，还必须考虑到共同体成员在参与规范性活动中的共同理解——意义的产生离不开参与者的理解活动。哈特的规范法学就是从上述基本认识上发展出来的。申言之，哈特的法律理论是在继承了“法律规范作为意义”这一命题的基

[1] ［美］J.B. 施尼温德：《自律的发明：近代道德哲学史》（下册），张志平译，上海三联书店 2012 年版，第 494—495 页。

础上建立起来的。这一点较难察觉，但对于正确理解哈特乃至整个规范法学而言又无比重要。德沃金显然也意识到了这一点，他在评论哈特时曾指出，“我关注一个法理学中的核心问题：分析或说明那些或被称为法律命题之意义的东西”[1]。但为了消弥凯尔森的理论因追求纯粹性所带来的规范与现实生活中人们普遍的规范实践相割裂的问题，哈特以“日常语言—惯习”为主导，主张对日常语言中的命令式（imperatives）和“应当”“应该”“必须”等词的日常用法的研究，能让我们理解各种规范性语词的特定意义，并最终回答法律规范性来源的问题。借助于后期维特根斯坦和牛津日常语言哲学的思想，哈特重新将作为意义的法律规范和现实的规范性实践联系在了一起。本书的讨论就是在上述理论进路和基本分析框架中展开的，并最终通过对哈特的批判性考察来提出一个更为完善及包容不同历史实践的理论。

常识是法律规范性生成时不可或缺的一部分。然而，从常识中获致法律规范性的过程却不能简单地等同于将众意或者普通人的观点直接作为他人的行为规则或行动理由。法律作为国之大器是对全社会成员的行为作出的普遍性规定，所以涉及社会关系的复杂性和重要性并非能简单地用常识性观点予以调整。再者，常识本身是一个复杂现象，当中包含了一些难以协调甚至相互冲突的观点。因此，即便在哲学的一般层面阐明了常识制度性内涵及其与规范性的内在联系——在此层面上无须探讨十分具体的常识性观点，欲在实在法的层面上予以实现，还需要解决制度化的问题。在阐明常识作为规范性生成的基础以及相应制度化的问题上，哈特的理论做出了十分重要的贡献，但也有其局限性和问题。

哈特理论的成分比较复杂，在阐明法律规范性生成的原理时，又以后期维特根斯坦和日常语言哲学为主要支柱。学界有一种普遍的观点认为维

---

[1] Ronald Dworkin, “Legal Theory and the Problem of Sense”, in *Issues in Contemporary Legal Philosophy*, Ruth Gavison (ed), Oxford: Clarendon Press 1987, p. 9.

特根斯坦对其前期思想的全面否定，开启了语言分析哲学中的日常语言转向。这种观点虽然有值得商榷之处，但也说明了后期维特根斯坦的思想和牛津日常语言哲学是密不可分的。在维特根斯坦前后期的转型阶段中，一个明显的特征是他开始注意到常识在哲学思考上的重要性。《蓝皮书》和《褐皮书》是维特根斯坦回到剑桥任教以后由学生根据课堂笔记整理而成的，所体现的正是他的思想转型阶段，而后期很多哲学思想在这两本书中都得到了初步论述。其中，维特根斯坦明确地表示了对常识的关注并试图在相关领域内解决一些问题。不仅如此，他的思想已经超越了常识哲学的传统进路，将解决问题的进路切入日常语言分析的层面。他并不认为对于哲学家的困惑能用常识予以直接解答，关键是要抑制哲学家攻击常识的诱惑——这种诱惑的根源在于语言，因此解决这一问题的关键就在于对日常语言进行分析，澄清相关语词的意思。[1] 在其思想的后期，维氏大大深化了这一认识，他用“语言游戏”来说明进行语言活动就像进行某种游戏一般，在根本上是一种守规则的活动。这种规则是惯习性的，它来自人们通过日常实践所形成的生活形式（form of life），正是基于这种规则才使意义得以生成。因此，语言活动并非如传统的观点所认为的仅仅是对某对象的描述，意义并非仅仅局限于“说某事”，而是与其他“做某事”的行为实践一样产生特定的效果。话语行为理论（speech act）在很大程度上就是对这一认识的进一步阐发。由此得出的结论是，语词的意义来自人们在日常生活中的实际使用，即“语词的意义来自其用法”。值得注意的是，这种日常使用并非指一切个人对语词的主观使用。维特根斯坦在反对“私人语言”时，指出了语词的意义是基于一种公共标准产生的。而这种标准来自日常生活中与特定语词相联系的语言和非语言实践，因此纯粹私人的使用并不能成为语词意义的标准。上述有关人类语言活动的深刻洞见和极富天才的理论，构成了哈特规范理论的思想源泉。哈特根据一种特殊人群——

[1] 参见［奥］路德维希·维特根斯坦:《蓝皮书和褐皮书》，涂纪亮译，北京大学出版社 2012 年版，第 76—77 页。

法律官员——的行为和态度的聚合将规则区分为初级规则和次级规则，并借此进一步说明法律规范性生成的原理。上述理论对于现实的解释力端赖于他运用日常语言哲学对规范性语词进行的概念分析。根据斯塔夫罗普洛斯（Nicos Stavropoulos）的观点，哈特的规范理论主要依赖的是语义学理论，并采纳了一种被他称为“强概念分析”（ambitious analysis）的分析类型。此种概念分析主张对特定概念或语词的正确理解取决于包含在日常使用者对这些概念或语词的实际使用中的理解。[1] 因此，就哈特而言，规范性语词如“应该”“应当”“必须”的意义也是取决于人们在日常生活中对这些语词的实际使用和相关实践。“内在观点”和“规则的内在面向”的深层内涵正在于此。“承认规则”（rule of recognition）所承担的作用则是识别相关施以义务的规则，并将其转置进入法律体系之内，使其成为法律，故法律就是初级规则与次级规则的结合。为此，可以说“承认规则”试图阐明的就是包含在人们日常实践中的规范性判断如何制度化为法律义务的过程。

然而，这套对常识进行制度性转化作为法律的理论却面临严重的困难。哈特的理论被视为一种试图从习俗（custom）的角度出发，发展出一套不依赖于前人进路的理论来解释法律是如何产生的。可是，若法律的产生过程真如哈特的理论所言，哈特将被迫承认他的理论中有概念空间容纳道德和价值。[2] 除此之外，哈特的理论还面临一个更深层次的困难，即哈特难以仅凭他的语义学进路说明法律义务是如何从普通人及法律官员的实践尤其是语言实践中产生的。对此，斯塔夫罗普洛斯直言，哈特关于规则的理论并不足以作为一种装置来“解释义务，反而只是一种对其他考量所产生

---

[1] Nicos Stavropoulos, “Hart’s Semantics”, in *Hart’s Postscript*, Jules Coleman (ed.), Oxford University Press 2001, pp. 71-2.

[2] See John Gardner, “Why Law Might Emerge”, in *Reading HLA Hart’s The Concept of Law*, Luis Duarte D’ Almeida, James Edwards and Andrea Dolcetti (ed), Oxford: Hart Publishing 2013, pp. 91-3.

之效果的总结”[1]。换言之，哈特的理论不能解释法律为何能够将行动者的行为“导引”至特定方向。

在本书看来，哈特之所以陷入上述困境，是因为主权者及集中化的强制（centralized coercion）缺席了其理论中法律义务生成的过程。申言之，唯有将主权者和强制纳入思考当中并阐明它们在法律义务生成过程中的作用，方能完整地阐明常识是如何得以制度化为法律的。因为，主权者并不是如哈特及其支持者们所称的那样，是前法律的实体和事实性的权力，反而是共同体政治和法律同一性的体现，也是共同体进入权利稳定的文明状态的必要条件。主权者自身是基于人民群众在生活交往当中形成的价值共识而出现的。主权者通过自己的认知及相应的实践将人们生活世界中的重要意义和价值转化到一个法律体系当中，并以命令的形式将这些内容转变为一般性法律。

基于对凯尔森和哈特的理解及批判，本书致力于论证的是一个三阶层的意义生成及制度化为法律的机制。从意义理论的角度来看，哈特的著名论断“法律是初级和次级规则的结合”所对应的是两个语言游戏。第一个语言游戏，人民通过日常生活中的集体实践为规范性语词赋予原初的意义。第二个语言游戏，法律官员（legal officials）作为终极主体通过他们的实践把这些原初意义制度化为作为客观意义的法律规范。之所以如此，关键在于法律官员的实践是一种守规则的集体实践。然而，哈特的上述理论虽然能为英国法治的历史实践和普通法的精神做出非常深刻的理论阐释，但其作为一个规范理论不免是武断的。并非所有国家在转变为法治国的历史实践中都当然地以法律官员作为日常意义制度化为法律的终极主体。因此，在上述两个语言游戏之间，还须有一个转换的动力机制。这个动力机制起到了承前启后的作用，从第一个语言游戏那转变过来，并决定下一个语言游戏中意义创生的终极主体。换言之，这个语言游戏不产出规则，而是将

[1] Nicos Stavropoulos, “Words and Obligations” , in *Reading HLA Hart's The Concept of Law*, Luis Duarte D' Almeida, James Edwards and Andrea Dolcetti（ed）, Oxford：Hart Publishing 2013, p. 132.

意义灌注到一个主体之上，使其能完成生活世界从前法律阶段到法律阶段的意义转变。所以，整个从日常意义到法律体系的过程，是由三个语言游戏构成的，而非哈特主张的两个。而从第一个语言游戏转到第二个语言游戏的动因在于一个亟须得到回答的实践理性问题。申言之，生活世界之意义在只以第一个语言游戏为基础的时候，能维持一般的稳定性，但却难免会出现两个或两个以上日常命题的矛盾冲突。我们所熟知的“两小儿辩日”就是很好的例子。为了消除这种风险，一个实践理性的问题亟须得到回答，即“谁来判定命题的真假？”当需要消除的风险关涉到普遍的规范性命题时，对上述问题的回答就决定了共同体法政生活中的真理决定者，也就是法律阶段生活世界的意义总设定者。无论这个主体是谁或哪一群人，他或他们都会被称为主权者、国家的终极权威。而这一资格的获得与掌握国家生活的“真言化机制”是密不可分的。在现代法政生活中，这一“真言化机制”最终是和功利判断结合在一起的。[1]这也决定了唯有主权者才是可能担起法政生活中真理决定之大任的主体。上述内容不仅是对哈特规范法学的重大修正，同时也打开了关于法律规范性探讨的新维度。因为关于谁有资格的问题，必然要纳入政治性的探讨，亦即必须探讨掌握法政生活真理决定权的资格问题。只有在确定了意义的总设定者后，才能实现从前法律阶段到法律阶段的过渡。法律官员等主体不仅自身是总设定者创设出来的意义，而且他们只是在意义的整体框架被设定之后，起到具体化和日常维持的作用。

综上，本书欲论证的核心命题，即法律作为常识的制度化，就具有三层内涵或三个层面的制度化。第一个层面的制度化指的就是从前法律阶段的生活世界到法律阶段的生活世界的过程。在此过程中，人们在日常生活的交往中所形成的意义最终汇聚到一个个人或群体之上，使其成为进入法律阶段的生活世界之意义总设定者，由他来设定重要的意义并保护相应的

[1] 参见［法］米歇尔·福柯：《生命政治的诞生》，莫伟民、赵伟译，上海人民出版社 2011 年版，第 15—28 页。

价值。这一过程的集中体现就是主权者立宪。第二个层面的制度化指的就是在生活世界进入法律阶段后，被主权者赋予特定功能的个人或组织，负责将主权者所做的意义总设定进行一般条文化，使之具有体系性和一定程度的明确性及可操作性。这一过程的集中体系就是立法机关的立法行为。第三个层面的制度化指的就是官员尤其是法律官员在他们的日常工作实践中不断对尚为抽象的意义和价值进行具体化和常态化的维护，实现生活世界之意义与法律体系之间的动态协调，使生活世界的意义总体能不断地延伸和更新。

真正的法始终是人们活出来的法，规范性始终根植于人们的日常生活，而"法律规范作为意义"则必须从生活世界中获取规范性力量。换言之，法律必须是常识的制度化，否则法律就仅仅是一种外部强加的强制秩序而已。此外，从相关的原理性研究中还能看出，法律规范性的一端源自人们的生活形式，另一端则紧紧地连接着法政生活真理决定权的转移问题。它们共同构成了法律规范性生成的完整结构。从这一点出发，可以明确"依法治国"与"党的领导"之间的内在联系，并且能进一步阐明当代法治建设应从什么方面入手才能与中国人的日常生活以及历史、政治实践紧密地联结在一起。

本书在之前已经简要地介绍了当今西方重要的法律理论基于上述基本认识，阐明规范性是如何从人们日常生活中的常识性判断和常规实践中得来的，并指出了将它们制度性转化为法律的模式。然而，以常识为视角思考重要问题的这一进路并非西方思想所独有。常识理性在相当长的一段时间里都是我国传统思想的深层结构。正是因为如此，常识、常情和常理与我国传统思想中的规范观是内在相连的。即便是进入现代以后，这一深层结构也并未受到太大的改变。"知常曰明"或"伦常日用"等理念仍然在人们的思维模式和实践模式中扮演着重要角色。借助对西方理论的探究所总结出来的模式，本书主张，当今的法治建设如果要实现法律规范与日常生活的紧密连接，那么立法上就要以常识理性统合科学立法与民主立法，司法上就要强调对生活世界中的重要意义及相应价值的反映和保护。

我国是被卷入现代世界当中的，因此面临大量来自西方世界的外来理念和实践与本土生活之间的冲突和协调问题，这一特征在全球化的进程中则更为明显。全球化在法律领域的表现形式有两种，一种是国际法的国内化，另一种是国内法的国际化。前者指的是国际层面的统一规则成为国内法据以调整自身的准则，后者指的则是在国际社会上占主导地位的某些国家向其他国家输出自己的法律理念和法律制度，或其他国家主动学习、接受相关内容，使它们成为自己的国内法。中国在法治建设的过程中所进行的大量法律移植，就是后面这种法律全球化的体现。[1] 更为重要的是，法律移植所带来的不仅仅是外国的法律制度和相应的话语，更是生活形式的剧变。因为语词和概念不仅与生活形式紧密联系一起，也是共同体成员认识自我和形成同一性的基础。因此，如何才能在这套现代法政话语构成的制度与中国人自身的生活形式之间建立起一种有机的内在联系，就成了实现具有中国特色的法治社会的关键。

对于“常识”在中国传统思想中的重要地位，学界早已有所意识，并且已经形成了一套颇具体系的理论。早在 1997 年，金观涛在其一篇文章中就已经指出，在中国传统思想尤其是儒家思想的长期演变过程当中，“常识”成了中国文化最重要的内核之一，“常识合理”也是中国传统思想深层结构的重要组成部分，[2] 并且一直到现代都有着强大的影响力。在随后的一系列作品中，金观涛更为系统地阐发了这部分思想，将其用于理解中国现代思想的起源，并指出常识理性是中国思想的深层结构。从现有的法制史研究中也可以得知，在我国古代的法律实践中，依据常识得出合理的结论用以断案的范例并不少见。例如在“新会田坦案”中，新任的县官聂亦峰就依据常识解决了双方积怨多年的疑难案件，做到了“案结事了”。[3] 针对这种在我国古代法律实践表现出来的，以常识作为规范性基础的特点，有法律思想史研究者称其为“中庸理性”，尤其是中庸理性所包含的

[1] 参见朱景文：《关于法律和全球化研究的几个有争议的问题》，载《南京社会科学》，2010 年第 1 期。

[2] 参见金观涛：《中国文化的常识合理精神》，载《中国文化研究所学报》，1997 年新第 6 期。

[3] 参见李启成：《“常识”与中国传统州县司法》，载《政法论坛》2007 年第 1 期。

生活理性的特点，在司法官吏断案的活动中体现为运用生活常识作为定分止争的前提。[1] 在常识理性这一深层结构之下的人们把日常生活中的常识、常情和常理提炼为共同的合理性及正当性标准，并以之调整和规范共同体成员的行为。上述思维在中国的现代化进程中也没有被彻底改变，仍然保持了旺盛的生命力，不断地与外来引入的观念碰撞融合。我国法学界对如何实现中国传统思想与西方思想的对接进行长期思考的目的之一，就是希望提供一个实现现代法律与我国传统文化精神衔接从而优化我国法治质量的理论进路。甚至可以说该问题是中国法学理论研究多年以来最为重要的问题之一。

实际上，这种本土问题意识所直指的理论问题是我国现有法律体系中的规范性语词和重要概念在很大程度上失去了把握现实的能力，进而要求反思并扬弃这些概念，阐发出一套能维护人们日常生活中普遍看重的意义的话语体系。申言之，特定共同体的法始终是由该共同体成员活出来的法，它不拘泥于是否具有“法律”的名称，而是一种实实在在地与人们的生活形式联系在一起，并被视为行为共同规范的规则体系。我国当代的法制史研究已经就此展开了探讨，并揭示了“礼”在我国传统思想和生活中作为法律的性质和地位。[2] 除此之外，法律规范性要从日常生活中来，更是要为了保护在人们的生活世界中那些真正重要的意义和相应的价值，这对于一国的法治建设来说是首要问题。对此，我国已有相关研究试图从“家价值”出发对上述问题进行回应。[3] 卢梭曾用最为有力的语言指出，有一种比政治法、民法和刑法这三种法律更为重要且更有力的法律，它不以任何表面的权威形式存在，而却又是其他法律的活力源泉，这种法律就是

[1] 参见中国人民大学曹刚副教授 2003 年的博士后出站报告《中庸理性与传统法制》，第 71—72 页。本书为了重点突出核心概念，仍沿用“常识理性”一词。

[2] 参见马小红：《中华法系中“礼”“律”关系辨证——质疑中国法律史研究中的某些“定论”》，载《法学研究》2014 年第 1 期。

[3] 参见张龑：《论我国法律体系中的家与个体自由原则》，载《中外法学》2013 年第 4 期。

风尚和习俗。[1]但卢梭并没有说明这种如此重要的规范形式是如何形成的，又是如何影响到其他法律的活力和权威的。为了回应上述问题，同时也为了说明法律如何能与人们的生活形式有机结合，仅仅从经验现象的层面进行描述和总结是不够的，而更需阐明法律规范性与日常生活中各种常规判断与实践的内在联系。试想一下，卢梭所称的第四种法律如果不是以常识的形式存在于人们内心的话，还能以什么形式呢？更进一步说，习惯、习俗、风俗、传统和惯习等规则现象都必然是以常识这一形式存在于人们的心中，因而以常识为视角考察法律规范性的问题，自然就使得这些规则的重要性在法学研究中凸显出来。不过，这并不表明本书要进行的是中外法律制度或者法律思想史的比较研究，或是采取一种比附思维来附会西方的规范性理论，而是力求在法学基础理论的层面上厘清常识与法律规范性之间的关系，为今后实现“用西方的理论话语道出中国本土的规范性内涵”奠定理论基础。同时也在理论上指明方向，以便于指引为法律如何获得普遍遵守，真正成为调整人们日常生活的共同规则及保护相关重要价值。因此，本书的努力方向就是以“常识—日常语言—规范”为线索对相关的西方法律理论进行考察、分析，最终揭示常识对于规范性生成的重要性及相关原理。

现代立法需要真正成为人们生活世界的共同规范，就必须以常识理性为指导。而实际上，我国部分立法实践已经率先意识到这一点，并做出了相应实践。然而，现有研究却远远没有对此实现系统的理论化，更鲜有发掘其中有助于思考法律规范性来源的内容。对此，本书建议是要以常识理性为基础，统合我国目前提倡的科学立法与民主立法的原则，对国家立法工作进行引导。通过对中国现代观念史的梳理可以发现，中国现代思想观念的进程仍然是常识理性的延续，中国人的思维在总体层面和深层结构上并未发生十分彻底的变化。所不同的是，原先用于体现常识理性的词汇在当代语境中被替换成了类似社会实际情况和人民群众的普遍认识等词汇。

[1] 参见［法］卢梭：《社会契约论》，何兆武译，商务印书馆 2012 年版，第 70 页。

从这一视角出发，可以重新审视科学立法和民主立法两个原则之间的内在联系。简而言之，民主立法所力图实现的是让人民群众在日常生活中所看重的意义能够充分地反映到立法者的面前，现代立法科学的技术把这些鲜活但仍显粗糙的内容打磨成符合现代法律体系运作所要求的形态。

与此同时，常识理性在司法层面也应得到相应的表达。因为，法院和法官作为一种常态化的机制，通过他们的实践来实现法律体系和生活世界之意义的动态平衡。为此，法官在司法裁判活动中一面连接着抽象的、一般化的法律条文，另一面连接着发生在日常生活中的具体纠纷。以常识理性为指导的实践，在很大程度上就能确保法律效果和社会效果的相统一。为此，实现司法实践中常识判断与法律判断的衔接与转化，就显得尤为重要。通过"泸州二奶案"可以发现，司法裁判的过程就是现实常识判断与法律判断的衔接与转化的过程。这一过程所涉及的关键因素就在于确定"遗嘱"的意义。同时，也可以看到，确定"遗嘱"的意义背后是对两种价值的选择，即家与自由。因此，确定"遗嘱"的意义固然需要法官的自由裁量，但这种裁量权并非任意的和无限制的，而是要在恰当价值标准下进行。那么，这个价值标准是什么呢？在"泸州二奶案"中，这个价值标准还是比较明确的，那就是我国法律总体对家价值的体系和保护。可是，仍然需要我们思考的是，在特定案件的审理中，价值选择的标准或范围却并不总是如此明确的。此时，供以法官确定特定对象意义的价值标准又从何而来呢？本书基于对相关理论的研究指出，法院和法官在整个意义建构的过程中是属于次级设定，他们是在主权者决定了共同体未来生活的基本方式后，通过他们的实践完成主权者所设定之整体意义的具体化，以及法律体系与生活世界之意义的动态平衡。而在主权者进行意义的整体设定时，主权者通过其认知和实践已经把生活世界中重要的价值放入了整个意义结构当中。主权者在完成了意义的整体设定后，就将常态化运作的任务交给了特定的个人和机构，并赋予他们相应的权威和功能，成为主权者所确立下来的重要意义和相应价值的守护者，以及对这些意义和价值进行具体化。那么，这些个人和机构在运用他们的权威和功能的时候，就必须以主权者的整体设定为范围。这就是对"法律作为常识的制度化”的整体理解。

在上述整体设定下，各种个人或组织根据自身的特点，各司其职。法院是消极的，即只根据具体的诉讼纠纷来实现对意义的守护和集中体现。行政机关意义上的政府是通过主动制定政策，而立法机关则是通过依据宪法主动制定法律或授权行政部门和其他机关立法。更为重要的是作为执政党的中国共产党，它不仅主导各项工作，它还可以通过对主权者的意志进行直接开示，使原本比较抽象或宽泛的意义和价值得到具体化。党的十八大提出的社会主义核心价值观就是相应的实践成果。因此，当对社会行动的正当性进行评判，而现有的规范性框架中又没有明确表明什么价值在相关情形中是占主导地位时，法院或其他共同意义的守护者们就要以相应核心价值作为选择或论理的基础。明确这一点，不仅对法院未来的实践具有指引作用，同时也是实现党的领导与依法治国之间内在联系的关键。

第 1 章

法律规范作为一种意义

尽管西方法学理论中对于法律规范之存在形式及特点的研究汗牛充栋，但有些核心命题贯穿始终并构成了相关理论的思想主线，“法律规范作为意义”便是其中之一。凯尔森的纯粹法理论正是围绕此核心命题建构起来的一套关于法律规范的认知科学。然而，“意义”一词究竟指的是什么，不同的哲学传统有着不同的理解，尤其是传统的认识论哲学和后来的语言哲学对于该问题的理解有着不同的侧重。凯尔森在其思想的后期则一直在这两个传统之间徘徊，他前期的思想主要建立在康德的认识论哲学和新康德主义思想之上，后期则试图将规范理解为语义。实际上，凯尔森这两部分思想可以通过弗雷格和早期维特根斯坦的语言哲学予以结合，并且在不违背凯尔森中心思想的同时消解一些问题。之所以如此，除了因为弗雷格和新康德主义的主要思想家如李凯尔特等人一直保持着密切的联系，还因为弗雷格和早期维特根斯坦的语言哲学与康德认识论之间有着重要的内在联系。更为重要的是，通过阐明“法律规范作为意义”这一命题，就能明确此后探讨法律规范性生成的总体方向，即通过意义理论来阐明法律规范这一特殊形式的意义是如何生成的。

1.1　规范与行为的意义

法律的本质及其规范性的来源问题是法理学研究中经久不衰的话题，也是法理学研究的核心领域之一。尽管不同学派根据不同进路对法律规范性进行了大量论述并得出各式各样的结论，但有一个论断被大部分理论所接受甚至奉为圭臬，即实然与应然或事实与价值的截然两分且相互间不能无条件地进行推导。[1] 学界普遍认为该论断发轫自休谟的思想，故该论断又常常被称为“休谟定理”或“休谟法则”。本书则认为，将休谟的上述思想称为“休谟问题”更为恰当。因为，休谟的贡献在于他作为一个伟大的提问者指出了一个前人都没有注意到的问题。该问题将我们的注意力引向了一个日常生活中的现象：我们每天的生活中都充斥着大量的规则、规范和价值，但我们却没有认真思考这些对象的特殊性。如果说诸如杯子、桌子和椅子等物体还能通过自然科学来说明它们的存在形式及印证我们对这些物体的认知是正确的话，那么规范和价值等对象的存在形式又是什么呢？更重要的是，如果说规范和价值这些对象实际上都是不存在的，它们只不过是人们纯粹主观性的虚构或情感的表达，那么我们整个社会文明的构建和运转又是建基于什么之上的呢？情感主义（sentimentalism）或心理主义的支持者们可以毫无压力地承认规范和价值等对象纯然是人们的主观虚构或精神状态的表达，并接受这种观点作为对人类社会的基本认识。然而，这不但不符合我们的常识，更不符合我们的日常实践。举个例子，当我评价某人行为的正当性时，我说“你这么做是对的”。在情感主义者看来这句话只是我表达了自己的主观感受，因此当别人否定这句话时表达的意思要么就是我在说谎，要么就是我自己不知道自己的感受是什么。由此引申出来，如果我们在对他人行为的

[1] 在本书的余下部分里，若无特别说明，将用“实然与应然两分”来代替这一论断的内容。

当为性进行判断时只是表达了自己的感受，而其他人对判断者进行评论的时候就仅仅是在讨论判断者的感受，那么有关行为正当性的讨论就不可能真正发生。如此一来，我们的日常生活就形同一出荒诞的黑色喜剧。究其根本，情感主义者的错误在于没有认识到对行为正当性的判断只涉及行为本身，而不涉及说话者自身。里德从日常语言的角度指出，持情感主义立场的某个道德哲学者在对行为做出正当性判断的时候，他“要么是在说些没有意义的话，要么是在违背每条语法和修辞学的规则，因为他在谈论自己却假装在谈论其他事情”[1]。

为此，对人们的日常实践抱负责态度的哲学家都承认实然和应然在理论上有所区分，同时试图寻找从实然过渡到应然的方式。摩尔在《伦理学原理》中根据实然与应然两分的原理作出了自然主义（naturalism）和非自然主义（non-naturalism）的分类。摩尔认为，进行定义的活动就是将待定义的对象分解成为若干必然的组成部分。然而价值性的或应然性的对象却不能被分解成其他东西。在他看来，应然性的对象仅凭自身就是成立的，不需要也不能划归到其他的什么构成部分。换言之，善就是善，而不是其他的什么东西。因此，摩尔将以下思想称为“自然主义的谬误”，即试图通过说出一些性质来定义善，“并且认为这些性质事实上并不是真正‘别的’，而是跟善性绝对完全相同的东西”[2]。申言之，自然主义的思路是将本是应然性的或价值性的对象等同于其他存在形式的对象。所以，摩尔认为，若某人“把‘善’这个非同一意义上的自然客体跟任何一个自然客体混淆起来，那么，有权把这叫作自然主义的谬误”[3]。摩尔指出了这种自然主义的进路就是要“用一个自然客体的或自然客体集团的某一性质来代替‘善’”，于是产生了用自然科学、心理学

[1] [美] J.B. 施尼温德：《自律的发明：近代道德哲学史》（下册），张志平译，上海三联出版社 2012 年版，第 494—495 页。

[2] [英] 乔治·摩尔：《伦理学原理》，长河译，上海人民出版社 2005 年版，第 14—15 页。

[3] [英] 乔治·摩尔：《伦理学原理》，长河译，上海人民出版社 2005 年版，第 17—18 页。

等方式探讨应然性问题的倾向。[1] 值得注意的是，摩尔的这一结论不但适用于伦理学，也适用于其他任何以价值、行为正当性、行为规则和规范为研究对象的学科。

那么现在的问题是，如果规范性或应然性的对象并不能通过自然客体即事实性或实然性的对象定义，那么规范自身的存在形式又是什么呢？在本书看来，同为主张非自然主义进路的凯尔森对这个问题给出了最为重要、影响最为深远的回答，即"法律规范作为意义"[2]，而不是行为本身。[3] 因此，实然和应然之间的区别就是事实（fact）与意义（meaning）之间的区别，即规范是一种意义形式。本书认为凯尔森的这一论断不仅是他的纯粹法理论的核心要义之一，而且是理解现代法律理论的一把重要的钥匙。申言之，从自然状态跨入文明状态所需要实现的就是生活世界的从事实性转变为意义性的过程。换句话说，一种具有规范性的生活就是一种意义性的生活。因此，对法律规范性的本质和来源进行探究，就是在追问如何从特定的事实得到规范这种特定的意义。现代法律理论在思考法律规范性的本质和来源时，都以一种意义理论作为原理来建构其理论进路。认识到这一点，才能理解凯尔森、哈特和德沃金等人所孜孜以求的东西及他们各自理论的精妙之处。本书在这一节将关注凯尔森是如何拓展这一论断的，而随后再考察哈特在凯尔森之上又做出了什么重要的突破，以及这些突破对我们思考法律规范性的启示是什么。

[1] 参见［英］乔治·摩尔：《伦理学原理》，长河译，上海人民出版社 2005 年版，第 41—42 页。

[2] 此处"意义"是德语中的 Sinn。德语中能表达汉语"意义"一词的单词主要有两个：Sinn 和 Bedeutung。根据《朗氏德汉双解大辞典》，Sinn 有"意识""感知""领会、理解的意义"等意思；而 Bedeutung 则偏重于指语词的含义或意思。可见，Sinn 所涉及的更为丰富和高级的活动，它与人们的认识和理解活动紧密相连，其意与英语中的 sense 有高度一致之处。在本书接下来的部分也可以看出，凯尔森所使用的 Sinn 正是在这一层面上的。

[3] 参见［奥］汉斯·凯尔森：《纯粹法理论》，张书友译，中国政法大学出版社 2008 年版，第 38—39 页。

1.1.1 凯尔森“纯粹法理论”中的认识论旨趣及先验论证

凯尔森断言“法律规范作为意义”，但该断言的内涵以及如何从事实性的行为获得凯尔森所称的这种意义，却并非一目了然。凯尔森的纯粹法理论主张法律作为一种规范，是有别于经验性存在的自然事实和其他心理学、伦理学对象。因为在凯尔森看来，规范就是规范，而不是其他的东西，故它的存在不能被划归为经验性事实或价值。对此，有研究者指出凯尔森对休谟的原理进行了两次运用，第一次是在规范和事实之间划出了一条界限，第二次是在规范和价值之间划出了另一条界限。[1] 纯粹法之纯粹在使法律规范独立于自然科学所关注的经验事实和伦理学所关注的价值等对象，从而使得法律科学能作为一门独立的体系并使关于法律的探讨避免沦为政治争吵或价值混战。对于凯尔森而言，实现上述目的的关键就在于将法律科学作为一门认知科学，同时通过明确认知对象的性质和特点来把其他不相干的对象排除在外。所以，凯尔森指出：“纯粹法理论所以自命为‘纯粹’，则在于其唯求认知法律，而将不属于其认知对象者皆摒除在外。换言之，纯粹法理论欲使法律科学免受一切异质因素之干扰，此乃本理论在方法论上之根本。”[2] 凯尔森进而指出，法律在本质上就是规范，因此是应然性的而非实然性的。而规范的存在形式在于其具有效力。一个规范之所以有效是因为在其之上还有一个有效的规范通过授权的方式使其具有效力。基于这种授权关系和效力链条，规范之间构成了一个层级结构，而这种效力的链条可以一直追溯到历史上的第一部宪法。在历史上第一部宪法之上的，是被预设为有效的基础规范（basic norm），基础规范作为规范层级结构的最顶端，是效力链条的源头。[3] 那么，凯尔森的上述思想与“法

---

[1] 参见［奥］汉斯·凯尔森：《纯粹法理论》，张书友译，中国政法大学出版社 2008 年版，第 27—28 页。

[2] ［奥］汉斯·凯尔森：《纯粹法理论》，张书友译，中国政法大学出版社 2008 年版，第 37—38 页。

[3] 参见［奥］汉斯·凯尔森：《纯粹法理论》，张书友译，中国政法大学出版社 2008 年版，第 88—89 页。

律规范作为意义”的论断之间存在什么联系呢？凯尔森在提出了规范作为事实的意义后，似乎并未将注意力放在进一步阐明这一论断上，这是因为凯尔森疏忽了吗？还是答案深藏在其理论深处？在本书看来，后者显然更为可能。因此，欲理解“法律规范作为意义”这一论断，就必须从凯尔森的理论结构和思想渊源入手进行分析。之所以如此，是因为“意义”一词本身就有多种意思，如价值、内容或语词的语义等，而凯尔森所称的“意义”指的是对特定事实内涵的理解，而他对这一理解过程的阐明是建基于康德认识论哲学和新康德主义思想之上的。对此，本书的观点是，凯尔森所称的“意义”指的是一个有效判断的客观内涵，即一个客观为真的应然命题。

在凯尔森的理论中，法的实证性和纯粹性全系于基础规范之成立与否，基础规范一头连接着规范体系，另一头连接着事实领域，来自后者的内容经过基础规范进入前者中成为规范体系的一部分。然而，学界对于凯尔森的上述思想却充满了各种争论。详言之，基础规范也是应然的，它的存在也在于其具有效力，但基础规范是被预设为有效的，这意味着什么？一种过于简单的理解认为基础规范不过是凯尔森为了对其规范的层级体系进行封顶而虚构出来的东西。这样的理解显然对凯尔森理论的思想渊源缺乏足够的认识。另一种理解是本书先前述及的观点，即认为凯尔森基于对休谟思想的两次运用提出了一套以法律规范为对象的认识论。在本书看来，关于凯尔森对休谟的原理进行二次运用的说法，是值得商榷的。从自然主义和非自然主义的区分这一角度来看，休谟的原理只是指出了自然实体和非自然实体之间的界限。而在纯粹法理论中，凯尔森首先区分了自然实体和非自然实体，即事实与规范，虽然凯尔森又将法律规范同其他规范区分开来。为此，凯尔森采取了一种非自然主义的认知理论。非自然主义的基本观点是，行动理由是镶嵌在命题里的，当命题为真即表明相应的规范性事实存在。因此，人们通过理解一个为真的命题来认知到一个规范性事实的存在。同时，在非自然主义看来，规制或促使人们做出特定行动的理由是独立于行动者的精神或心理状态的，而这些理由与构成规范性理由的事实是一致的。[1] 举个例子，某人被告知在吃饭时“要让长辈先就座”，那么该人之所以认为要这么做或其他人认为该人要这么做，其原理并非在于个人主观之好恶，而是在于理解到“应当尊重长辈”这一命题。“应当尊重长辈”这一命题所指向的并非个人的情感或心理状态，而是“尊重长辈是好的”这一规范性事实。因此人们通过理解一个应然命题认知到了一个规范性事实以构成自己行动的理由。这在另一方面指出了在我们的认知活动中，特定行为对应了一个特定的命题，该命题所指向的规范性事实确保了规范是一种客观意义。但值得注意的是，凯尔森认为只需要认知到特定行为所对应的那个应然命题就足够，不需要涉及往后的规范性事实。之所以如此，是因为凯尔森认为我们的认知活动是一种运用判断的活动，而一种被他称为归责（imputation）的范畴在得出应然命题的判断中被运用到了对特定行为的认知活动里。所以，一个成立的应然命题就是行为的意义，再过问其他内容就会影响到规范的纯粹性。凯尔森上述思想的证成建基于他对康德的认识论和新康德主义思想的吸收和运用。

凯尔森所谨守的实然与应然两分的原理在新康德主义哲学中被奉为最重要的教条之一，而新康德主义的思想在很大程度上又以康德的《纯粹理性批判》为根基。因此，欲对凯尔森“法律规范作为意义”及“法律科学作为认知科学”的论断进行分析，就要先了解康德在《纯粹理性批判》中的基本思想和新康德主义对这些思想的运用和改进。在《纯粹理性批判》一书中，康德所致力于解决的问题是人类如何能够认知和获得客观知识。在康德的认识论哲学中包含了两大部分：直观（intuition）与理解（understanding），直观负责提供经验对象，理解负责处理概念，二者共同构成了我们认知客观对象并获得相应知识的完整过程。对于康德在此方面所做的全部论述，本书是决计无法予以深论的，因此本书只选取与本书中心命题相关的方面做简要的论述。在《纯粹理性批判》的开头部分，康

---

[1] See George Pavlakos, “Non-naturalism, Normativity and the Meaning of Ought”, in *Research Gate*: https://www.researchgate.net/publication/256036581_Non-Naturalism_Normativity_and_the_Meaning_of_%27Ought%27，最后访问日期：2015 年 10 月 2 日 ,pp.5-7.

德将人类的知识分为两类，它们分别是分析判断和综合判断，前者是借助判断的主词和谓词的同一性所做出的说明性判断，而后者则是不借助这种同一性所做出的扩展性判断。[1] 由于分析判断的谓词是包含于主词之中的，所以一个为真的分析命题仅凭概念之间的内在联系而不需经验上的证据就可以得出。但综合判断由于是扩展性的，它总是要包含新的对象进来，因此它的得出往往需要以经验作为基础。于是这就产生了一个问题，如果我们的知识都是通过分析判断得出的真命题，那么知识的增量就是不可能的；但如果我们的知识增量依赖于综合性的命题，那么如何确保知识是普遍必然为真的，就成了一个难题。在康德看来，为了将哲学从休谟怀疑论的手上拯救出来，他就要阐明"先天综合判断"是如何可能的。康德根据知识与经验之间的不同关系，将知识大致地分为"先天的"(*a priori*)和"后天的"(*a posteriori*)。"先天的"指的就是先于或独立于经验的。所以，先天知识指的就是不依赖于经验就得以可能的知识，亦即不依赖于经验就可以得出的真命题。这种先天性是知识纯粹性的基本保障，先天而又纯粹的知识是必然和普遍的。[2] 然而，康德并不致力于道出这种知识的性质或特点，他的主要目的是阐明这种认知对象的先验条件，并借此为理性划界。为此，康德指出"人类知识有两大主干……这就是感性和知性，通过前者，对象被给予我们，而通过后者，对象则被我们思维"[3]，通过这两种方式我们相应地获得了直观和概念作为构成我们一切知识的要素，直观和概念相互结合缺一不可。[4] 知性通过概念认知对象，但这一认识方式并不像直观那样依赖于对象的刺激，而是依赖于一种主动、自发的功能。这种主动、自发的功能表现在知性运用概念进行判断的活动中，因此知性就

---

[1] 参见［德］康德：《纯粹理性批判》，邓晓芒译，人民出版社 2004 年版，第 8 页。在此需要附加说明的是，在康德看来，所有的知识都是以命题的形式存在的，而一个命题总是通过判断做出的。真理就是为真的命题。

[2] 参见［德］康德：《纯粹理性批判》，邓晓芒译，人民出版社 2004 年版，第 2—3 页。

[3]［德］康德：《纯粹理性批判》，邓晓芒译，人民出版社 2004 年版，第 22 页。

[4] 参见［德］康德：《纯粹理性批判》，邓晓芒译，人民出版社 2004 年版，第 51 页。

是通过运用概念进行判断，对对象进行认知的能力。[1] 更为重要的是，知性凭借其逻辑机能对概念形成了具有逻辑形式的判断，并将先天地指向客体的先验的内容带入表象当中。这种先验的内容被康德称为“纯粹知性概念”，也叫作“范畴”。[2] 因此，正是通过范畴，认知对象在判断中得到综合。并且，由于该判断的形成方式是先天而又纯粹的，其得出的命题是具有客观意义的真命题。通过上面对康德认识论哲学简明扼要的介绍，我们可以得知判断占据了认知活动的核心位置，通过范畴形成的认知判断是客观知识——具有客观意义的真命题——得以形成的关键。也正是基于上述内容，先天综合判断得以有效地从经验性的知识得到具有客观性的知识。

当凯尔森将法律科学设定为一门以规范为对象的认知科学，并且将基础规范置于规范层级体系的顶端时，他显然借助了康德上述认识论的基本思想。凯尔森的纯粹法理论作为一个与康德的理论理性并置的认知体系，基础规范位于该体系的顶层。正因为如此，阿列克西指出基础规范的第一个任务就是实现从实然到应然的范畴转换，即“将特定的事实解释为创设法律的事实”[3]。另外，阿列克西进一步指出，由于在康德的术语中“先验”指的是使经验认识得以可能的必要条件，因此凯尔森将基础规范称为法律认识的“先验逻辑预设”以表明基础规范是另对法律效力和法律应然进行认识得以可能的必要条件。[4] 阿列克西的上述评论向我们指明了凯尔森将特定社会行为作为待解释的对象，并试图通过一种认识论的进路阐明如何从这些特定的事实获得客观的、规范性的意义。实现这一转换的关键在于阐明对对象进行认知的活动中包含了判断，而通过判断，归责作为一种范畴被运用到对特定行为的理解上，使得规范这一意义形式得以产生。不

[1] 参见［德］康德：《纯粹理性批判》，邓晓芒译，人民出版社2004年版，第63页。

[2] 参见［德］康德：《纯粹理性批判》，邓晓芒译，人民出版社2004年版，第71页。

[3] ［德］罗伯特·阿列克西：《法概念与法效力》，王鹏翔译，商务印书馆2015年版，第112页。

[4] 参见［德］罗伯特·阿列克西：《法概念与法效力》，王鹏翔译，商务印书馆2015年版，第115页。

过，除了康德的理论理性，凯尔森还借助了新康德主义的思想。尤其值得注意的是，凯尔森对新康德主义思想的运用集中在对判断及特定行为的客观意义的进一步探讨上。申言之，凯尔森采纳了新康德主义的代表人物之一科亨（Hermann Cohen）对康德的先验论证的阐释，即鲍尔森所称的康德先验论证的回溯（regressive）版本。所以，凯尔森主张“对法律规范进行认知的可能性预设了对规范性归责（normative imputation）这一范畴的运用”[1]。此外，凯尔森还借鉴了新康德主义另一位代表人物李凯尔特关于判断和效力的思想。李凯尔特认为，“一个判断的意涵是客观的，独立于单个的主观判断行为，当且仅当它‘有效’，它就是真的。据此，判断具有效力……指向特定的规范”[2]。凯尔森基本将上述思想运用到了对法律规范的探讨中，即客观意义是内含于有效的判断中的。但他又将应然从其他类型的判断中区分开来，因为一个有效的规范性判断中所包含的是归责这一范畴，并且是该范畴决定了客观意义。[3]

综合上述探讨，我们可以看出凯尔森所做的“法律规范作为意义”这一论断是指规范是对特定行为进行理解时所得到的有效判断的客观意义。由于一个有效判断的意义对应着一个真的命题，并且当一个命题包含归责范畴时即是一个应然命题，所以凯尔森所称的意义就是一个为真的应然命题。该应然命题是基于认知的先验逻辑条件而为真的，因此是一种客观知识。换言之，凯尔森所称的“法律规范作为意义”指的就是规范是基于对特定行为的理解所得到的客观为真的应然命题。

1.1.2　对凯尔森纯粹法理论进行重构的进路

正如前面的探讨所显示的那样，凯尔森对“法律规范作为意义”这一

[1] Stanley Paulson, “The Neo-Kantian Dimension of Kant’s Pure Theory of Law” , *Oxford Journal of Legal Studies*, Vol. 12, No. 3, 1992, p. 330.

[2] 张龑：《凯尔森法学思想中的新康德主义探源》，载《环球法律评论》2012 年第 2 期。

[3] 参见张龑：《凯尔森法学思想中的新康德主义探源》，载《环球法律评论》2012 年第 2 期。

论断的阐释是建立在特定的认识论和先验论证基础之上的。可是，如此的进路却是有问题的。简要地说，该问题就是先验论证所包含的强预设性使得凯尔森所言的规范悬在高空，造成了规范的生成与规范的实现之间断裂。这一点也是后来的学者对于纯粹法理论的主要批评意见之一。例如，鲍尔森认为凯尔森有关基础规范的论证无论依赖于何种版本的先验论证，在回应有关法律规范和法律实践的怀疑观点时都显得较为乏力，因此也未能切实地从实践层面阐明法律的规范性。这将最终导致凯尔森被迫放弃自己的原本立场转而主张他的纯粹法理论只是提供了一种法律观点。[1] 鲍尔森的弟子布莱恩·比克斯（Brian Bix）也指出，凯尔森的理论仅仅是关乎那些把法律视为规范的人的观点，允许其他人不从规范性的角度来理解相关行为或主张。[2] 为此，比克斯结合哈特的观点认为凯尔森的理论只是有关规范性主张之逻辑的理论，即“当某人从规范的角度理解法律官员的行为时假设或预设了该法律体系奠基性规范的效力，这就是凯尔森所称的‘基础规范’”[3]。如果鲍尔森和比克斯的看法成立的话，那么凯尔森的理论也仅仅是从部分行动主体的角度出发所产生的意义，而并非对于社会行动者的共同生活而言的共同意义。法律作为一种规制社会生活的共同规范，显然不能够接受这一点。凯尔森对规范的证立也就大打折扣了。但在本书看来，鲍尔森和比克斯的批评都忽视了凯尔森思想中包含的另一条进路，即通过他的非自然主义立场将行为的意义与语言表达及理解联系在一起。法律规范归根结底以语言为表达形式，而语言活动以主体间的交往为前提。若规范作为行为的意义指的是语义的话，规范的证立通过阐明语义生成的机制

---

[1] See Stanley Paulson, “The Neo-Kantian Dimension of Kant’s Pure Theory of Law”, *Oxford Journal of Legal Studies*, Vol. 12, No. 3, pp. 331-2.

[2] See Brian Bix, “Kelsen and Normativity Revisited”, in *Social Science Research Network*: http://papers.ssrn.com/sol3/papers.cfm?abstract_id=2287870&rec=1&srcabs=2448000&alg=1&pos=7，最后访问日期：2015 年 10 月 2 日，p. 7.

[3] See Brian Bix, “Kelsen and Normativity Revisited”, in *Social Science Research Network*: http://papers.ssrn.com/sol3/papers.cfm?abstract_id=2287870&rec=1&srcabs=2448000&alg=1&pos=7, 最后访问日期：2015 年 10 月 2 日, p. 18.

就得以完成，法律规范作为共同意义这一点也得到了阐明。如此一来，凯尔森未竟的事业也就得到了补足。

如前所述，在凯尔森所提出的各种重要的论断之中，最为关键且影响深远的便是，法律规范是特定行为的意义，而不是行为本身。[1] 在第一版的《纯粹法理论》中，凯尔森对此论断仍未有系统论述，但到了《纯粹法理论》第二版，"法律规范作为意义"便成了统摄全书的核心命题。在《纯粹法理论》第二版的开头部分，凯尔森开宗明义地指出：

倘若你分析任何一类被解释为"法律的"或以某种方式与法律相关联的事实，如议会的决定、行政行为、判决、合同或罪行，那么可以区分出两个要素：其一，一个行为或一系列行为——一个在特定时间及特定地点发生的事情，并被我们的感官所感知，即一个人类行为的外在表现；其二，该行为的法律意义，也就是法律所赋予的意义。[2]

更为重要的是，规范自身也是特定行为的意义，继而构成区分应然和实然的基础：

"规范"是行为的意义，基于该行为，某个特定行为被命令、许可或授权。规范作为一个行为（该行为指向他人行为）的具体意义，需要小心地与产生该意义的那个意志行为区别开来：规范是一个应然，但那个意志行为是一个实然。[3]

与其他行为的意义不同，具有约束力的有效规范是一种客观意义，不论是行为的相对人还是无关的第三方都会将其视为应然。而某个行为之所以具有客观意义，是因为该行为得到了一个"高级"规范的授权。最终，处于整个效力链条最顶端的是一个被预设为有效的基础规范。[4] 此处所说的意义，并非指人们脑海中的观念或价值判断，而是基于语言表达及理解的活动所生成的内涵。有研究指出，凯尔森在引入"法律命题"的概

[1] 参见［奥］汉斯·凯尔森：《纯粹法理论》，张书友译，中国政法大学出版社2008年版，第38—39页。

[2] Hans Kelsen, *Pure Theory of Law*, The Lawbook Exchange, Ltd. 2005, p. 2.

[3] Hans Kelsen, *Pure Theory of Law*, The Lawbook Exchange, Ltd. 2005, p. 5.

[4] See Hans Kelsen, *Pure Theory of Law*, The Lawbook Exchange, Ltd. 2005, pp. 7-8.

念时，已经近乎把语言分析哲学中的话语行为理论和语用理论引入其对法律规范的分析当中。[1] 另有研究指出，“凯尔森预设基础规范，旨在号召对语言的‘合法’使用……‘规范表达’或（用来颁布规范的）‘规范语句’，都是用来颁布规范的语言形式”[2]。海德曼亦曾把凯尔森思想阶段划分为“新康德主义阶段”“现实主义阶段”“语言分析阶段”，并试图以“新康德主义”阶段为基础结合语言分析的洞见来重构凯尔森的理论。[3] 凯尔斯廷也曾提示基础规范与语言和语法之间的联系，并尝试借助维特根斯坦的语言哲学来阐明凯尔森的基础规范和效力逻辑等思想。[4] 同时，也不可以忽视维也纳学派及逻辑实证主义的影响。维也纳学派最主要的工作，便是试图实现哲学的科学化，以此为目的而发展出来的逻辑实证主义，把意义问题与可证实性以及逻辑分析联系起来。施塔德勒通过一系列学术史方面的考察，认为逻辑实证主义与纯粹法理论之间具有家族相似性。[5] 其中，尤其值得注意的便是卡尔纳普的理论。卡尔纳普的理论把是否能转译为一种逻辑性的句法语句来作为语句是否有意义的标准。[6] 凯尔森的纯粹法理论也试图实现法学的科学化，基础规范成为类似于逻辑句法的东西，不仅收束整个法律体系，而且也决定了法律陈述是否为真。人们不能超越这套由基础规范奠定的结构去考虑规范性，因为这套结构就是应然世界的界

---

[1] 参见［美］斯坦利·鲍尔森：《凯尔森与施米特——从分歧到1931年“守护者”之争的决裂》，张龑编译：《法治国作为中道——汉斯·凯尔森法哲学与公法学论集》，中国法制出版社2017年版，第418—420页。

[2] ［瑞典］宾德瑞特：《为何是基础规范——凯尔森学说的内涵》，李佳译，知识产权出版社2016年版，第150页。

[3] See Carsten Heidemann, “The Creation of Normative Facts”, *Law and Philosophy*, Vol. 19, No. 2, March 2000, pp. 278-281.

[4] 相关的讨论参见 Wolfgang Kersting, “Neukantianische Rechtsbegründung: Rechtsbegriff und richtiges Recht bei Cohen, Stammler und Kelsen”, in: R. Alexy, L. H. Meyer, S. L. Paulson, G. Sprenger（Hrsg.）, *Neukantianismus und Rechtsphilosophie*, Baden-Baden 2002, ss. 61-2.

[5] Vgl. Friedrich Stadler, “Logischer Empirismus und Reine Rechtslehre—über Familienähnlichkeiten”, in: Clemens Jabloner, Friedrich Stadler（Hrsg.）, *Logischer Empirismus und Reinie Rechtslehre*, Springer-Verlag/Wien 2001, s. xxi.

[6] 参见［奥］克拉夫特：《维也纳学派》，李步楼、陈维杭译，商务印书馆1999年版，第70—71页。

限。反过来说，任何东西要成为规范，都要被置于这套结构中，从而被转换，否则就无法成为规范体系的一部分。正如考夫曼所言，凯尔森的实证主义法学与维也纳学派的逻辑实证主义相通，纯粹法学探究的应然实际上“仅是一个逻辑结构”。[1] 从科学化的法学角度来看，基础规范的性质就是特定意志行为的主观意义转化为客观意义的先验逻辑条件。[2] 法律陈述之所以具有相应的意义，首先在于规范所面向的共同体成员在他们的理解活动中接受基础规范所奠定的逻辑。唯有在此种逻辑结构之下，人们才能通过“在 S 情形下，应当做出 A 行为”或“在 S 情形下，A 行为被视为行为 I，而 I 行为应受到 P 惩罚”等表述进行有意义的言说，并形成相互理解的秩序。

更进一步来说，凯尔森的上述理论道出了现代法治国的根本原理或内在逻辑。在现代法治国当中，宪法处于整个法律体系最高的位置，并为所有其他创设性规范的效力提供基础。然而，宪法的效力基础却无法建立在其他规范之上。但如果把宪法的效力基础归结到某种纯然的主观状态或事实条件，那么法律就有沦为权力意志或暴力集团的附庸之虞，这个国家也就不是法治国。因此，宪法的效力基础必须也是规范，而基础规范“将现行宪法设定为法律秩序中最高的规范创设的规则，而且仅仅意味着，人们应该按照宪法之规定行事，或者换种表述，按照立宪意志的主观意义，立宪者之规定行事”[3]。可见，通过基础规范的预设，既承认了立宪意志及立宪者在实际上所起到的作用，同时又明确了宪法及以之为核心的法律体系的独立性。同时，基础规范还使得共同体享有一个在其中可以实现相互理解的秩序，而不是基于某种事实性的强力所支撑的相互胁迫关系来形成服

[1] 参见［德］阿图尔·考夫曼、温弗里德·哈斯默尔主编:《当代法哲学和法律理论导论》，郑永流译，法律出版社 2013 年版，第 173 页。

[2] Hans Kelsen, *Pure Theory of Law*, The Lawbook Exchange, Ltd. 2005, p. 2.

[3] ［奥］彼德·科勒:《20 世纪法律实证主义的里程碑：凯尔森之〈纯粹法学〉与哈特之〈法律的概念〉》，载张龑编译:《法治国作为中道——汉斯·凯尔森法哲学与公法学论集》，中国法制出版社 2017 年版，第 102 页。

从。因为，“基础规范的功能是，首先建立一个最高的制造法律的权威……基础规范还含有这种保证，凡经这样创造出来的事物都可以被理解为有意义的”[1]。可见，基础规范起到连接事实与意义、把主观意志转化为客观规范的作用。

实际上，李凯尔特和凯尔森的理论或多或少都包含了将意义作为语义的思想，凯尔森甚至在晚年的一些作品里显示出借用语言哲学进一步阐明其理论的倾向。[2] 但这项重构的工作却从未真正完成，甚至离完成相去甚远。如何阐明特定社会行动之意义既是客观的而又与行动主体的实践相联系，是凯尔森一直致力于完成却又一直深受其困扰的工程。具体来说，凯尔森的核心主张是：规范是特定行为对应的应然命题，而该命题的客观性是通过康德哲学意义上的认知的先验结构确保的。可是，这种认知的先验结构所导出的应然命题如何能切实实现作为行动者的行动理由的同时又不依赖于行动者的精神状态，是让凯尔森倍感困扰的问题。凯尔森甚至一度暗示如果社会规范要切实地规制人们的行为，那么一定程度的心理状态是需要被考虑进来的。但这无疑与他之前一直强调的客观意义和非自然主义的进路产生了冲突。[3] 后世不乏意识到这点并尝试通过引入其他哲学思想来完成弥补上述缺陷的尝试。例如，凯尔森的弟子、著名社会理论家阿尔弗雷德·舒茨（Alfred Schütz）就十分清楚地意识到了这一点，并尝试从凯尔森未能及的领域出发完成上述事业。他在介绍自己的思想进程时如此说道：

从我最早的研究时期以来，我的兴趣就一直在……社会科学，尤其是社会学的哲学奠基……尽管韦伯已经打造来用在他所需要的具体研究上的工具，然而他的首要问题——关于社会行动相对于行动者本身的主观意义

[1] [奥] 汉斯·凯尔森：《法与国家的一般理论》，沈宗灵译，商务印书馆 2013 年版，第 556—557 页。

[2] 参见张龑：《凯尔森法学思想中的新康德主义探源》，载《环球法律评论》2012 年第 2 期。

[3] See George Pavlakos, “Non-naturalism, Normativity and the Meaning of Ought”, in *Research Gate*: https://www.researchgate.net/publication/256036581_Non-Naturalism_Normativity_and_the_Meaning_of_%27Ought%27，最后访问日期：2015 年 10 月 2 日，p.11.

之理解——却还有待哲学的证成。我的法哲学导师凯尔森曾经设法在新康德主义的学说中寻求这样的哲学依据；但不管是柯亨、那托普或是卡西尔的早期著作，都没有为我所钻研的问题打开一条途径。[1]

可是，舒茨的解决方案却并未比凯尔森的理论完善多少。舒茨试图通过吸收胡塞尔的现象学和柏格森的过程哲学，将对社会行为之客观意义的阐明建立在他所谓的自我生命流程的体验之上。具体来说，舒茨认为赋予特定社会行动意义的过程在根本上就是行动者或诠释者通过意向性（intentional）活动从自我或他我的生活体验中挑选出具体部分并将该部分构想为行动者采取特定行动的原因动机。[2] 如果这种构想的过程仅仅是从行动者或诠释者个人的角度出发，那么这种被赋予的意义仍难免只是主观性的。为了克服这种主观性以达成对社会行为之客观意义的理解，舒茨主张要将意向的对象放置到同一个体验流程中。申言之，就是将行动者的身体动作当作一种关乎其体验的记号，并通过将这些记号放在一个意义脉络中进行理解和诠释。实现这一点的前提在于行动者和诠释者处于一种特殊的同步状态之中，在这种同步状态中，各人的生命流程交错在一起并察觉和理解到交往对象之意识。舒茨将上述状态称为“一同成长老化的现象”。[3] 而在我们的社会世界中与这种“一同成长老化的现象”联系最紧密的是舒茨所称的“周遭世界”。在舒茨看来，社会世界有三层结构，即“周遭世界”“共同世界”“前人世界”。在周遭世界中，共同体成员以最为直接和鲜活的方式与他人进行主体间的交往并理解和诠释对方的行动，因而也获得了对社会行动之意义的最原初和最基础的理解，对他人行动的理解和诠释都在其上得到统整进入同一个意义脉络之中。[4] 随后，社会世界的意

[1] ［奥］阿尔弗雷德·舒茨：《社会世界的意义构成》，游淙祺译，商务印书馆 2012 年版，v。

[2] 参见［奥］阿尔弗雷德·舒茨：《社会世界的意义构成》，游淙祺译，商务印书馆 2012 年版，第 123—124 页。

[3] 参见［奥］阿尔弗雷德·舒茨：《社会世界的意义构成》，游淙祺译，商务印书馆 2012 年版，第 140—143 页。

[4] 参见［奥］阿尔弗雷德·舒茨：《社会世界的意义构成》，游淙祺译，商务印书馆 2012 年版，第 236—237 页。

义构成过程就是通过对交往主体的理念化延展到以抽象的主体间关系为主的共同世界，和以历时性的主体间关系为主的前人世界。本书无意对舒茨的理论多做详述，因为在本书看来，舒茨所采纳的这条进路不啻为一种遗憾的尝试。之所以说这是一种遗憾的尝试，是由于舒茨将凯尔森思想中原本已包含的行为的意义作为特定行为对应的真命题的思想，与他初步探索的将意义理解为语义的思想进行结合的这一进路埋没在了复杂的现象学和形而上学的词汇当中。这不仅没有完成凯尔森的事业，更没有超出其业已达致的边界。更为重要的是，舒茨错误地认为社会科学研究是要通过抽象的理念性将日常生活的鲜活性和丰富性从社会行动和社会关系中抽离。

如果舒茨自认为自己的理论是在凯尔森业已建立的事业上的进一步探索，那么他的进路是值得商榷的。实际上，凯尔森本人思想历程已经指出了一个方向，即将他的意义作为特定行为所对应的真命题的思想与他后期初步探索的将意义理解为语义的思想结合起来。而完成这一未竟事业的最可靠进路在于借助弗雷格和早期维特根斯坦的语言哲学对凯尔森的理论进行重构。[1]

本书采取上述进路的基本依据有两个：首先，从思想史的角度来说，以弗雷格、罗素和维特根斯坦为代表的早期语言分析哲学在当时已经通过维也纳学派对奥地利的人文社科研究产生了不同程度的影响；其次，弗雷格的语言哲学其实与康德的哲学是内在相连的，可以说弗雷格的理论是通过语言哲学对康德的思想进行透析和重构。简而言之，先验论证是从观察者个人的直观切入后通过认知能力的先验结构阐明意义的生成，而问题在于由此产生的意义与作为共同生活规范的法律之间产生了断裂。可是，从语义的角度出发，该断裂就被弥合了。因为语言活动本身就是主体间交往的，语义本身由此也是通过沟通与理解产生的，而语义的客观性又受到语言活动的先验结构所保证。所以凯尔森的理论完全可以通过一种语言哲学

[1] 此处所称的“完成”指的是基于凯尔森已有的两条思路进行统合，因此凯尔森理论深处固有的问题并不会消失。更为重要的是，本书在接下来的内容中将会揭示这些固有的问题最终将导致我们要扬弃凯尔森的理论。

的方式进行再阐明。这套语言活动的先验结构就是由弗雷格和早期维特根斯坦所论述的逻辑句法（logical syntax）。换言之，在康德哲学的框架里，意义的生成首先是通过对对象的直观，随后经由判断活动中对范畴的运用转变为知识，即真命题。同时，这一切都是由康德所称的认知能力的先验结构确保得以可能的。在“弗雷格—维特根斯坦”的框架里，因为意义以语言为载体并通过语言活动生成，而确保意义生成得以可能或确保命题为真的是逻辑句法。这套逻辑句法是独立于经验或个人的主观状态的，因此是先验的。当然，这只是一个十分简明扼要的说法，本书下面将会较为详细解释其中的原理。

1.2　通过语句把握对象之意义

弗雷格的思想横跨数学、逻辑学和语言哲学三大领域，本书为了集中处理句法与意义的关系问题，将只讨论弗雷格的几部重要作品中的相关思想。弗雷格在其早期的两部最为重要的作品《算术基础》和《概念文字》中提出了一些基本原则和思路。这些原则和思路基本上贯穿了弗雷格的整个语言哲学。在《算术基础》中，弗雷格提出了后来者所称的语境（context）原则：

> 对一个词的内涵无法形成表象，并不是否定一个词的意谓或排除这个词的使用的理由。这种对立的现象大概是这样形成的：我们个别地考虑语词，询问它们的意谓，然后我们把一个表象当作它们的意谓。因此对于一个词我们内心若是没有一个相应的图像，这个词似乎就没有内涵。但是人们必须总是考虑完整的句子。实际上只有在完整的句子中词才有意谓。这时我们的头脑中可能出现的一些内在图像不必相应于判断中的逻辑成分。如果句子作为整体有一个意义，就足够了；这样句子的诸部分也就得到它们的内涵。[1]

实际上，弗雷格在此处不仅提出了语境原则，他还在比较前人的认知论范式的基础上提出了自己的新观点。这种新观点认为对对象的认知不需要首

---

[1] ［德］G. 弗雷格：《算术基础》，商务印书馆 1998 年版，第 77 页。

先形成对对象的表象，也不需要这些表象和判断及其中的逻辑成分有联系，而是直接通过把握句子中语词的意谓（Bedeutung）[1] 来实现的。在《概念文字》中，为了消弥自然语言包含的种种词义模糊或误导人们理解活动等性质带来的问题，弗雷格提出了用一种理想的符号化语言来作为进行思维活动的主要手段。这种理想语言是弗雷格借鉴数学符号的特点提出来的，而且在很多方面都是对他在《算术基础》中提出的一些重要思想的延续。弗雷格首先区分了两种符号，一种是字母，即如 a、b、c 这样的字母，另一种则是类似于+、–、=这样的符号。两者之间的区别在于前者的涵义是不确定的，后者的涵义则是完全确定的。因此弗雷格指出，字母主要是用于表达普遍性的，但需要注意的是一个字母在相同的语境中时具有确定的意谓。[2] 从本书之前的介绍可以得知，弗雷格此处说的在语境之中指的就是在一个完整的句子之中。如此一来，所有自然语言中的语句都可以被这两种符号形式化成一个逻辑式子。但这不是弗雷格最为重要的贡献。因为在弗雷格之前就已经有人提出通过符号化的语言形式表达逻辑关系，也付诸了实践。弗雷格最为重要的贡献在于改变了自亚里士多德以来的逻辑和认知理论的范式。所有自然语言中的语句都可以通过符号语言形式化为式子，这种式子被弗雷格称为函数（function）。对于函数，弗雷格是如此定义的：

如果在一个其内容不必是可判断的表达式中，在一个或多个位置上出现一个简单的或复合构成的符号，并且我们认为在所有位置上或几个位置上可以用其他符号，但是只能到处用相同符号替代它，那么我们就称这里的表达式所表现的不变部分为函数，称可替代的部分为其自变元。[3]

---

[1] 意义与意谓，即德语词的 Sinn 和 Bedeutung，是在弗雷格的语言哲学中最重要的一对概念。简单地说，前者指的是语词和句子的意思或思想。在这一点上，它与英语中的 sense 一词基本相同。后者则是一个真句子或真判断所指向的那个事实。本书将在后面详细说明这两个概念分别表达了什么以及它们之间的联系和区别。

[2] 参见［德］G. 弗雷格：《概念文字——一种模仿算术语言构造德纯思维的形式语言》，载《弗雷格哲学论著选辑》，王路译，商务印书馆 2006 年版，第 6 页。

[3] ［德］G. 弗雷格：《概念文字——一种模仿算术语言构造德纯思维的形式语言》，载《弗雷格哲学论著选辑》，王路译，商务印书馆 2006 年版，第 23 页。

根据上述思想，命题可以被转化为一个函数式子。在弗雷格主张的这种式子中，自变元要处在主词的位置，而函数中的内容则充当谓词，表达了主词的性质。弗雷格当时用以表达函数的符号比较复杂，现代逻辑用 F（x）来表达，意思很清楚，就是函数（function）和自变元（x）。结合弗雷格总结出来的几个逻辑关系符号，通过函数间的真假值，就可以用运算的方式进行推理，从而确保结论的有效性。这就是现代逻辑所称的“谓词演算”或“谓词逻辑”的基本原理。本书在此处介绍弗雷格的上述思想，重点并不在于说明弗雷格的逻辑学或相关论证，而是为在下文阐明弗雷格在语言分析哲学上所实现的突破做铺垫。

弗雷格在《算术基础》和《概念文字》中所建立的这套形式语言和谓词演算的理论在逻辑学上固然具有重大意义，但其实弗雷格心中对此还抱有更大的抱负。这个抱负就是实现认知论上的范式转变。对于这一点，与弗雷格同时代的学者在一开始也没有十分清楚的领会。所以在《概念文字》发表后，弗雷格又专门撰文解释了他在这方面的想法。他在解释符号对于认知和表达思想方面的重要作用时，是如此说的：

我们注意力的本性是指向外界。感觉印象远比记忆图像鲜明，因而就像在动物那里一样，几乎仅凭感觉印象决定我们的表现过程。如果不是外界也有些依赖于我们，我们也几乎不会逃脱这种依赖性……但是凭这种能力我们的表现过程依然不会获得完全的自由……是符号使我们能够想到不存在的、看不见的、也许是非感官所能感觉到的东西。[1]

从上面的这段论述可以看得出来，弗雷格所剑指的其实是西方认知理论的旧有范式。这种范式将诸如感觉或印象的经验作为认知外部对象的必由之路，但在把握没有物理形态的东西时，却常常面对困难。针对这一旧范式的不足，弗雷格才提出了自己的哲学。同时我们也可以看到弗雷格在这方面对康德的理论既有继承，也有修正的地方。其中一点修正就在于指

[1]［德］G. 弗雷格：《论概念文字的科学依据》，载《弗雷格哲学论著选辑》，王路译，商务印书馆 2006 年版，第 39 页。

出直观对于人们的认知和理解活动而言并非普遍必要的。在弗雷格处，经验性的杂多直接在逻辑句式中得到整理，因此直接通过理解句子的意义就实现了对对象的认知。而非像康德那样一定要先通过直观对象才被交给知性进行思维活动。原先在康德处确保客观知识得以可能的认知能力的先验结构则被规制自然语句的逻辑句式，即函数的逻辑句法所取代。在弗雷格看来，逻辑法则既有描述性的一面，也有规范性的一面。它所描述的是逻辑关系的内容，而它所规定的则是思维本身。更为重要的是，这种规范是构成性的（constitutive），即思维活动之所以能成为思维活动是在于服从逻辑法则，否则它就不能被称为思维活动。[1] 在弗雷格和其他早期分析哲学的人看来，正是由于这种逻辑法则规制着思维活动，人们才得以从事思维活动和理解对象的意义。人们的思想或判断总是通过语句表达出来的，这些逻辑就成了规制语句以使其能产生意义的法则。在这一点上，罗素和弗雷格是持相同意见的，他在谈到语词之所以能表达意义时如此说道：

无论如何，在某些情况下，语句的意义是由语词的序列所决定的，而非语词所构成的类决定的。在这些情况下，语句的意义不可能通过把几个语词的意义集合到一块而得到。假如一个人知道谁是布鲁图，谁是恺撒，以及什么是杀死，那么当他听到“布鲁图杀死恺撒”这个句子时，他仍然不知道是谁杀死了谁。要知道这一点，他既需要句法，也需要词汇，因为只是作为整体，语句的形式才会对意义有所贡献。[2]

值得注意的是，罗素所强调的句法是决定一个语句中所包含的命题是否为真及规定其意义的规则。这种规则归根结底就是决定判断有效性的逻辑规则，因此这种句法就是一种逻辑句法。但这一点要结合罗素的专名理论和基本语句的思想才能得到细节上的说明，本书在此不做深论。总之，弗雷格阐明了人们的认知活动应该是通过语句进行的，即人们通过对句子的理解来把握对象。而句子之所以能具有意义以供理解，是因为一套逻辑

[1] See John Macfarlane, “Frege, Kant, and the Logic in Logicism”, *The Philosophical Review*, Vol. 111, No. 1, p. 37.

[2] ［英］伯特兰·罗素：《意义与真理的探究》，贾可春译，商务印书馆 2009 年版，第 39 页。

句法作为构成性规范对思维和理解活动进行了规定。

1.2.1　意义（Sinn）与意谓（Bedeutung）

之前在谈到“意义”一词的时候，其内涵还是非常笼统的。的确，“意义”一词根据不同的表达可以有不同的内涵。例如，当某人说“猫在桌子上”，这句话的意义在于描述了一个经验性的事实，即猫与桌子之间的物理位置关系。但当某人说“尊老爱幼是中华民族的传统美德”时，这句话的意义不仅仅在于表达一个经验性的事实，它还表达了一个规范，即某种行为的当为性。此外，即便是在涉及同一个经验事实的时候，也可以有不同的情况。例如，弗雷格提出的著名的“启明星是金星”和“长庚星是金星”的例子。为此，弗雷格作出了意义和意谓的区分。这一区分不仅对语言哲学而言是一个极其重要的发展，同时对我们通过意义理论来为规范性奠定哲学基础而言也极其重要。总的来说，通过意义和意谓的划分，弗雷格完成了对传统认知哲学的最重要的改造，使得意义、对象和认知的主观性之间有了清晰的区分。

在《意义与意谓》一文中，弗雷格将名称、词组和文字等都归类为符号，而符号既有意义，也有意谓。[1] 因此，所有的语词和语句都有可以从意义或意谓的角度来进行考察。然而，并非所有的语词和语句都同时具有意义和意谓，同一个语词或语句的意义和意谓也可以不相同。但一般来说，符号、符号的意义和符号的意谓之间具有如此的联系，即“一个符号对应着一个特定的意义，而一个特定的意义对应着一个特定的意谓，但一个给定的意谓（一个对象）并不仅仅隶属于一个符号”[2]。以上仅仅是意义与意谓之间联系的一般规律，在一些特定情形中，不同语词或语句

[1] “意谓”一词是对德语词 Bedeutung 的翻译，“意义”对应的则是 Sinn。在德语中，两者都可以表达汉语中的“意义”或“意思”，但 Sinn 也可以指含义、思想及合理。例如，维特根斯坦常用 sinnlos 指瞎扯或胡说八道。在弗雷格的术语中，Bedeutung 往往与语词或语词所指向或描述的对象联系在一起，该词的英文翻译为 reference，即汉译的“指称”。

[2] Gottlob Frege, “Sense and Reference”, *The Philosophical Review*, Vol. 57, Issue 3, 1948, p. 211.

的意谓对应的是不同的东西，有些意谓是直接的而有些则是间接的，有些语句甚至只有意义而没有意谓。但这些都是一些语言哲学在细节上的讨论，本书对此不多做深论。对本书的研究目的而言，弗雷格关于意义与意谓的思想中最重要的是他的“句子的意义是其思想，句子的意谓是其真值”[1] 这一主张。句子的意谓之所以重要或在大部分情况下不可或缺，是因为人们对于真知或真理的追求。例如，当某人说“高鹗是《红楼梦》的续作者”的时候，我们在真正探讨这句话是什么意思之前，总是需要确定这句话的真假。例如，我们会询问是不是真有高鹗其人，然后做历史学的考证来看高鹗是一个确实存在的人物，还是民间传说中子虚乌有的人物，抑或他其实是我们之前认识的另一个人。因此，我们在进一步理解句子所表达的思想时，总要询问句子的意谓，亦即该句子所表述内容的真假。所以，当涉及句子的意谓时，人们总要询问句子的真值，因此句子的真值就是句子的意谓。[2] 但是两个句子所描述的情况是一致的，并不表明它们的意思是一样的。例如，弗雷格最著名的例子，“启明星是金星”和“长庚星是金星”这两句话都是真的，而且都是指向金星这个天体。但是能否说这两句话的意思是一样的呢？恐怕不能，因为“启明星”的意思是天亮前后地平线附近最亮的一颗星，而“长庚星”的意思是黄昏时分地平线附近最亮的一颗星星。如果我们将二者对调，如“长庚星是天亮前后地平线附近最亮的一颗星星”，那么显然会得到一个错误的说法。因此，意义与意谓的区分突破了旧有的内涵与外延的范式，也改变了认知对象和知识之间是单一对应的想法。这为我们将规范与事实的分离，做了最基本的理论准备。

尽管意谓对于探讨真理问题有不言而喻的重要性，但对于弗雷格的语言哲学而言，意义的作用则处于更为核心的位置。弗雷格所强调的命题之思想，就是命题之意义。[3] 当代最为重要的弗雷格研究者之一，美国哲学

---

[1] 王路：《弗雷格思想研究》，商务印书馆 2008 年版，第 133 页。

[2] Gottlob Frege, “Sense and Reference”, *The Philosophical Review*, Vol. 57, Issue 3, 1948, p. 216.

[3] 参见［奥］路德维希·维特根斯坦：《哲学语法》，韩林合译，商务印书馆 2012 年版，第 91 页。

家泰勒·布尔格（Tyler Burge）从弗雷格的理论中区分出意义的三种功能，它们分别是呈现的模式（mode of representation），固定意谓以及在缺乏主词的语境中作为表达内容的外延。而在这三种之中，意义的第一种功能尤为重要，对弗雷格的语言哲学有奠基性的重要作用。意义的第一种功能具有认知层面上的价值，因为“意义作为一种呈现的形式就是指意义是被那些足够熟悉表达式所属语言的人所把握的”[1]。值得注意的是，此种呈现的模式与在弗雷格之前的认知哲学所说的表象不一样，即这一呈现形式与认知活动主体的主观内在状态或活动是相互分离的。表象与符号意义的根本区别在于意义并不是任何个人的心智的一部分，而是为多数人所共有的，意义亦即语句的思想可以代代相传，这足以说明这一点。[2] 那么，意义与对象和个人的心智活动之间，是怎样的关系呢？对此，弗雷格用了一个非常漂亮的比喻予以阐明，该例子也成了后世讨论相关哲学和法哲学问题的经典。弗雷格认为，我们通过语言把握对象，就如同我们用望远镜看月亮。月亮是我们观察的对象，望远镜所显示的（物理光学）图像和我们视网膜上接收的图像是我们观察月亮的中介。在这个比喻中，月亮就是被认知的对象，与意谓相对应；望远镜中的图像就是意义；视网膜上的图像就是表象或直观。同时，意义是客观的，因为它可以被多个人用以把握对象。[3] 所以，意义是对象呈现给观察者的一种客观方式，而非表象或经验直观。[4] 意义之所以是如此的，在于“弗雷格将意义视为永恒的抽象实体，它们拥有独立于实际的心智活动或语言使用者的逻辑和语义属性”[5]。与意义的上

[1] See Tyler Burge, *Truth, Thought, Reason*: *Essays on Frege*, Oxford University Press 2005, p. 243.

[2] Gottlob Frege, “Sense and Reference”, *The Philosophical Review*, Vol. 57, Issue 3, 1948, p. 212.

[3] See Gottlob Frege, “Sense and Reference”, *The Philosophical Review*, Vol. 57, Issue 3, 1948, p. 213.

[4] 对于弗雷格的上述思想，西方学界在后来有更为深入的探讨和批判性发展。其中，又以普特南的思想最为重要，并对法理学研究影响最为深远。关于普特南对相关问题的讨论，请参见 Hilary Putnam, “Meaning and Reference”, *The Journal of Philosophy*, Vol. 70, No. 19, 1973, pp. 708-11. 上述文章随后又发展成为了一篇分析更为透彻，论述更为完备的文章，请参见 Hilary Putnam, “The Meaning of Meaning”, in *Mind, Language and Reality*, Cambridge University Press 1979, pp. 215-271.

[5] See Tyler Burge, *Truth, Thought, Reason*: *Essays on Frege*, Oxford University Press 2005, p. 247.

述属性联系在一起的是弗雷格对于意义表达的两个预设，而这两个都来自以柏拉图和康德等人为代表的理性主义传统。第一个预设是认知实践的基础，是有关现实的深层理性，它超然于任何认知实践者的理解；第二个预设是掌握上述深层理性涉及对表达式真正意义的领悟，即“对事物本质的深层领悟也就是对思考事物本质的理性模式的深层领悟”[1]。然而，根据布尔格的观点，弗雷格在继承康德传统之上又有两处发展。这两处发展在于，“首先，他发展了一套逻辑理论，该逻辑理论展示了非命题性部分和非命题性认知能力中的判断模式的丰富性……其次，弗雷格主张对判断——以及更为一般意义的逻辑——的分析是与理论活动不可分离的……弗雷格认为实现对语词的意义透彻把握的途径在于理解这些语词在一个完善的理论中的逻辑角色和合适角色……即便是先验知识和非命题性的理解（或概念性掌握）也是在理论的逻辑分析上建构起来的”[2]。尽管弗雷格如此强调一个完善的逻辑结构对于完全掌握语词意义的重要性，但他不否认人们在实际生活中对语词的使用也包含了足够用于沟通和理解语义的能力。所不同的是，这些实际使用所生成的语义并非完整的，真正完整的语义是通过理想化的言说者在语义的先验结构亦即逻辑结构中实现的。

1.2.2 维特根斯坦对认知结构向语言结构转变的完成

上述弗雷格的思想及其对康德的继承和发展在维特根斯坦的《逻辑哲学论》中得到了更为系统的展现。维特根斯坦早期的思想发展在很大程度上受到了弗雷格和罗素的启发，这已经是学界公论。同时，也有维特根斯坦的研究者通过史料考究指出，维特根斯坦曾经研读过康德的《纯粹理性批判》。[3] 其实，无论维特根斯坦当年对康德的研究到了多深的程度，《逻

[1] See Tyler Burge, *Truth, Thought, Reason*: *Essays on Frege*, Oxford University Press 2005, pp. 257-8.

[2] See Tyler Burge, *Truth, Thought, Reason*: *Essays on Frege*, Oxford University Press 2005, pp. 262-3.

[3] 参见［英］瑞·蒙克:《维特根斯坦传：天才为之责任》，王宇光译，浙江大学出版社 2011 年版，第 161 页。

辑哲学论》的整体思想结构和康德的认知论之间的对照关系还是比较清楚可见的。因此，我们也可以看到，康德所强调的认知活动的先验结构通过维特根斯坦的语言哲学，彻底转变为了语言活动的先验结构。

为了揭示这一点，本书根据蒙克的建议[1]，将《逻辑哲学论》每一部分的首个论断摘出来后按顺序排好，展示出《逻辑哲学论》的整体结构。首先，我们将《逻辑哲学论》中每个部分的首个论断摘抄出来，然后按原书顺序排列，得到如下内容：

1. 世界就是实在的总体。[2]

2. 发生的实在，即事实，就是诸事态的存在。

3. 事实的逻辑图像就是思想。

4. 思想是有意义（sinnvolle）的命题。

5. 命题是基本命题的真值涵项（基本命题是自身的真值涵项）。

6. 真值涵项的一般形式是：$[p,^\circ\ \xi,^\circ\ N\ (\xi)]$（这也是命题的一般形式）。

7. 对于不可说的东西我们必须保持沉默。

从上述的七个论断中可以看出，维特根斯坦意图在《逻辑哲学论》中完成的任务主要是为意义世界立法，为意义世界和物质世界划定边界。而完成这一任务的关键就在于阐明语言的深层逻辑结构，以便发现表达和有意义言说的边界。只有能被有意义地言说的东西，才是能被有意义地思维的东西，因此也就为意义划清了边界，使得意义的生成具有了法则。为此，维氏在《逻辑哲学论》中致力于揭示语言的性质和语义生成背后的法则以及语义与世界的关系，希望借此来说明意义是如何被附着于被断言的命题之上，从而又被附着于现实之上的。诚然，维氏在《逻辑哲学论》中的思想是复杂、晦涩的，因而也引起了后世各种经久不绝

---

[1] See Ray Monk, *How to Read Wittgenstein*, W.W. Norton Publishing 2005, p. 35.

[2] 德语原文是 Die Welt ist alles, was der Fall ist。对于该句中 Fall 一词，学界目前的常见翻译有事情、情况和实在。前两者从哲学术语的角度来讲，都容易使读者将日常语言中这两个词的意思和维特根斯坦欲表达的特殊哲学内涵混淆，故本书采用最后一种翻译。

的讨论。本书不是纯哲学的研究，探讨维氏的《逻辑哲学论》的目的只有一个，就是说明维特根斯坦如何批判地继承弗雷格的意义理论并彻底将康德的认知活动的先验结构转变为语言活动的先验结构，并以此来阐明意义的生成。在得到了“弗雷格—维特根斯坦”意义理论模型后再反观凯尔森，就能看到凯尔森早期的新康德主义思想和后期的意义作为语义的思想是如何衔接起来的。

维特根斯坦在《逻辑哲学论》中的思想固然复杂而又精深，可一旦我们认识到维氏在《逻辑哲学论》中欲实现的上述目的及其与康德和弗雷格之间的内在联系，那么通过厘清几个重要概念的关系，就可以对维氏的早期思想有个概览式的理解。同时，这种概览式的理解足以供本书讨论相关问题所用。首先需要厘清的是“实在”“事实”“事态”。在《逻辑哲学论》刚面世的时候，对这三个术语的理解构成了解读维特根斯坦相关思想的第一道屏障。因为维特根斯坦以箴言式的写作风格，从极为抽象的角度用三言两语勾勒出了一个关于世界这一宏大主题的基本理解。这对任何读者来说，都是难以充分把握的。所幸的是，在《逻辑哲学论》出版了一段时间后，以石里克和卡尔纳普等人为核心的维也纳学派在相对集中的一段时间里研读和探讨了该书，并专门请维特根斯坦来讲解相关概念及它们之间的联系。这段时间的讨论后来由魏斯曼纪录并整理成一份笔记并出版。在这份笔记中，魏斯曼对几个重要的概念进行了整理概括，为后人整体把握维特根斯坦的早期思想提供了基本蓝图。简而言之，在维特根斯坦看来，世界并非由一个个事物（thing）的简单罗列或堆积组成的，而是实在的总体。实在由事实组成，事实则是已存在的事态，事态则包含存在与不存在两个部分，[1]事态表示了可能性。那么，事实与事物是什么关系呢？根据维特根斯坦在其他场合的表述，事实就是对事物的描述，因此事实本身就是对事物的一个认知判断。[2]因此，在维特根

[1] 参见［奥］维特根斯坦、［奥］弗里德里希·魏斯曼:《维特根斯坦与维也纳学派》，徐为民、孙善春译，商务印书馆 2015 年版，第 233 页。

[2] 参见韩林合:《〈逻辑哲学论〉研究》，商务印书馆 2007 年版，第 37 页。

斯坦看来，我们对世界的认识就是通过语言活动来实现的，或者说世界本身就是通过语言呈现给我们的。没有语言，即便我们能够通过视觉或触觉来感知对象，但我们却无法形成知识或思想，更无法理解实然世界。所以，维特根斯坦在谈到语言时着重论述了语言对于我们把握现实的作用。他指出我们描述事实所得到的图像就是思想，而在思想中被把握的意义所关乎的就是事实的存在与否。[1]可见，维特根斯坦一开始就将自己的哲学定位为一种通过语言哲学的角度对旧有的认识论范式的改造。详言之，在我们的语言活动当中，思想通过命题得到了表达，而由各种命题组成的系统就像一把尺子那样面对实在，经验对象通过这把尺子上的刻度被整理后才成为我们所认识的事实。[2]此处就引出了另外一个重要的概念“逻辑空间”。维特根斯坦在《逻辑哲学论》中说“在逻辑空间中的诸事实就是世界”[3]，这句话看似难以理解，但结合本书之前的阐释，还是能够明白这句话的主张的。如前所述，我们对实然世界的把握是通过语言实现的，亦即我们通过表达和理解思想来把握事实，因而我们的认知活动自始至终都是一种理解语义的活动。在我们的语言活动中，命题是表达思想的方式，因此也承载了意义。一个命题自身及其与其他命题之间的联系都是包含了逻辑或是逻辑性的，所以世界就是逻辑空间中的诸事实。也正是因为如此，我们就能够理解为何维特根斯坦会说“因为那事实的总体规定了那发生的事情，也规定了那所有未发生的事情”[4]，因为事实是通过命题在逻辑空间中被给出和被把握的，当我们把握了一个命题的时候，自然也就规定了它的反命题。例如，“中国的首都在北京”为真，那么也就自然规定了“中国的首都不在北京”或“中国的首都在柏

[1] 参见［奥］维特根斯坦、［奥］弗里德里希·魏斯曼：《维特根斯坦与维也纳学派》，徐为民、孙善春译，商务印书馆 2015 年版，第 255 页。

[2] 参见［奥］维特根斯坦、［奥］弗里德里希·魏斯曼：《维特根斯坦与维也纳学派》，徐为民、孙善春译，商务印书馆 2015 年版，第 38—39 页。

[3] ［奥］维特根斯坦：《逻辑哲学论》，贺绍甲译，商务印书馆 1996 年版，第 25 页。

[4] ［奥］维特根斯坦：《逻辑哲学论》，贺绍甲译，商务印书馆 1996 年版，第 25 页。

林”等命题为假。故维特根斯坦在解释自己这方面的思想时说：

如果从一开始我们就使用一个描述系统，这一系统不可能把两个不同的坐标值归于实在，那么，我们甚至可以只运用这些句法就可以了。

每一个命题都是命题系统的一部分，这一命题系统像标尺一样面对实在（逻辑空间）。[1]

总而言之，我们对实然世界的把握是通过语言尤其是命题这种形式进行的，因此整个实然世界也就是一个在逻辑空间中被规定的意义世界。这种通过命题对事实的描述而被转置进入逻辑空间所形成的意义世界，被维特根斯坦视为一种事实的逻辑图像。[2] 逻辑图像与被描述的事实的共同之处在于它们都具有逻辑形式，这种逻辑图像就是思想，而“思想是有意义的命题”，“命题的总体即语言”。[3] 可见，在维特根斯坦看来，语言与世界之间存在同构性，这种共同的结构就是逻辑形式，而他所称的逻辑句法，不仅同时规定着语言和世界，也是意义世界形成的基础。当代著名的维特根斯坦思想研究者贝克（G.P. Baker）和哈克（P.M.S. Hacker）对此做出了十分精当的论述。他们总结《逻辑哲学论》的核心要旨时如此说道：

哲学中的“逻辑—语言”再定位令语言规则这一概念在《逻辑哲学论》中占据了一个重要的位置。任何可能的语言都是受一套逻辑句法构成的复杂体系规制的。这些规则决定了符号组合的可能性，因此也为感知划界。这些规则有两类。第一类规则通过逻辑连接词决定原子命题的真值函项组合模式……但逻辑必然性并非句法约定的产物……逻辑，远非约定俗成的，它是先验的，是表象之可能性的条件。第二类逻辑句法的规则关涉的是作为代表的名称。这些规则也被视为反映了形而上学的模态。这些名称的组

[1] ［奥］维特根斯坦、［奥］弗里德里希·魏斯曼：《维特根斯坦与维也纳学派》，徐为民、孙善春译，商务印书馆 2015 年版，第 54 页。

[2] 关于逻辑图像形成过程的具体说明，请参见 Thomas Ricketts, “Pictures, Logic and the Limits of Sense in Wittgenstein's Tractatus”, in *The Cambridge Companion to Wittgenstein*, Hans Sluga & David G. Stein (ed), Cambridge University Press 1996, pp. 70-4.

[3] ［奥］维特根斯坦：《逻辑哲学论》，贺绍甲译，商务印书馆 1996 年版，第 41 页。

合可能性映示（mirror）对象的组合可能性，亦即这些对象的意义以及描述事态的命题结构。[1]

上述这种深藏于我们认知实践和语言活动中的，作为感知和语言边界的逻辑句法贯穿了维特根斯坦的早期思想。在这段思想时期里，维氏认为语言就是一套规制我们运用概念语词描述实在的隐藏（hidden）规则的体系或演算，也被后来的哲学家视为语言的深层语法。[2] 由于语言与世界的同构性，维特根斯坦的这种先验的逻辑句法规制着我们的语言，同时也规制着实然世界，而我们对世界的认知以及意义的生产自然也就被笼罩在这个结构里。对此，维特根斯坦给予了最为直接的表述："我的语言的界限意味我的世界的界限……逻辑充满世界：世界的界限也就是逻辑的界限……世界是我的世界：这表现在语言（我所唯一理解的语言）的界限就意味我的世界的界限。"[3]

维氏的上述思想与康德的认识论之间具有十分重要的内在联系，同时又是对康德思想的一种转换。二者之间的内在联系在于他们的理论中所包含的有关"先验"的思想。正如本书之前所介绍的，康德在其认识论中区分先天和后天两个概念，先天指的就是在发生上早于经验。先验则是一个比先天更高层次的概念，它所关注的是知识的先天运用或先天可能性。对此，邓晓芒总结了三条关于康德"先验知识"的认识：第一，它是有关时间空间形式、范畴和理念的先天可能性及先天运用的知识；第二，它是对上述可能性和运用的条件的说明；第三，它是认识论层面的内容，因此它所包含的先验逻辑与一般逻辑亦即形式逻辑之间具有根本区别。[4] 在这三点当中，第三点对于康德的"先验"概念而言尤为重要，因为这一点揭示

---

[1] G. P. Baker & P. M. S. Hacker, *Wittgenstein-Rules, Grammar and Necessity*, Wiley Blackwell 2014, p. 41.

[2] See G. P. Baker & P. M. S. Hacker, *Wittgenstein-Rules, Grammar and Necessity*, Wiley Blackwell 2014, pp. 43-4.

[3] [奥] 维特根斯坦：《逻辑哲学论》，贺绍甲译，商务印书馆 1996 年版，第 85 页。

[4] 参见邓晓芒：《康德的"先验"与"超验"之辨》，载《同济大学学报》（社会科学版）2005 年第 5 期。

了“先验”这一概念是与认知活动及其对象相关的，它通过经验直观与认知对象联系在一起，但它“不直接规定对象知识，而只是为这种知识提供形式条件或‘立法’”[1]。同时，只有从一般逻辑转变为先验逻辑，亦即“赋予形式逻辑的判断形式以有关对象知识的意义”[2]，范畴才能被运用到我们的判断形式中，我们对对象的认知才得以可能。康德对意义世界所立的这种“法”，在维特根斯坦批判吸收了弗雷格和罗素的语言哲学后，被维氏转变为语言活动的先验规则体系，即逻辑句法。维氏早期思想的这种先验成分体现在以下两个层面：第一，当我们知道某对象并试图说出我们所知时，我们的表达所指向的是在本质上使实然得以可能的基础，即我们的表达所指向的并非对象何以如此，而是对象之所以如此的限制和条件；第二，我们无法超出我们的语言去言说那些不可言说的对象。[3] 正如本书之前所说的那样，在维氏的早期思想里，认知对象的活动以及意义的产生都是在语言活动这一场域中进行的，语言既是存在之家，也是意义之家，因而意义世界就是通过语言表达和对语义的理解建立起来的。语言的先验结构就是逻辑句法，因此逻辑句法就是我们的认知活动以及意义世界的法。相关的研究指出，维氏在《逻辑哲学论》时期所集中处理的问题其实是在回到一个康德式的问题，即“语言何以可能描述世界，或者说语言何以能够具有意义”[4]。然而，康德与维特根斯坦的不同之处在于，康德的判断理论预设了判断内容的独立存在，主体的认知能力为判断内容的整合提供了框架；维特根斯坦的理论则只涉及主体在语言活动中的意向行为以及符合系统的

---

[1] 邓晓芒：《康德的“先验”与“超验”之辨》，载《同济大学学报》（社会科学版）2005 年第 5 期。

[2] 邓晓芒：《康德的“先验”与“超验”之辨》，载《同济大学学报》（社会科学版）2005 年第 5 期。

[3] See A. W. Moore, “Was the Author of the *Tractatus* a Transcendental Idealist”, in *Wittgenstein's Tractatus: History & Interpretation*, Peter Sullivan & Michael Potter (ed), Oxford University Press 2013, p. 245.

[4] 黄敏：《维特根斯坦的〈逻辑哲学论〉——文本疏义》，华东师范大学出版社 2010 年版，第 372 页。

使用，因为维氏并不认为在个体的语言活动之外已经有一个先验的秩序预先规制了判断的内容。[1] 因此，如果说康德哲学里也包含了一套关于语义的理论，那么康德与维特根斯坦的区别就在于，在康德处，“语义直接以实体的形式出现，而不需要保持与意向行为的联系，因此也不需要引入意向对象的独立性，以确保语义上的确定性……维特根斯坦的语义学是严格的外部论，语义的确定性是通过意向行为与对象方面的关联得到保障的”[2]。但二者思想的共通之处在于，在维氏的理论中，语词或语句的意义是我们世界的界限，我们不能超出这个划定的界限去谈论任何东西或构想任何意义，正如在康德处这种界限就是认知能力的先验结构。[3]

总之，在康德和早期维氏的视野中，意义之所以可能产生，根本上在于有一套先验的结构规制着我们的相关行为，因此这套结构是一套规范性的结构或者更直接地说是一套法则体系。意义世界就是应然世界，从一种实然性的生活过渡到应然性的生活的关键就在于有一套法则规制着我们的生活并在我们的实践中得到运用。但是，这套法则自身是不能被直接定义或言说的，因为它们构成了我们有意义言说的全体；这套法则是我们的相关行为预设的，在我们的相关实践中被显示出来。[4]

1.3　重解“法律规范作为意义”

本书之所以对弗雷格和早期维特根斯坦思想进行重述，目的是通过揭示二者如何从意义理论的角度出发将康德的哲学转变为一套关于认知和语义

[1] 参见黄敏：《维特根斯坦的〈逻辑哲学论〉——文本疏义》，华东师范大学出版社 2010 年版，第 369 页。

[2] 黄敏：《维特根斯坦的〈逻辑哲学论〉——文本疏义》，华东师范大学出版社 2010 年版，第 370 页。

[3] See A. W. Moore, “Transcendental Idealism in Wittgenstein, and Theories of Meaning”, in *The Philosophical Quarterly*, Vol. 35, No. 139 (Apr., 1985), p. 139.

[4] 对于这种法则的先验性的否定，正是后期维特根斯坦对自己前期思想之否定的关键，也是哈特对凯尔森基础规范的否定的根本思想所在。

的理论，使得凯尔森思想中早已包含的康德哲学和他后来关于意义作为语义的思想能够在一条与其主体思想内在联系的进路中得到融合。换言之，在忠实于纯粹法理论原本具有的哲学根基的前提下，凯尔森关于“法律规范作为意义”这一论断在“弗雷格—维特根斯坦”提供的理论框架中得以合理地转变为“规范作为一种意义的形式是语义”这一论断。在后一个论断中，行为并非完全消失了，它仍然在我们的规范性活动中占有重要的位置，但对于规范的认知是通过对规范性命题进行理解来实现的。因为，规范存在于第三领域，它既有别于个人的主观内心所处的领域，又有别于事实行为所处的领域。“弗雷格—维特根斯坦”的语言哲学恰恰为阐明规范的这种重要的特性奠定了坚实的哲学基础，并可以使得凯尔森思想的潜能被更好地释放出来。

1.3.1　规范作为应然命题的语义

正如本书之前一再强调的，弗雷格和早期维特根斯坦的分析哲学在某种程度上继承了他们之前的哲学的认知旨趣，并做出了相应的改造和拓展。[1] 对于这一点，与弗雷格同时代的人在较长的一段时间内也无法及时理解，以至于弗雷格在发表了《概念文字》和《意义与意谓》一段时间后，不得不又另外撰文阐明自己的理论内涵。在弗雷格所做的补充解释中，有两点是尤为重要的。

第一，意义与意谓的区分是对旧有的内涵与外延理论的批判性改进，因为弗雷格认为旧有的内涵与外延的理论容易导致人们用对象取代概念本身。[2] 对此，弗雷格强调思想是句子的意义，意谓是句子的真值，就是为

[1] 实际上，分析哲学对于其之前的西方哲学中认知旨趣的继承与推进才是其要义所在。尤其是在用以解决对抽象实体或不具有物理形态的实体的认知问题上，分析哲学有其独到而又重要的贡献。分析哲学对于法哲学相关研究而言最为重要的价值之一，也正是在此。因此，分析哲学固然强调论证的严谨和体系化，但如果没有看到它在认知层面的突破而仅仅将体系化、严谨的论证作为分析哲学最大的优点或其对法学研究的最大贡献，这毫无疑问是捡了芝麻丢了西瓜。

[2] 参见［德］弗雷格：《弗雷格哲学论著选辑》，商务印书馆 2006 年版，第 121 页。

了明确概念和命题自身存在的独立性和客观性。同时，他还强调是逻辑法则确保了从语词到语义再到意谓的确定联系，从而消除了直观所带来的个人主观性，为我们把握事物本质和获得有关对象的客观知识所带来的障碍或含混不清。[1] 在弗雷格写给胡塞尔的一封信中，他阐明了自己的主张是通过对概念词意义的理解来把握概念词的意谓即概念，然后才是把握处于概念下的对象。[2] 弗雷格所做的第一点解释是为他的第二点解释——也是更为重要的解释——做准备工作。

第二，弗雷格解释强调的是，句子的意义即思想，它既不是外界的事物，也不是内心的表象，它属于第三领域。弗雷格的这一论断与凯尔森关于规范是既有别于事实又有别于价值之间的第三领域的论断直接对接，并产生了共鸣。详言之，在弗雷格看来，对于真理和真理条件的追求是贯穿西方认识论哲学的主题，但旧有的思路将认知活动的场所分为了内心世界和现实世界两个场所，前者包含的是事物的表象而后者包含的是事物自身，当表象与事物一致的时候，一个认知就是真的或就是客观知识。然而，这种思路的缺陷在于表象与事物之间本来就没有完全的一致性，这套理论在确定真的时候总是会陷入需要不断确定所涉及表象的真的循环中。因此，这套理论是无法让我们获得一个完全意义上的客观知识的。[3] 弗雷格对这种二元循环的超越之处在于指出，当某人说自己的某个表象与事物是一致的时候，我们思维的对象是一个句子的真，而句子都是有意义的，因此我们借助对句子意义的把握来考虑句子的真，亦即我们通过把握句子表达的思想来获得客观知识。而“思想是不能由感官感觉的东西……感官可感觉的东西都排除在可以考虑真这个问题的领域之外”[4]。更为重要的是，思想是由命题承载的，而非个人内心的意识或表象。正如弗雷格关于“眼睛—望远镜—月亮”的比喻所揭示的那样，命题不属于任何一个私人的意识，

---

[1] 参见［德］弗雷格：《弗雷格哲学论著选辑》，商务印书馆 2006 年版，第 126 页及以下。

[2] 参见王路：《弗雷格思想研究》，商务印书馆 2008 年版，第 154—155 页。

[3] 参见［德］弗雷格：《弗雷格哲学论著选辑》，商务印书馆 2006 年版，第 130—131 页。

[4] ［德］弗雷格：《弗雷格哲学论著选辑》，商务印书馆 2006 年版，第 133 页。

也不是实际被观察的那个对象，它是独立的、公共的和客观的。由此可以得出一个重要的结论，即我们必须承认有一个第三领域，因为“思想既不作为表象属于我的内心世界，也不属于外在世界，即感官上可感觉的事物的世界”[1]。凭借着这一点认识，弗雷格目光如炬，一针见血地指出，如果我们认为所有的认识对象都只能是表象或否认存在他所称的第三领域，那么所有历史科学和道义学说都是不可能的，所有的法律也就都要失去效力。[2] 在此处，弗雷格和凯尔森的思想发生了直接的联系，可见凯尔森所一直致力于说明的关于规范存在及其特点的问题，在弗雷格的思想中找到了最为坚实的基础和直接的肯认。所以，规范就是应然命题的语义。

1.3.2 基础规范被有意义的规范言说预设

基于规范是应然命题的语义这一新认识，我们可以着手对凯尔森的纯粹法理论进行初步的重解。在现有的理论框架下，个人的具体行为和观点与规范的存在之间的必然联系就首先被剥离了出来。这一剥离与凯尔森所主张的“法律规范作为意义”不冲突，因为这一剥离只是表明具体行为及个人的认识，并不是规范的真正载体。申言之，规范作为意义，它虽然与个人对具体行为的理解有关系，但它却并不存在于个人的认知活动中，也不等同于任何个人的具体认识和观点，因为意义是向所有人公开的，且并不随着个别语言使用者的具体行为而改变。一个应然命题之所以能具有意义，前提在于其成立或为真，而其之所以成立或为真，在于在其上有另一个规范予以授权。这套通过授权关系建立的规范体系最终归结到基础规范这一被预设为有效的规范。此处的“预设”并不是由事先认定或相信规范具有效力，并已经在行为上服从规范的人所持有的观点。“预设”指的是我们所有的包含如“应该”和“应当”等规范语词的言说，都是由一套规范结构规制和建构的，否则我

[1] ［德］弗雷格:《弗雷格哲学论著选辑》，商务印书馆 2006 年版，第 152 页。

[2] 参见［德］弗雷格:《弗雷格哲学论著选辑》，商务印书馆 2006 年版，第 150—151 页。

们就不可能进行相关活动。因此，不管某人是否相信规范的效力或在实践上是否服从规范，他都无法否认或质疑基础规范的存在，因为一旦他使用规范性的语词，他就已经默认了一套规范结构的存在。例如，若某人说“我不认为应当这么做”，那么他所表达的意思可以是“我认为应当那么做”或“我认为这种情况下有任何规范”。就前者而言，他毫无疑问承认了规范的存在，只不过是另一条规范；就后者而言，看上去他似乎主张没有任何规范存在，但如果我们问他“为什么这种情况下不应有任何规范呢”，此时他要么回答该问题从而承认另有规范存在或规范在别的情况中，要么就承认自己之前说的话只是自己毫无依据的胡编乱造，要么就保持沉默。因此，某人如果真的要否认或质疑规范的存在，他就不能对规范进行任何言说，即他对规范的效力问题必须保持沉默，但如此一来他就什么都不能否认或质疑了。所以，无论个人是否相信规范存在或实践上服从规范，只要涉及规范性语词的语言活动一旦存在，那么基础规范就始终被预设为有效的。

更为重要的是，我们不能超越这套由基础规范奠定的结构去考虑应然，因为这套结构就是应然世界的界限。反过来说，任何东西要具有规范性，它都要被置于这套结构当中，才能被转换为具有规范性的存在，否则它就无法进入应然的世界当中。所以，基础规范就是实现实然向应然转换的逻辑功能。换言之，我们在实际的语言活动中使用诸如“应该”或“应当”等规范性语词的句子之所以能具有特定的意思，其根本在于这些句子背后有一套由具有效力的规范构成的体系，其作用正如维特根斯坦所阐明的逻辑句法对于语言活动的规制和建构一样，因而我们才能用规范性语句进行表达和理解，从而产生相应效果。那么，现实生活中的法律与这种规范之间的关系是怎样的呢？在《法与国家的一般理论》中，凯尔森明确指出现实的法律规则或相关的法律陈述与法律规范并不是等同的，法律规范对于被授予权威制定法律的主体而言是规定性的，而法律规则是描述性的，即它们通过一个应然陈述的句式对相关法律规范进行描述性再现。[1] 对于法

[1] See Hans Kelsen, *The General Theory of Law and State*, Oxford University Press 1949, pp. 45-6.

律规范的具体产生过程，此处不做深入探讨，本书会在第三章对该问题进行详细讨论。总之，将法律规范作为语义的这一理解在不违背凯尔森原有主体思想的前提下，将凯尔森思想的两个部分进行了恰当结合，并明确了“法律作为一种意义”这一命题的内涵，也为思考法律规范性的相关问题打开了一道新的大门。

1.4 小 结

虽然西方法律理论中关于法律规范的本质及其产生方式的讨论可谓历史悠久，源远流长。但进入20世纪以来，尽管不同学者的观点各有千秋，但“法律规范作为意义”这一命题无疑占据了相关讨论的核心位置。尤其是从凯尔森开始，我们可以清晰地看到该命题作为一条主线贯穿始终。因此，从元理论的角度来说，一套关于法律规范性的理论背后对应的是一套意义理论，即一套关于法律规范性的理论所要致力于回答的问题就是法律规范作为一种特殊的意义形式是如何产生的以及具有什么特点。凯尔森的纯粹法理论以此为出发点，从康德的认识论及新康德主义的思想出发，后期则试图引入语言哲学的视角来阐明规范就是一个语义共同体。虽然凯尔森并未明确地从语言哲学中引入一套意义理论来阐明他后期的思想，但康德和新康德主义的思想与弗雷格和维特根斯坦早期的语言哲学思想是内在相连的，因而凯尔森的主要思想都能通过“弗雷格—维特根斯坦”的视角予以阐明。借助“弗雷格—维特根斯坦”模型中关于意义所处的第三领域以及规定该范围的逻辑句法的思想，凯尔森的基础规范可以被理解为被有意义的涉及“应当”“应该”等规范性语词的语言活动所预设的。反之，若没有基础规范为中心的先验结构，我们则不可能拥有任何有意义的规范性言说。在这一点上，这套规范结构规定着我们所有可能的规范性实践，并建构了应然世界，所有对象要具有应然性都必须被置入该结构中。所以，这套规范结构是应然世界的界限，也是从实然世界过渡到应然世界的关键，基础规范就是实然世界与应然世界之间的界碑，上面写着“历史上第一部宪法必须得到遵守”。一个共同体要从自然状态迈入法治国，就必须承认这一点。否则，该共同体只能是有法律而无法治。

总之，规范作为一种意义的形式唯有是语义才能妥当地安置规范具有的性质和特点。而这种规范作为语义是怎么与人们的非语言性的规范性实践联系起来的，则涉及如何使法律规范的规范性得以实现的问题。该问题将在本书的第三章涉及。但可以明确的一点是，哈特和德沃金的理论在大体上也是沿着一套意义理论出发建构的，只不过他们采取了不同的进路，而这两条进路在意义理论层面上的分歧导致了哈特和德沃金在规范理论上的分歧。哈特的规范理论依赖的是后期维特根斯坦及以其为基础发展出来的牛津日常语言哲学。这也注定了哈特与凯尔森之间在一些重要的立场上会有难以调和的不一致。而德沃金主要依赖的意义理论则来自诠释学以及普特南（Hilary Putnam）等人的语言哲学，后面所代表的意义理论正是建立在对后期维特根斯坦的批判反思之上的。当然，凯尔森的理论中还有两个要素在本章中并未被提及，它们是主权者和强制。这并非表明这两个要素对于法律规范的产生并不重要，它们的重要性唯有在对哈特的理论进行了分析和批判后才能得到更好的体现，因此它们会在本书第三章得到重点论述。

第 2 章

常识与法律规范的生成

本书在上一章中已经说明了“法律规范作为意义”是现代法律理论的核心命题，而这种意义的最佳理解就是将其理解为语义。之所以如此，不仅仅是因为法律总是以语言为载体，更在于法律规范的存在形式及其特点决定了它既不属于事实所处的领域也不属于主观判断的领域，而是思想亦即命题的意义所处的领域。凯尔森目光如炬，最先明确提出“法律规范作为意义”这一主张并在后来逐渐向语义这一方向发展，但在论证这种意义的产生方式时，却主要停留在康德的认识论哲学和新康德主义的层面。所幸的是，通过弗雷格和早期维特根斯坦的语言哲学，凯尔森的康德哲学基础和其后来的语义转向的趋势之间得到了恰当的结合。经过结合后，凯尔森的基础规范被理解为所有规范性言说具有意义的条件，或者反过来说，所有有意义的规范性言说都必然已经预设了基础规范。同时，基础规范自身不能被有意义地言说，而只能通过人们涉及规范性语词的语言实践显示出来，因此基础规范是先验的，是应然世界的界限，实现的是从实然到应然的意义建构功能。然而，凯尔森所追求的纯粹性也为他的规范理论带来了巨大的张力。因为，法律面向的是社会上的普通大众，所以常人的理解就必然要占据一个基础性的地位，[1] 而凯尔森所追求的纯粹性恰恰阻碍了这点。换言之，对于纯粹性的追求固然使得法律规范获得了独立性，但也使其无法与人们的普遍理解及相关实践联系在一起。所以，如何将法律规范作为一种意义的生成和运行带回到现实中来，成了亟须解决的问题。哈特的法理学正是立足于对该问题的思考而发展起来的。其核心主张则是，规范生成于人们在日常生活中积累的常识，并通过法律官员的实践转换为法律规范。因此，确定法律是什么就是要确定人们在日常语言当中对法律以及相关的规范性语词是如何使用和理解的。

2.1　哈特法学思想中的日常语言哲学探源

哈特的规范理论建立在许多不同前人的哲学及法学理论之上，主要包括边沁和约翰·奥斯丁（John Austin）的功利主义以及实证主义法学，后期维特根斯坦的语言哲学，以约翰·朗绍·奥斯丁（John Langshaw Austin）[2]、斯特劳森（P.F. Strawson）和黑尔（R.M. Hare）等人为代表的日常语言哲学以及密尔的自由主义政治哲学。也有研究者指出哈特曾受到韦伯的巨大影响，虽然哈特一生没有承认韦伯的作品是自己的思想源泉之一，但菲尼斯却发现哈特曾非常仔细地研读过韦伯的作品并写了大量的批注。[3] 哈特的理论因此与凯尔森的理论之间就产生了微妙而重要的联系与差异：首先，他们的规范理论都建立在对奥斯丁为代表的旧实证主义法学的反思之上；

---

[1] 有关这一点的新近探讨，可参见 Paolo Sandro, "To Whom Does the Law Speak? Canvassing a Neglected Picture of Law's Interpretative Field", in *Problems of Normativity, Rules and Rule-following*, M. Araszkiewicz, P. Banas, T. Gizbert-Studnicki, K. Pleszka（ed）, Springer 2014, pp. 265-280.

[2] 为了与约翰·奥斯丁进行区分，本书余下部分将称约翰·朗绍·奥斯丁为 J.L. 奥斯丁，而直接称约翰·奥斯丁为奥斯丁。

[3] 参见［英］妮古拉·莱西：《哈特的一生：噩梦与美梦》，谌洪果译，法律出版社 2006 年版，第 281—282 页。

其次，哈特的哲学根基之一在于后期维特根斯坦，它是对弗雷格和早期维特根斯坦的反思和批判，而本书之前已经通过较大的篇幅揭示了弗雷格和早期维特根斯坦与康德哲学和新康德主义之间的内在联系。上述微妙的联系和差异使得哈特与凯尔森之间就一些重要的问题产生了分歧。第一，凯尔森对奥斯丁的批评在于指出规范不能划归为任何事实，因为规范是一种意义，意义处于第三领域，所以它的产生既无关于事实也无关于主观心理状态；但哈特则坚持盎格鲁萨克逊法律实证主义传统的“社会事实”命题，即主张法律规范来自特定的社会事实。第二，后期维特根斯坦的哲学所欲实现的主要目标之一，就是将弗雷格和早期维特根斯坦哲学中从形而上学那继承过来的带有神秘色彩的先验内容全部消解掉，所以“语词的意义在于使用”成了后期维氏思想的核心主张；哈特在《法律的概念》当中明确表明要回避形而上学的思考方式，拒绝将任何不能通过经验检验的神秘属性赋予法律规则。[1]

哈特在与凯尔森的首次面谈时就明确表示，尽管他大体上同意凯尔森的观点，即法律理论的主要任务是把握法律规则的具体意义，可他无法理解凯尔森纯粹法理论中的形而上学余韵和赋予法律规范的神秘底色，即强调法律规范与法律规则之间的规定性和描述性区分。[2] 在《法律的概念》中，哈特就强调“形而上学的设想将义务或责任当作神秘地存在于日常可观察的现实世界‘之上’或‘背后’之不可见的客体”[3]。为此，哈特尝试用对语词的“提及”（mentioned）和“使用”（used）[4] 来对应解释

[1] See H. L. A. Hart, *The Concept of Law*（second edition）, Oxford University Press 1994, pp. 104-5.

[2] See H. L. A. Hart, “Kelsen Visited”, in *Essays in Jurisprudence and Philosophy*, Oxford Clarendon Press 1983, pp. 287-8.

[3] See H. L. A. Hart, *The Concept of Law*（second edition）, Oxford University Press 1994, pp. 84-5.

[4] 关于语词的提及和使用的区分，简单来说，前者指的情况就是语词直接对应的是一个意义，后者指的就是语词被使用来指称另外的对象。例如，当我们说到“小狗”这个词时，如果是提及的情况，则该词对应的就是“年幼的狗”；如果是在“阿花是小狗”这样的句子中，“小狗”一词则是被使用来指称“阿花”这一对象。

凯尔森关于法律规范和法律规则的区分，但凯尔森拒绝了这一解释。[1] 凯尔森不仅拒绝了哈特试图消解他在法律规范和法律规则上做的区分，在这次会谈中余下的部分里，哈特和凯尔森都在进行类似的拉锯。但总而言之，哈特对于凯尔森在一些对象上所坚持的区分感到难以理解，而凯尔森则坚持他之所以作出那些区分是因为所涉及的对象都处于不可混淆的范围。在本书看来，哈特和凯尔森之间的真正分歧远超于他们见面所谈的那些问题。申言之，哈特所采纳的是后期维特根斯坦和牛津日常语言哲学的意义理论，核心主张之一是语词的意义来自人们语言的和非语言的实践，即意义生成于人们的日常生活，没有任何“背后”的东西在决定着意义的产生和内容。

2.1.1　哈特与日常语言哲学的渊源

哈特在成为牛津大学法学院的教授之前，是牛津日常语言哲学的第一代成员之一，因此哈特最初的身份是一位哲学家。在当时的牛津哲学圈中有两个不容置疑的思想核心，即维特根斯坦和 J.L. 奥斯丁。维特根斯坦在完成了《逻辑哲学论》后一度自信地认为自己已经解决了哲学中所有的重要问题，因此告别了剑桥大学。直到 1929 年，在经历了一段思想的磨砺期之后，维特根斯坦幡然觉悟自己早期的思想存在重大缺陷，于是又重回剑桥大学从事哲学工作。当维特根斯坦再次踏足剑桥校园的时候，他的思想已经进入一个激烈的转型期，在这个转型期里他主要是反思和批判自己早期思想所代表的进路，并逐渐对一些已经讨论过的问题提出新的看法。在这段时间当中，维特根斯坦在剑桥开设了相关课程讲授自己的思想，相关内容经由学生整理成了两本笔记，分别被称为《蓝皮书》和《褐皮书》[2]，并被学生私下复制传阅，使得维特根斯坦当时的思想传到了一河之隔的牛

[1] See H. L. A. Hart, “Kelsen Visited”, in *Essays in Jurisprudence and Philosophy*, Oxford Clarendon Press 1983, pp. 292-3.

[2] 又译作《棕皮书》。

津大学。《蓝皮书》和《褐皮书》所记录的，正是维氏的中后期思想以及他对自己早期思想的反思和批判。当时大学的知识圈因此也受到了维特根斯坦后期思想的极大启发，哈特也正是在这个时间段里受到了维氏哲学的滋养，而且这种滋养对于哈特的理论而言具有非凡的重要性，以至于哈特将自己出版的两卷文集的封面颜色分别定为蓝色和褐色。[1] 可见，哈特本人把后期维特根斯坦作为自己的思想源泉之一。

哈特的另一位思想导师同时也是他的挚友之一，是当时牛津哲学圈的领袖J.L. 奥斯丁。J.L. 奥斯丁当时领导的一个汇聚了包括黑尔、斯特劳森、奥诺尔（A.M. Honore）、伍兹利（A.D. Woozley）以及哈特本人在内的学术小组，J.L. 奥斯丁本人也是当时在牛津乃至全世界都颇负盛名的哲学家，在牛津大学具有极大的影响力。J.L. 奥斯丁与哈特一直保持着亦师亦友的关系，前者对日常语言分析的持续关注和学术见解以及后来的“话语行为”（speech act）理论对哈特的思想有着重要而又持久的影响力，也正是由于前者的大力举荐，彼时在法学界尚属籍籍无名的哈特能在古德哈特（A.L. Goodhart）退休的时候接任牛津大学法理学教授这一席位。由于维特根斯坦和J.L. 奥斯丁两位哲学家的影响以及自己日常语言哲学的出身，哈特从一开始就认为法理学中的复杂问题要用语言分析来解决，亦即通过对语词意义的分析和澄清来回答法理学中的重要问题。哈特在接任牛津法学法理学教授一职所发表的演讲中，如此说道：

我欲讨论的那些复杂问题是在分析法学中被提出的，并常常以请求定义的形式出现：什么是法？什么是一个国家？什么是一项权利？什么是占有？我选择这一话题是因为对我而言，定义的一般模式对法的适应非常糟糕，也因此使得对定义的阐述愈加复杂；我认为，定义的使用在某种程度上导致了法理学和法律实务的研究产生了割裂，也助长了一种观感的产生，即法律人如果不进入某个哲学争论的禁林之中，那么他们就无法阐明一些

[1] 参见［英］尼尔·麦考密克：《大师学述：哈特》，刘叶深译，法律出版社2010年版，第9页。

特定的基本概念。我想建议的则是，上述印象是错误的。[1]

在演说的余下部分里，哈特继续指出，之所以会产生上述现象，主要是因为在对法律语词的使用中存在着诸多混淆，而这种混淆的根源则在于未能清楚地意识到法律语词与日常语词相比较而言的变异性。这种法律语词与日常语词的差异之所以存在，是因为规定法律语词意义的是某种形式的规则，而非恣意的惯例。[2] 哈特将澄清这种混淆的恰当进路归功于边沁的思想，即将法律语词放到实际使用情况中的句子进行理解，对相关术语进行转译或转释（paraphrase），并进一步指出法律语词的这种变异性是由于一个规则或规则体系对日常语词的介入导致的，因此当我们在给出一个法律陈述时，就是在依据特定的法律规则推出一个法律结论。[3]

哈特上述从边沁的角度切入来谈对语词意义进行分析的做法是可以理解的。除了因为哈特本人对边沁的思想抱有极大的热情以外，还因为边沁在盎格鲁萨克逊普通法和法律实证主义传统中有着深刻的影响和非凡的地位。在这位英国思想巨擘的法律理论中，如何实现对法律的去神秘化是一个非常重要的方面。在边沁看来，当时的英国普通法体系和法律实践中存在着大量把法律和法律人神秘化的现象。这些现象除了从自然法传统继承过来的部分，还包括广泛的语言滥用，尤其是利用专业化术语把人民群众从法律活动中隔绝出去以维护法律人在相关领域中的专业统治。[4] 针对上述弊端，边沁提出一种他称之为“自然体系”的新范式，而这种新范式所依赖的正是常识。[5] 等到写《法律的概念》时，哈特就明确地将边沁的上

[1] H. L. A. Hart, “Definition and Theory in Jurisprudence”, in *Essays in Jurisprudence and Philosophy*, Oxford Clarendon Press 1983, p. 21.

[2] See H. L. A. Hart, “Definition and Theory in Jurisprudence”, in *Essays in Jurisprudence and Philosophy*, Oxford Clarendon Press 1983, p. 22.

[3] See H. L. A. Hart, “Definition and Theory in Jurisprudence”, in *Essays in Jurisprudence and Philosophy*, Oxford Clarendon Press 1983, pp. 34-5.

[4] 参见［美］杰拉德·波斯特玛:《边沁与普通法传统》，徐同远译，法律出版社 2014 年版，第 295—301 页。

[5] 参见［英］H. L.A. 哈特:《哈特伦边沁——法理学与政治理论研究》，谌洪果译，法律出版社 2015 年版，第 33—34 页。

述思想与自己的语言哲学功底结合起来了。

在《法律的概念》的开头部分，哈特主张定义就像一幅地图那样，它同时展示暗含的指引我们对语词的使用的原则，以及我们将语词附着于其上的现象与其他现象之间的关系。因为，定义在将特定的语词转译为更容易理解的语词的同时，也通过指出语词的对象与其他家族相似对象共同来确定对象。之所以如此，是因为正如J.L. 奥斯丁所言，我们使用的语言活动除了涉及语词自身，还涉及我们用语词所谈论的现实，即我们通过语词感知现象，以及维特根斯坦关于“家族相似”的思想。[1] 除了上述观点，哈特还着重区分了在日常生活中实际使用语词谈论某对象和用概念来定义某对象，而这一点显然与日常语言哲学的另一位代表人物吉尔伯特·赖尔（Gilbert Ryle）在其著作《心的概念》所强调的，能实际使用概念和能描述概念之间的联系与区分以及勾画概念的逻辑地理图的主张是一致的。[2] 可见，后期维特根斯坦和日常语言哲学的思想对于哈特的理论有着深刻的影响。因此，在对哈特的规范理论进行深入探讨之前，有必要先对后期维特根斯坦和日常语言哲学的主要观点进行简要的说明和分析。

2.1.2 日常语言哲学的基本立场：以常识为纲

日常语言哲学是对后期维特根斯坦和牛津的语言分析哲学为代表的哲学思想的统称。对于该哲学流派可以有许多著名的口号与之相联系，如“语词的意义在于使用”以及“以言行事”。然而，在本书看来，对于日常语言哲学的核心观念，可以一言以蔽，即“以常识为纲”。之所以这么认为，除了因为后期维特根斯坦和日常语言哲学的代表人物都以常识为出发点思考问题并提出了“捍卫常识”这样的口号以外，还在于日常语

---

[1] See H. L. A. Hart, *The Concept of Law* (second edition), Oxford University Press 1994, pp. 14-5.

[2] 参见［英］吉尔伯特·赖尔：《心的概念》，商务印书馆 2005 年版，第 2—3 页。值得一提的是，赖尔与哈特是“二战”期间在英国情报部门工作时相识的，随后成了学术上的伙伴。哈特所著的《法律的概念》就是对赖尔《心的概念》的呼应。

言哲学的思想内核就是以常识为纲发展出来的。日常语言哲学的主要观点认为，语词的意义来自人们在日常生活中对语词的使用，其他不是在日常生活的语境中被使用的语词的意义也是由人们对这些语词的常识性理解所决定的。在进一步探讨常识和日常语言的关系之前，有必要先厘清一下常识这一概念的内涵。因为，常识首先是一个复杂概念，它可以指代不同的内容；其次它根据不同作者的使用在内涵上会有不同的变化，故需要对其内涵进行澄清和划定讨论范围，以免令后续讨论陷入混淆或误区。总体而言，对常识的概念内涵予以澄清，首先要将常识与其他易混淆的对象区分开来。其次是要借助西方的常识哲学来揭示常识的基本内涵，即人们在日常生活中普遍遵守和适用的自明法则，并进一步说明这些法则生产的基础是人们依靠直观（intuition）认知做出的并在日常交谈中被常规地使用的共同判断。

最容易导致认知错误的观点就是认为常识就等同于多数人的意识形态或情绪化的偏见或仅仅是大多数人的意见。然而，当我们仔细思考这些观点的时候，我们就会发现多数人的意识形态或意见不仅不能等同于常识，甚至可能是反常识的。首先，多数人的意识形态或情绪可以是通过煽动或基于某种集体狂热的状态产生的，而这时候它所包含的内容或者判断往往是反常识的。纳粹时期的许多德国人的心理或所做的事情就是一个很好的例子。从另一方面来说，我们之所以觉得在纳粹或者其他运动造成的集体狂热下人的行为的荒诞或荒谬，恰恰是因为这些行为违背了常识。[1] 其次，常识与多数人的判断也不尽相同。诚然，常识肯定是被社会上的大多数人所接受和使用的，但被社会上大多数人接受和使用的意见或判断却并非都是常识。因为，常识除了被社会上大多数人接受之外，还具备历时性维度和一定程度上的证立。历时性维度是指常识是通过一段长时间内的被大部分人接受和使用而积累形成的。所以，威廉·詹姆斯才会指出人们思维的

---

[1] 在这一点上，我们还可以理解到阿伦特所说的“平庸的恶”以及米尔格伦的服从实验所展现的现象就是在特定的情形或组织结构下，人们丧失了常识思考的能力，从而做出了超出常人理解或预料的行为。

基本方式是通过祖先在时间的变迁经历中积累下来的，并且由此形成了人类知识的一个重要的平衡阶段——常识阶段，而“其他的阶段都会嫁接到它上面，但从不能替代它”[1]。同理，常识和共识也得到了区分：共识的内容是可以和常识一致的，但共识的形成不一定都是历时性的，如共识是可以针对特定目的通过协商和妥协迅速形成的，共识也不能形成一个人类知识阶段或形式。一定程度上证立的要求则是因为常识是一种知识的形式，但凡知识都对应着真命题，否则就只是个人的意见或偏见。因此，常识绝非仅仅等同于大多数人所持的观点，更不是群众的情绪表达或偏见。

实际上，西方理论界对于常识的关注和讨论贯穿了从苏格兰启蒙运动到日常语言分析哲学乃至普特南和塞尔（John Searle）等现当代哲学家的大部分重要讨论——里德的常识哲学、康德的认识论以及维特根斯坦所称的“世界图景”（picture of world）都共同关注一个现象，即“任何正常成年人的信念体系都有一个基本面、一个背景、一个框架——随便选择哪个比喻，它时刻都在场并为正常成年人共享，使他们的信念体系得以成为一个整体并使日常生活的开展得以可能”[2]。所以，对于常识的概念分析可以在认识论和日常语言分析两个基本面上展开。从认识论的进路出发所关注的是人们直观地认知客观对象并得出自明的法则以指导日常实践的能力。从日常语言分析的进路出发所关注的是在人们日常商谈中所包含的共同判断对意义的生成和理解的作用。前者与弗雷格和早期维特根斯坦的语言哲学相结合构成了以普特南为代表的20世纪常识实在论（common sense realism）的基础，也是美国法律实在主义（legal realism）的哲学渊源。后者揭示的是常识的制度性内涵，是以后期维特根斯坦为代表的日常语言哲学集中探讨的命题，也是哈特新分析法学的哲学渊源。详言之，常识与英国早期的经验主义哲学具有内在联系，因为如果不预设常识的正确性，从经验入手进行哲学探究就无从谈起。

---

[1] William James, *Pragmatism*, Longmans Green Co. 1907, p. 170.

[2] Nicholas Wolterstorff, *Thomas Reid and The Story of Epistemology*, Cambridge University Press 2001, p. 231.

然而，常识在很长一段时间里只作为一个背景预设，而并未被单独作为一个基本的哲学概念加以探讨。真正认识到常识作为一个基本哲学范畴的重要性的人，是苏格兰启蒙哲学代表人物之一的托马斯·里德（Thomas Reid）。起初，里德提出常识哲学是为了反对从笛卡尔以降至休谟的怀疑论传统。他坚持培根及牛顿提出的新方法和新思维，批判继承了自霍布斯、洛克到休谟以来的英国经验主义，在理性主义和经验主义对立的基础上反思英国经验主义传统，为克服传统经验主义的缺陷建立了新基础。由他开创的苏格兰常识哲学派（Scottish common sense philosophy）在当时具有巨大的影响力，这种影响力在往后持续了 200 多年，并对法国、美国的思想发展有深刻的影响。[1] 在里德对常识的论述中，根据不同的用法，常识有以下几种内涵：(1）仅作修辞的用法，即用来表示与哲学家或专家判断相对应的普通人的判断；(2）认识论的用法，即用来表达关于人类认知的首要原则；(3）心智官能（faculty）的用法，即指人们共同拥有的思维和判断能力；(4）语义学的用法，即大多数人对一个语词使用时表达的意义；(5）知觉的用法，即指人们直接认识客观对象的能力；(6）形而上学的用法，即指人们对某些对象的存在所必然持有的信念。[2] 在本书看来，认识论的用法和语义的用法是最为重要的。因为，在里德常识哲学里，人们直接认识对象的能力以及日常语言所呈现出来的共同结构，是论证重要哲学命题的出发点。所以，里德在他的作品中用了大量篇幅讨论认知论的同时，常识又和其中的重要概念相互勾连。在里德的认知哲学中有两个重要的范

[1] 关于里德对欧美思想界的影响，参见 Benjamin W. Redekop, “Reid’s Influence in Britain, Germany, France, and America”, in *The Cambridge Companion to Thomas Reid*, Terence Cuneo and René van Woudenberg（ed）, Cambridge University Press 2004, p.313；常识哲学对美国法律思想的影响，可参见 Charles L. Barzun, “Common Sense and Legal Science”, *Virginia Law Review*, Vol. 90, No.4, 2004, p.1051-1092；有研究指出，摩尔将里德有关常识与语言活动的相关思想带到了剑桥，J.L. 奥斯丁因此间接受到影响，参见张晓梅：《托马斯·里德的常识哲学研究》，上海人民出版社 2007 年版，第 52 页。另有研究指出，里德的思想包含了现代言语行为理论的许多元素，可被认为是言语行为理论的先驱者，参见 Karl Schuhmann & Barry Smith, “Speech Act Theory and Thomas Reid”, in *History of Philosophy Quarterly*, Vol.7, No.1（Jan., 1900）, pp. 47-8.

[2] See Ryan Nichols, *Thomas Reid’s Theory of Perception*, Oxford University Press 2007, pp. 21-2.

畴，即知觉（perception）和判断，而常识也包含了这两方面的属性——即常识既包括知觉属性也包括判断属性。因为，如果常识不包含对对象的认识，那么它就无法存在；如果常识不包含判断，那么它就与规范失去了联系，也就失去了意义。最终，这两个层面的属性又集中体现在了人们的日常语言之中。我们对对象的认识和语言的联系就在于对对象形成概念性的理解，即知觉被作为外部对象的符号引导至客观世界，并对这些符号或指示进行解读和诠释。[1] 申言之，知觉是主动的、具有意向性（intentionality）的活动，这个过程如同客观对象与我们之间进行对话一般。[2] 我们认知对象的能力和模式之所以如此，是由我们的先验结构决定的。对此，塞尔在他最新的作品中也指出，西方哲学自笛卡尔以来的认识论所犯的种种错误之根源在于“没有理解到知觉经验中的意向性”。[3]

基于上述思考，常识的第一个基本内涵是指基于人们日常的直观性认知得来的自明的、行之有效的法则。同时，这些法则较于其他法则或规则处于首要地位，其他法则或规则只有以这些自明的法则为前提才能获得效力。之所以如此，是因为这些法则为人们所共享，并且在日常生活中被人们认为且必须被认为是理所应当的。[4] 脱离了这些法则来思考问题，就会使相关的思考陷入迷误，其结论也自然会遭到强烈的质疑。为此，里德指出：

在人类生活的日常事务中，所有人的信念和行为不可避免地受一些原则的支配，如果某种哲学肆无忌惮地反对这些原则，那么它就太过冒失了；即使哲学家自诩已经驳倒了这些原则，但随后也会屈从于它们。这些原则

[1] See Nicholas Wolterstorff, *Thomas Reid and The Story of Epistemology*, Cambridge University Press 2001, p. 119.

[2] See Ryan Nichols and Gideon Yaffe, “Thomas Reid”, in *Stanford Encyclopedia of Philosophy*: http://plato.stanford.edu/archives/sum2015/entries/reid/.

[3] John Searle, *Seeing Things as They Are*, Oxford University Press 2015, p. 103.

[4] See Nicholas Wolterstorff, *Thomas Reid and The Story of Epistemology*, Cambridge University Press 2001, p. 225.

比哲学要古老，也更有权威；哲学应以它们为基础，而不是相反。[1]

更为重要的是，常识不仅对人们的日常实践有规范意义，对进一步的理论建构也有规范意义。一种理论如果不以常识为基础，不以常识为原则，甚至反过来取代常识，那么该理论就会失去说服力和权威。并非所有的知识都需要推理或证明，有些判断直接来源于群众的日常认识。在人类的知识体系中，总有一些原则是自明的，并且是所有其他推理判断的依据，而这些原则就是常识原则。[2] 从这一点上还可以进一步推论出，常识已经成为人们思考和实践之法则的智识和信念，它们“是我们心智依据首要原则运作的直接产物，直接源自首要原则的知识（和信念）不能、也无须被证明，因为它们是一切证明的先验基础，也就是常识”[3]。所以，常识指的是来自日常的、自明的、无须推理的法则及基于这些法则得出的知识和信念。同时，这些法则以及基于这些所得出的知识和信念被人们常规地（normally）运用在日常语言活动中。因此，通过对日常语言的分析，我们可以进一步揭示出，常识就是在日常商谈（discourse）中被常规地使用的共同判断所生产的共同意义。详言之，在英语的日常语言中，sense 一词除了有感觉或感知的意思之外，还有判断、道理和意义的意思。例如，当我们说某人“have a good sense of X”的时候，即指该人对某对象具有判断的能力，故良好的 sense 即指良好的判断力；讲道理是 speak sense，有道理是 make sense，胡说八道则是 nonsense 即德语中的 Unsinn；无意义则是 senseless 即德语中的 sinnlos。因此，指出 sense 等同于判断，即 sense = judgment，所以 common sense = common judgment，即常识等于共同判断，[4] 而在汉语中则相当于“常理”的意思。正如本书先前做论述的那样，一个判断对应着一个命题，

---

[1] ［苏］托马斯·里德：《按常识原理探究人类心灵》，李涤非译，浙江大学出版社 2009 年版，第 14 页。

[2] See Thomas Reid, *Essays on The Intellectual Powers of Man*, Macmillan and Co., Limited 1941, p. 358.

[3] 张晓梅：《托马斯·里德的常识哲学研究》，上海人民出版社 2007 年版，第 24 页。

[4] See Thomas Reid, *Essays on The Intellectual Powers of Man*, Macmillan and Co., Limited 1941, pp.330-2.

当命题为真时，表达该命题的语句则具有意义，否则就是没有意义的胡言乱语，即英语里的 senseless 或德语里的 sinnlos。因此，当一个共同判断为真的时候，它就是共同意义。常识的共同性则因此广泛地体现在一个共同体中成员的行为及语言的共同结构中，而并非仅仅部分人一时一地的主观判断的表达。此外，我们对日常语言加以分析还可以发现，常识既规定着语词与客观对象之间的联系，也规定着特定语词所能产生的效果，亦即一个语词或语句之所以能由说话者发出以后对听者产生特定效果并且正是说话者要达到的效果，起决定作用的不是语词与对象的对应关系，而是常识在其中所起到的规范作用。正是常识确保人们通过语词与对象关系和对象的性质有基本的认识，并对判断、践行自己的事务和主体间交往产生规范作用。所以，当某人的言论或者行为存在严重的谬误时，共同体其他成员往往会用“这不符合常识”或“这不符合常理”来对相关言论或行为进行批评。换言之，只有以常识为依托，日常交谈中的语词方能产生意义，而此种意义与理解的活动是人们从事规范性活动的基础。对此，里德总结道：

内部之光或 sense 被上天以不同程度赋予不同的人，它只要达到一定程度，我们就能服从法律和政府，就能处理自己的事务，并为我们对他人的行为负责，这种程度的 sense 就被称为常识，因为它为所有我们能与之打交道，或要求他们为自己的行为负责的人所共有……所有文明国家的法律都区分了有此天赋的人和没有此天赋的人。后者可能有权不受侵犯，但他们自己没有知性来指导其行为，指定给他们的法律是由其他人的知性支配的。[1]

可见，常识不仅关涉一些描述事实的知识或者陈述，它更关系到社会行为的意义以及法律规范制定的基础。在社会活动中，行为意义的产生是以交往行为为前提的，而这种交往发生的场所就是人们在日常生活当中的语言活动，而“在每种语言中，提问、命令、承诺这些社会行为，其表述与纯属个人行为的判断一样简单而正确”[2]。换言之，在日常语言中的一些

[1] ［英］托马斯·里德：《论人的行动能力》，丁三东译，浙江大学出版社 2011 年版，第 307 页。

[2] Thomas Reid, *Essays on The Intellectual Powers of Man*, A.D.Woozley（ed）, M.A., Macmillan and Co., Limited 1941, p. 50.

以言行事的活动能成功产生特定的效果，反映了常识作为行为法则的规范性。总之，常识的基础在于普通大众都具有的认知和判断能力，当这种能力到达一定程度，就形成了所谓的常识。依据常识，人们就可以理解规则并依据规则实践自己的事务并对他人负责，而且法律规范的创设也是以常识为基础的。这表明了常识对于作为一种意义的法律规范而言具有构成性（constitutive）作用。因此，常识具有制度性内涵。申言之，常识的制度性内涵体现在人们在日常对语词的使用对于意义生成的作用，以及日常语言中语词的意义对于其他语言活动中语词意义生成的作用。

不过，在里德的思想里，日常语言只是一种重要的分析工具，而日常语言本身对于意义生成的作用却少有触及。在本书看来，这是一个不可忽视的缺陷。语言是存在之家，也是意义之家。所以，常识作为一种知识形式，它在意义世界中必然要通过语言来展现自身，否则它就被消解于无形了。同时，通过关注常识这一智识现象，也为我们从生活世界的角度思考意义与理解的问题打开了一扇全新的大门。结合之前的讨论，在进入后面更深入的探讨前，本书对常识先做如下基本定义：常识指的就是共同法则以及基于这些法则产生的共同意义。

日常语言哲学主要所致力于的事业，就是通过语言转向后的哲学范式来阐明常识作为共同法则和共同意义这一内涵。在语言分析哲学内部，摩尔最先提出了“捍卫常识”这一立场。摩尔对常识的探讨主要见于他的《一些主要哲学问题》《捍卫常识》《对外在世界的证明》等作品当中。在《一些主要哲学问题》中，摩尔为了回应休谟问题而涉及了对常识的探讨。摩尔在这段时期抛弃了他早年所持的哲学立场转而以常识作为自己哲学的中心。他认为哲学在一些重要方面必须对常识负责。摩尔的这种常识转向有两个原因，第一是因为在他身处爱丁堡的时候不仅研究了休谟，也研究了休谟的主要批评者——里德，因而对里德的常识哲学有所吸收；第二是因为摩尔的导师西季威克对常识哲学的研究。[1] 维特根斯坦重返剑桥大学

---

[1] See Thomas Baldwin, *G.E. Moore*, Routledge 1990, pp. 156-7.

后，在他正处于转型期的思想中，在这一时期，常识毫无疑问占据了至关重要的位置。他在授课的过程中反复强调常识的重要性，而这些思想都被记录在了《蓝皮书》和《褐皮书》当中：

对于哲学困惑，没有一种常识的答案。只有通过我们解决了哲学家们的困惑，也就是说，只有通过我们抑制住哲学家们攻击常识的诱惑，而不是通过重复常识的观点，才能使常识免受哲学家们的攻击。[1]

在维特根斯坦看来，哲学家的这种困惑的根源就在于他们总是觉得存在着我们日常认知活动或日常表达形式所不能及的地方，因此总是在质疑常识的同时试图建构一种他们相信是更高级和更理想的知识或表达方式来揭示对象的本质或得到真理。持这种观点的思想家们总是倾向于认为有一种不变的、普遍的秩序赋予对象本质或赋予语词意义，为了清晰地揭示这种秩序，我们需要更为锐利的工具，即一种理想语言。然而，维特根斯坦认为这种想法不但无助于解决问题，反而一步步地将思考引诱到了迷雾之中，最终作茧自缚。因此，他明确地指出：

词具有我们赋予它们的那种意义……词没有一种仿佛由某种不以我们为转移的力量赋予它以意义，以致人们可以对它进行科学研究，以便发现一个词真正地意味着什么……有人说，我们在哲学中考察一种与我们的日常语言相对立的理想语言；这种说法是错误的……日常语言是完全恰当的……我们的目的在于使某些人摆脱那种由于他们认为自己已掌握日常词汇的精确用法而造成的困境。[2]

同样，对于一些问题的思考之所以会陷入混沌或者谬误，也是基于相似的原因对一些已知的东西产生了质疑或者否定，但“一旦我们返回到健康的正常人的观点时，这种普遍的不可靠性就消失了”[3]。尤其值得注意的

[1] [奥] 路德维希·维特根斯坦：《蓝皮书和褐皮书》，涂纪亮译，北京大学出版社2012年版，第76页。

[2] [奥] 路德维希·维特根斯坦：《蓝皮书和褐皮书》，涂纪亮译，北京大学出版社2012年版，第36—37页。

[3] [奥] 路德维希·维特根斯坦：《蓝皮书和褐皮书》，涂纪亮译，北京大学出版社2012年版，第59页。

是，维氏的上述观点为我们提供了一个新契机，即进一步思考常识与其他形式的知识之间的关系。他的重要观点是指出我们试图从常识出发思考其他领域的问题，并不是试图简单地认为常识性的观点能直接给出相关问题的答案，而是认为我们对其他问题的思考和其他形式的知识都不能完全脱离常识进行，因为常识作为共同法则始终涵盖了我们思考的基础领域，同时也规定了语词意义的生成。换言之，常识的具体观点并不是最重要的，最重要的是常识对我们的理性活动和语词意义的基本构成作用。在明确了这一点后，我们对更为复杂或艰深的问题进行理解的起点，就是通过对日常语言进行分析以澄清相关语词的意义。维特根斯坦后期最为重要的作品《哲学研究》就是在坚持上述观点的基础上展开的。在《哲学研究》中，维特根斯坦明确主张哲学思考必须耽留在人们的日常思考层面上，并且指出那种逻辑句法所要求的纯粹性固然是某种理想的状态，但这同时也使得意义无法真正生成，因为我们踏上了光滑的冰面，没有摩擦以至于无法前行。于是，维特根斯坦振臂一呼："我们要前行；所以我们需要摩擦。回到粗糙的地面上来吧！"[1] 结合之前对维特根斯坦在前后期转型过程中的一些表述，上面最后一句呼喊完全可以转译为"让我们回到常识上来吧！"

维特根斯坦的上述立场对于牛津日常语言哲学核心思想的形成起到了至关重要的作用，在很大程度上甚至可以说维氏的后期思想直接塑造了牛津日常语言哲学的灵魂。维氏后期思想所包含的一个重要的转变就在于，从其早期观点认为的语词意义的获致在于完全分析，转变为语词意义的获致在于自然理解，亦即从包含在常识中的理解去确定语词的意义。在这种视野中，日常语言不再被认为是含混的，而是丰富、鲜活的，直接联系着人们生活世界中的意义。因此，一种意义理论不应通过严格、系统的逻辑分析追求纯粹性，而是应该采用一种能充分反映我们生活世界中的意义的分析方式。正如我们烹调的时候如果将食材全部都切割研磨晒干，那么食材本身的鲜美就丧失了，一道菜的精髓自然也就丧失了。牛津日常语言哲

[1] [英] 路德维希·维特根斯坦：《哲学研究》，陈嘉映译，上海世纪出版集团 2005 年版，第 54 页。

学所秉承的正是上述精神，强调日常语言的概念是丰富和多层次的，哲学的任务就是通过概念分析（conceptual analysis）来确定其中的内涵并借此建立更为可靠的哲学。所以，日常语言哲学的代表人物们认为概念分析是进行哲学研究最为根本的进路，而“对于概念分析工作来说，自然语言的概念是核心，科学概念是边缘”[1]。J.L. 奥斯丁在《为辩解进一言》一文中所秉持的正是上述立场，并强调研究语词语言中所包含的意义是经过世世代代凝聚下来的，也更为合理，使我们能更为清楚地认识现实的途径。[2]

2.1.3 日常语言与常识的内在同一性

如前所述，日常语言哲学的基本立场就是“以常识为纲”，故其意义理论自然也是围绕常识展开的。因此，在进入关于日常语言哲学的意义理论的详细探讨前，首先要说明的就是日常语言与常识之间的联系。分析哲学关于常识与日常语言之间关系的讨论始于摩尔的《捍卫常识》一文。在该文中，摩尔试图通过列出一些命题，并论证否认这些命题的哲学主张将不可避免地陷入自我矛盾，以此来回应怀疑论。可是，本书此处并不关注摩尔的论证是否有说服力，而是关注摩尔对常识和日常语言之间关系的理解，以及诺曼·马尔科姆（Norman Malcolm）和伍兹利对此的评论。

常识和日常语言之所以吸引了摩尔的注意力并在他的理论中扮演了重要的角色，其原因是不难发现的。首先，摩尔的导师亨利·西季威克（Henry Sidgwick）在他的作品中十分强调常识的重要性，并在《常识的哲学》一文中展示出他对托马斯·里德的深厚理解。在该文中，西季威克试图通过澄清里德的哲学立场和主张来消除一些误解。西季威克认为里德所强调的常识是哲学家不可避免地与群众共享的知识。因此，强调常识对于哲学思考的重要性不是仅仅在于强调哲学家的信念要和群众保持一致，而是更要强调哲学思

---

[1] 陈嘉映：《语言哲学》，北京大学出版社 2003 年版，第 195 页。

[2] See J.L. Austin, “A Plea for Excuses”, *Proceedings of Aristotelian Society*, New Series, Vol. 57（1956-1957）, pp. 8-11.

考要忠于其展开所端赖于的基础。另外，西季威克将里德的常识概念总结为“人们在日常思考和商谈中习惯适用的未经推理的判断原则的总体”[1]。其次，摩尔在爱丁堡待了很长一段时间后，开始对常识产生浓厚的哲学兴趣，并熟悉了各种相关理论。[2]这段经历对于摩尔的影响直接表现在《捍卫常识》一文中。在该文中，摩尔总结出两组哲学家必须承认或与群众共享的命题，否则他们的观点就是错的或自我矛盾的。摩尔同时还主张这些命题的表达应该按其日常的意思来理解。[3]在他看来，这些命题就是“关于世界的常识观点”，并且它们全然为真。他还经常用类似于“我确实地知道这是真的”的表达方式来强调他所列举的那些命题都是常识观点。

尽管摩尔在他的论证中给出了详细的论述，但是马尔科姆认为摩尔混淆了诸如“我知道”“我确实知道”“这是确实的”等表达式，亦即摩尔对这些表达式的使用并非日常的使用方式，因此摩尔的捍卫常识并未真正击中要害。对此，马尔科姆进一步提出了一个更为重要的观点，即常识和日常语言是同一的。在马尔科姆对摩尔的评论文章中，他如此说道：“摩尔的那些断言根本不属于‘常识’，亦即根本不属于日常语言。它们涉及对‘知道’一词的使用，而该使用是完全和日常用法背离的。”[4]该结论来自马尔科姆对日常语言的理解，而本书认为该理解比摩尔的更佳。马尔科姆首先指出，在特定情况下，日常言谈中的语词和表达式的正确使用是有一系列特征的。以“我知道”或“我确实知道”等类似的表达式为例，马尔科姆指出这些表达式至少包含三个特征：(1) 一个相关的问题以及一个疑虑被消除；(2) 使用相关表达式的人能给出相应的理由；(3) 如果进行相关的探究，那么相关的问题可以得到解决。马尔科姆认为摩尔给出的系列断言不是日常语言，因为摩尔对相关表达式的使用缺乏上述三个特征，与日常言

[1] Henry Sidgwick, “The Philosophy of Common Sense”, *Mind*, New Series, 1895, Vol.4, No. 14, p. 150.

[2] Thomas Baldwin, *G.E. Moore*, Routledge 1990, pp.156-7.

[3] See G.E. Moore, “A Defence of Common Sense”, in *Philosophical Papers*, George Allen & Unwin Publishers 1959, p.37.

[4] Norman Malcolm, “Defending Common Sense”, *The Philosophical Review*, Vol.58, No.3, 1949, p.219.

谈中的正确使用不符。[1] 在本书看来，结合马尔科姆对摩尔的理论所做的结论，马尔科姆的理论还能得到进一步的说明。他所称的“特征”实际上是从相关表达式的日常情境中萃取出来的，用以判断某一表达式是否属于日常语言的规则。此外，他还使用这些“特征”来区分同一个表达式的哲学用法和日常用法。[2] 因此，马尔科姆所提示的是，即便两个表达式的文字结构是一样的，但根据不同情境下的不同规则，它们具有不同的意思。换言之，当一个表达式符合这些从日常情境中提取出来的规则，它就是日常语言的表达式，其表达的意义就是常识性的。日常语言和常识并非总是同一的，日常语言有时仅仅关涉一个单纯的语义事实，而常识有时则包含对客观对象的陈述和信念。然而，常识与日常语言却总是倾向于不分开的，理由有两个：(1) 如果一个常识陈述要得到表达，那么它必然要通过某种语言表达出来，而日常语言就是常识最为自然的表达方式；(2) 在日常语言中，大量的表达方式都是未来满足日常事务的实践要求，因此只要能够达到表达者的具体目的或效果，那么语义事实和常识就是同一的。[3]

2.1.4 日常语言哲学的意义理论

实际上，从常识与日常语言的同一性出发探究意义的生成问题正是后期维特根斯坦的意义理论的核心内容，也是日常语言哲学的基本出发点。如前所述，重返剑桥后的维特根斯坦开始反思自己的早期哲学，并逐步转变为以常识为思考意义问题的基点。这些思考的成果最后都汇聚到《哲学研究》一书中，成就了维氏后期意义理论的主体思想。如前所述，维氏后期思想与前期思想相比，最重要的一点变化就是否认在对对象的日常认知和对语词的日

[1] See Norman Malcolm, “Defending Common Sense”, *The Philosophical Review*, Vol.58, No.3, 1949, p.203.

[2] See Norman Malcolm, “Defending Common Sense”, *The Philosophical Review*, Vol.58, No.3, 1949, p.207-8.

[3] See A.D. Woozley, “Ordinary Language and Common Sense”, *Mind*, New Series, 1953, Vol.62, No.247, pp. 308-311.

常使用外还有什么神秘的、先验的东西规定着我们的语言活动及决定意义的生产。对于这一点，或许用后期维特根斯坦非常爱用的“鸭兔图”来说明最为方便。所谓“鸭兔图”，就是指一幅画正着看像鸭子，但将它旋转 90 度后就会看着像兔子。维特根斯坦在重返剑桥后经常思考这种现象所带来的问题。[1] 维特根斯坦之所以对此如此感兴趣是可以理解的。像这样的图画反映出来的一个现象是图画的笔画和构图都没有变，但是换一个角度看，图像所显示的内容就不一样了，亦即观察者进入一个结构当中的角度决定了一幅图像到底是什么。图画的笔画和构图对应的恰恰是维氏所主张的作为语言活动先验结构的逻辑句法；转一个角度显示的图像就不一样则意味着逻辑句法没变，但语词的意义却发生了变化；观察者看画的角度就是言说者对语词的实际使用。上述情形在我们日常生活中并不罕见，即同一个语词或表达式在不同语境中的使用会有不同的意义，这说明逻辑句法并不是决定意义生成的规范。换言之，对于意义及其生成而言，不存在什么预设的、纯粹的规范，唯一起决定作用的是对语词的实际用法。在《哲学研究》中，维特根斯坦进而提出“家族相似”和“语言游戏”来进一步拓展上述反本质主义的思想和以日常使用为基础的意义理论。

在维特根斯坦有关意义的思想里，一直都为日常语言留有一席之地。马尔科姆指出，即便是在维氏早期的《逻辑哲学论》中，维特根斯坦就已经开始区分两种对语词意义的理解和分析范式，一种包含在人们每天的日常语言活动的理解中，另一种则来自哲学家和逻辑学家的活动。[2] 根据马尔科姆的观点，后一种范式认为存在一种“算法”能将对象分解为基础部分，该基础部分规定着整体的效力或意义。[3] 在他的后期思想中，维特根

---

[1] 参见［英］瑞・蒙克：《维特根斯坦传：天才为之责任》，王宇光译，浙江大学出版社 2011 年版，第 511—513 页。

[2] See Norman Malcolm, *Noting is Hidden*: *Wittgenstein's Criticism of his Early Thought*, Basil Blackwell 1986, p. 105.

[3] See Norman Malcolm, *Noting is Hidden*: *Wittgenstein's Criticism of his Early Thought*, Basil Blackwell 1986, p. 113.

斯坦明确拒绝了此类观点，即他拒绝去设想还有什么东西隐藏在我们的日常语言背后，并认为为了要理解意义，我们所需要做的就是描述语词在我们日常生活中的实际使用。[1] 上述思想直接反映在维特根斯坦通过“语言游戏”的概念来反驳奥古斯丁关于语词和意义的理论。[2] 维特根斯坦之所以将语言比作游戏，是为了表明语言和游戏一样都是人们基于社会性的互动创造出来的，并且它们在总体上都受到规则规制。更为重要的是，游戏的规则和语法一样都是构成性的。[3] 详言之，之所以强调两种规则都是构成性的，是为了说明唯有具有这些规则，特定的行为才会产生效果或意义。例如，唯有具有象棋规则，才会有一子吃掉另一子的效果。而意义就是符合语法规则才会产生的效果。但这种层面的规则与弗雷格和早期维特根斯坦所述的逻辑规则或逻辑句法的根本不同之处在于，这种规则是人们进行社会实践所形成的，而不是任何先验式的或柏拉图式的东西。因此，语法规则和意义之间起到桥接作用的是不断的训练和教化，而理解一个语词的意义不是别的，就是一种实践。[4] 所以，语词的意义就是它的用法，[5] 言说者就是在语言游戏中话语行为（speech act）的行动者。“用法”是在对意义的理解和解释中涉及的，构成了对特定语词正确使用的标准。[6] 这表明语言活动是一种遵守规则的实践活动，是一种具有规范性的活动。这种遵守规则的活动所体现出来的是人们理解意义与行动上守规则的内在统一性，

---

[1] See Norman Malcolm, *Noting is Hidden*: *Wittgenstein's Criticism of his Early Thought*, Basil Blackwell 1986, p. 116.

[2] 参见［英］路德维希·维特根斯坦：《哲学研究》，陈嘉映译，上海世纪出版集团 2005 年版，第 6—7 页。

[3] See G. P. Baker & P. M. S. Hacker, *Wittgenstein*: *Understanding and Meaning*, Vol.1, Wiley-Blackwell 2009, p. 52.

[4] See G. P. Baker & P. M. S. Hacker, *Wittgenstein*: *Understanding and Meaning*, Vol.1, Wiley-Blackwell 2009, pp. 52-3.

[5] 参见［英］路德维希·维特根斯坦：《哲学研究》，陈嘉映译，上海世纪出版集团 2005 年版，第 25—26 页。

[6] See G. P. Baker & P. M. S. Hacker, *Wittgenstein*: *Understanding and Meaning*, Vol.1, Wiley-Blackwell 2009, p. 154.

即具有如此行动的理由、能理解行动是符合或违背相关规则、能有意向地根据规则行动。[1] 上述按规则行事的活动之所以可能，是在于日常实践中已经有一种稳定的、常规性的用法，也就是说已经有一套习俗或制度在场，相关行为才能具有相应的意义。这也就是守规则或规范性的内涵及其与社会行为的意义之间的内在联系。更为重要的是，能用同一种语言进行交往的人必然有共同的反应、习性，对一些规则有着共同的理解并共同遵守这些规则。之所以如此，是因为“我们所进行的语言游戏是由我们所生活的世界的特性和我们自身的特性塑造的，构成了我们生活形式（forms of live）的一部分”[2]。因此，能用同一种语言进行交往活动、实现对意义的理解，其根本在于生活形式的一致。对于这一点，维特根斯坦说：“就所用的语言来说，人们是一致的。这不是意见的一致，而是生活形式的一致……不仅包括定义上的一致，而且包括（无论这听起来多么奇怪）判断上的一致。”[3] 每一个共享同一种语言的共同体，根据他们不同的教化和对生活、人际关系、自然和世界的不同关切，构成了特点各异的生活形式，因此也具有了不同的概念结构、规则以及社会行动的意义。

可见，正是这种通过教化与继承世世代代传袭下来的习俗或惯习构成了共同体最根本的共同判断或共同意义，并由此生成规制人们共同生活的规范。常识的制度性内涵通过上述后期维特根斯坦的意义理论得到了最为深刻的揭示。这里所说的制度就是赋予特定行为以意义的构成性规则的体系[4]，而这些规则的现实化就是社会惯习[5]。对于常识的制度性内涵，本书在

---

[1] See G. P. Baker & P. M. S. Hacker, *Wittgenstein*: *Rules, Grammar and Necessity*, Vol. 2, Wiley-Blackwell 2014, p. 136.

[2] G. P. Baker & P. M. S. Hacker, *Wittgenstein*: *Understanding and Meaning*, Vol.1, Wiley-Blackwell 2009, p. 64.

[3] ［英］路德维希·维特根斯坦：《哲学研究》，陈嘉映译，上海世纪出版集团 2005 年版，第 102—103 页。

[4] See John Searle, *Speech Acts*: *An Essay in the Philosophy of Language*, Cambridge University Press 1969, pp. 51-2.

[5] See John Searle, *Speech Acts*: *An Essay in the Philosophy of Language*, Cambridge University Press 1969, pp. 38-40.

此将借助阿佩尔对后期维特根斯坦的解读来予以详述。在阿佩尔看来，维特根斯坦后期的思想揭示了“语言是与各种活动方式、与作为一种社会‘习惯’或‘制度’的‘生活方式’紧密结合的，从而它的结构是与情境世界的可能经验的先天开放结构难分难解的”[1]。因为在维氏后期思想中占据核心地位的“语言游戏”所指出的即“只有在一个语言和生活实践组成的大统一体的语境中，一个句子才能获得它的意义”[2]。对此，阿佩尔认为，考虑到语言游戏是生活形式的组成部分，与各种活动交织在一起，那么除了要把历史的维度加入进来，“还必须把受制度性规则支配的接受者的行为包括进来，因为在这种接受者行为中才发生了对被说出的、被演示出的或被展出的理解的同化”[3]。常识作为人们在日常生活中通过语言和非语言实践所积累下来的共同判断，其作为一个整体就是生活世界的共同法则和共同意义的整体。因此，结合本章前面部分的探讨，对常识的制度性内涵可以做如下理解：常识作为历史性接续的而又不断解体的会话连续体，每一个特定的文化共同体中的人都是这种会话总体的参与者，他们言语和行为的意义都是在该会话总体中得到规定的，其他语词的意义也是以该会话统一体所生成的总体意义为基础转化而来的。日常语言哲学的代表人物之一同时也是哈特的同事斯特劳森也持有极为接近的观点，即认为人们除了采纳常识当中有关意义和真理的核心概念以外，别无他路。在常识当中，这些核心概念相互紧密联系，构成我们其他类型的知识或意义的最为根本和坚实的基础。[4]任何一种特殊的知识或者意义的生成，都必须与人们对相关对象的常识性理解联系起来，否则这种知识或意义就失去了最基本的出

[1] [德] 卡尔-奥托·阿佩尔:《哲学的改造》，孙周兴、陆兴华译，上海译文出版社 2005 年版，第 26 页。

[2] [德] 卡尔-奥托·阿佩尔:《哲学的改造》，孙周兴、陆兴华译，上海译文出版社 2005 年版，第 31 页。

[3] [德] 卡尔-奥托·阿佩尔:《哲学的改造》，孙周兴、陆兴华译，上海译文出版社 2005 年版，第 40 页。

[4] See Paul Snowdon, “Peter Frederick Strowson”, in *Stanford Encyclopedia of Philosophy*: http://plato.stanford.edu/entries/strawson/，最后访问日期：2015 年 11 月 22 日。

发点。[1] 而分析哲学的主要任务之一就是要对构成常识这一基本面的那些核心概念及它们之间的联系进行描述。综合上面的讨论，本书在此对常识做一个最终的定义，即常识就是共同意义。

2.2　哈特的法理学：意义理论与法律理论

本章之所以在前半部分花如此长的篇幅对哈特的日常语言哲学家底进行追根溯源，并阐明日常语言哲学与常识的联系以及由此建立起来的意义理论，是为了更深刻的剖析哈特的法学思想亦即他的法理学。尤其是为了说明哈特的法理学包含两个主要部分，即他的意义理论和法律理论，而这两个部分的有机结合就构成了哈特法理学的中心思想：法律作为常识的制度化。因此，本书对于哈特的讨论将先从哈特的意义理论开始，进而探讨这种意义理论所对应的规范理论。

2.2.1　哈特的意义理论

对于哈特的法理学中是否有一套意义理论在内，欧美学界有着不同的观点。以拉兹为例，他认为从语言哲学的角度出发谈论的意义理论就是关于语词意义的理论，亦即语义学（semantics）层面上对语词、短语、句子或其他语言成分的涵义的研究。[2] 在拉兹看来，语言哲学提供的语义学的进路在哈特的思想中一度占据中心位置，尤其是牛津日常语言哲学的代表人物黑尔和 J.L. 奥斯丁的理论对于哈特的法学理论发展有着很重要的作用。拉兹认为，黑尔在道德哲学中对 J.L. 奥斯丁的话语行为理论的运用，对哈特发展出内在观点这一理论有着直接的推动作用。但这种学术影响在《法

[1] See P. F. Strawson, *Analysis and Metaphysics*, Oxford University Press 1992, pp. 13-4.

[2] Joseph Raz, "Two Views of the Nature of the Theory of Law: A Partial Comparison", in *Hart's Postscript: Essays on the Postscript to the Concept of Law*, Jules Coleman (ed), Oxford University Press 2001, p. 3.

律的概念》时期已经渐渐消退了。[1] 更为重要的是，按照拉兹的观点，由语言哲学阐发出来的这套语义学范式对于法理学研究而言，主要提供的还是一种澄清概念内涵、避免误解或误导的工具。对于法律这一概念的探究，并非为了弄清或解释法律一词的涵义，而是要分析法律的性质。对于概念的分析或解释所涉及的是展现概念自身的必要成分，以及概念所对应的对象的本质性特征。因此，对概念的解释就是对概念所对应之物的解释，亦即对使得概念能使用于概念对象的特征和性质的解释。拉兹称，包括他本人及哈特在内的法理学家都不认为语言哲学对进行上述对法律的概念分析活动有什么至关重要的帮助作用。[2] 换言之，在拉兹看来，哈特在《法律的概念》中所建立起来的关于法律之性质的理论并不包含一套对应的意义理论，即便其中涉及对语言哲学有关语义的理论，也不过是起到次要的、从旁辅助的作用。因此，不能说哈特的法理学中包含一套规范理论以及一套与其同构对应的意义理论。

拉兹的上述观点受到了来自尼科斯·斯塔夫罗普洛斯（Nicos Stavropoulos）的强有力挑战。斯塔夫罗普洛斯不仅认为哈特在前《法律的概念》时期里将日常语言哲学运用到了对法律现象的研究中，即便是在后《法律的概念》时期，日常语言哲学仍始终是哈特规范理论的内在原理。其中一个比较明显的证据就是在《法律的概念》面世十年之后，哈特仍将自己的新分析法学与日常语言哲学的发展视为具有内在联系。在《耶林的概念天国与现代分析法理学》一文中，哈特将分析法学分为两个时间段，第一个阶段中对分析法学的发展做出卓越贡献的代表人物是边沁和奥斯丁，第二阶段的全新发展则极大地受启于后期维特根斯坦和J.L. 奥斯丁

[1] Joseph Raz, "Two Views of the Nature of the Theory of Law: A Partial Comparison", in *Hart's Postscript: Essays on the Postscript to the Concept of Law*, Jules Coleman (ed), Oxford University Press 2001, pp. 4-5.

[2] Joseph Raz, "Two Views of the Nature of the Theory of Law: A Partial Comparison", in *Hart's Postscript: Essays on the Postscript to the Concept of Law*, Jules Coleman (ed), Oxford University Press 2001, pp. 6-8.

的日常语言哲学。哈特尤其强调他们对于语言的形式以及决定语言结构的规则等相关洞见对于法理学的发展而言具有非常深刻的影响。[1] 更为重要的是，哈特的理论自身包含了一套贯穿始终的意义理论，这一理论被斯塔夫罗普洛斯称为以强概念分析（ambitious conceptual analysis）为主导的语义理论。在进入对哈特的意义理论的具体探讨之前，我们需要简单地了解概念分析这一术语在西方理论中的作用和沿革。概念分析并非分析哲学或语言哲学独有的研究工具，强调概念分析先于对于特定对象的研究的重要性也并非由分析哲学或语言哲学最先提出的。总的来说，概念分析的基本任务就是要得出某种概念或命题得以成立的必要及充分条件。西方哲学中的概念分析最早可以追溯到古希腊时期苏格拉底、柏拉图和亚里士多德等人的思想中。在这个时期，概念分析指的是一种回溯式的解决或解答问题的思考方式，即在面对意欲研究的对象时，通过倒退式的追问方式来分解相关对象，并揭示出使该对象之所以得以如此的基础。现代分析哲学的建立则是在前人的各种概念分析的模式之上逐步建立起来的，其最主要的模式是由弗雷格和罗素建立起来的被称为转化式（transformative）或诠释式的分析模式。这种模式预设了一个特定的诠释框架，并通过在该框架中对研究对象的成分进行分解来实现一种诠释性的分析，而这一过程往往需要将被分析的对象转化为符合预设框架的形式。这一点在本书对弗雷格和早期维特根斯坦思想的论述中已经得到较为清晰的展现。边沁在对法律义务等概念进行分析的时候所倡导的转译法（*paraphrasis*）与上述这种分析模式也非常相似。待到后期维特根斯坦、赖尔、J.L. 奥斯丁和斯特劳森等人所代表的日常语言分析哲学占据中心舞台后，这种分析模式转变为通过对语词概念实际用法的描述来揭示某个研究领域中核心概念之间的必然联系，而非一种分解式的或还原式的分析来得出某种优越于其他概念的、内在的基础概

[1] See H. L. A. Hart, "Jhering's Heaven of Concepts and the Modern Analytical Jurisprudence", in *Essays in Jurisprudence and Philosophy*, Oxford Clarendon Press 1983, pp. 171-4.

念或规则。[1] 哈特对法律的概念分析也是在这种思想上建立起来的，具体而言是用日常生活中对语词的实际使用取代早期分析哲学所预设的先验逻辑结构来作为转化和诠释的基础，并致力于用描述性的研究方法阐明法律领域中几个中心概念的联系，而非将这些观念还原为一些简单的、原始的事实。在哈特看来，这些亟须分析的概念就是规则、义务、法律和道德，而用一种联系的分析方式（connective analysis）来取代还原式的分析（reductive analysis）的做法正是哈特自认为的自己的法理学比奥斯丁分析法学更为高明的地方。[2]

在斯塔夫罗普洛斯看来，哈特的概念分析所服务的是被当代著名哲学家弗兰克·杰克逊（Frank Jackson）称为"群众理论"（folk theory）的意义理论。在弗兰克·杰克逊看来，我们对重要的概念的理解和说明不能离开或者必须依据我们的日常观念，而这些日常观念来自对人们就相关内容业已形成的直观（intuition）认识进行描述和阐明。当这些对直观认识的描述揭示出内容上的普遍一致，也就揭示出对相关问题的群众理论，[3] 而这正是概念分析所要致力于帮助完成的任务。哈特的新分析法学所指向的正是关于法律和法律义务的群众理论。对此，斯塔夫罗普洛斯指出，哈特的理论包含了两个基本思想："第一，概念分析作为一种探究模式与具有实体性内容的理论是截然不同的，并且前者在逻辑上要先于后者；第二，概念分析的目标在于恢复或理念化部分共同理解，因为概念分析表达但不先验化早已暗含于日常使用和反思中的理解。"[4] 更为重要的是，哈特采用的是一种强概念分析。因为被这种概念分析优化的直观认识所

---

[1] 关于西方理论中概念分析的种类及其沿革，更为详尽的论述请参见 Michael Beaney, "Analysis", in *Stanford Encyclopedia of Philosophy*：http://plato.stanford.edu/entries/analysis/#6, 最后访问日期：2015 年 12 月 1 日。

[2] 在本书的第三章中将会看到，哈特的观点在这一点上是值得商榷的。

[3] See Frank Jackson, *From Metaphysics to Ethics：A Denfence of Conceptual Analysis*, Oxford：Clarendon Press 1998, pp. 30-2.

[4] Nicos Stavropoulos, "Hart's Semantics", in *Hart's Postscript：Essays on the Postscript to the Concept of Law*, Jules Coleman（ed）, Oxford University Press 2001, p. 71.

反映出来的是对相关概念的日常的、惯习性的理解，而这预设了对相关概念的常识性用法决定了对相关概念的正确理解，所以一个分析为真或是真理就在于它符合实际的使用。群众理论所强调的就是，经由表达式表达之对象的性质，由暗含在日常使用中的共同理解决定，[1] 亦即该对象的意义由人们的常识性理解所决定。而对相关表达式的意义的解释就是为了揭示出在对这些概念的日常使用和相关实践中所包含的规则，并用这些规则来澄清和回应相关问题。因此，除了对常识性的理解进行描述，还必须有一个体系化的过程。这个体系化的过程在哈特的理论中就是将埋藏在人们对相关语词的日常使用中的规则和程序等整合起来，从中识别出一个以这些规则为共同基础建立起来的标准，并以该共同基础和标准作为意义生产和理解的动力机制。因此，哈特通过强概念分析从人们的常识中得出来的这个共同标准就是一种正确性的基本标准。这种正确性标准进一步构成关于法律规范性的群众理论，亦即一套能最符合人们的理解和期待的法律规范理论，同时还能解释和证成人们在共同生活中对于法律规范的实际理解及相关实践。所以，哈特的理论所试图掌握的是一个来自人们日常生活中的常识及相关实践的原则，该原则由人们在日常生活中共同遵守的一系列实践标准构成。[2] 对意义的理解或解释就是对这些规则的运用和说明。

唯有理解哈特的上述思想，才能真正理解他在《法律的概念》中所致力于说明的主要思想，即行为聚合与共同判断作为社会实践的概念内涵，以及法律义务是由法律官员以某种共同标准所形成的行为聚合所决定的。换言之，如果脱离了哈特基于日常语言和常识发展出来的这套意义理论，那么他所主张的通过行为和态度的聚合来解释规则和规范性实践的思想，以及法律是由法官共享的标准具体化的思想，就失去了最为

---

[1] See Nicos Stavropoulos, "Hart's Semantics", in *Hart's Postscript: Essays on the Postscript to the Concept of Law*, Jules Coleman (ed), Oxford University Press 2001, pp. 71-2.

[2] See Nicos Stavropoulos, "Hart's Semantics", in *Hart's Postscript: Essays on the Postscript to the Concept of Law*, Jules Coleman (ed), Oxford University Press 2001, pp. 74-8.

根本的论证。[1] 哈特的法律理论因此也就会成为无源之水、无本之木。

2.2.2 哈特的法律理论

哈特在《法律的概念》中的法律理论用最为简明的形式表达就是“法律是初级规则与次级规则的结合”。初级规则（primary rule）指的就是要求人们做或不做某些行为的规则，因此就是课以义务的规则；次级规则（secondary rule）以初级规则为基础，实现的是对初级规则的运用、修改、取消和引入，因此次级规则是授予权力的规则，具体而言是授予权力创设和改变义务规则的规则。[2] 然而，这一看似简单明了的结论却是以哈特的一套关于社会行动、规则和法律的复杂思想为依托的。在这套思想中，有三个重要组成部分，它们分别处理的是社会实践的内在结构问题、规则的形成问题以及法律义务的生成问题。而正如本章之前所说的那样，这些理论是以哈特的意义理论为基础发展出来的。详言之，社会实践的内在结构所解释的社会行动的意义是如何产生的，与社会行动的意义紧密联系的就是规则，即从社会行动的聚合中提取出来的行为标准，最后这些行为标准通过一个特定群体即法律官员的集体实践中的共同标准的识别和具体化后被转化进入法律体系当中成为法律。下面本书将通过对这三个部分的论述来阐明哈特的法律理论。

2.2.2.1 社会行动及其意义

如果说凯尔森的纯粹法理论是在试图为韦伯的社会行动思想奠定哲学基础的话，那么哈特的法律理论在很大程度上也是在试图完成同样的事业，尤其是他在《法律的概念》中对社会实践所做的论述，可以被视为对韦伯关于社会行动意义的思考的直接呼应。在《经济与社会》一书中，韦伯认

---

[1] See Nicos Stavropoulos, “Hart’s Semantics”, in *Hart’s Postscript: Essays on the Postscript to the Concept of Law*, Jules Coleman (ed), Oxford University Press 2001, pp. 86-7.

[2] See H. L. A. Hart, *The Concept of Law* (second edition), Oxford University Press 1994, p. 81.

为社会学就是一门对社会行动（act）进行解释性理解的科学。之所以如此，是因为社会学意义上的行动指的就是个人给自己的行为（behavior）赋予了某种主观意义，而社会指的就是这种主观意义的赋予还关涉到其他人的行为，并且以此为行动的取向。[1] 在韦伯看来，社会行动的意义可以分为两个类型：理性的和感性的。对于前者，我们在进行理解时需要“就其意向性的意义背景完全清晰而理智地把握行动的诸要素”[2]，这其中包括“按照公认的思维习惯‘正确地’得出一个逻辑结论”[3]。对社会行动的说明性理解则在于对行动者的动机方面的理解，尤其是要采取一种把行动者的特定行为“置于一种明白易懂和比较综合的意义背景中对动机进行的理性理解”[4]。按照韦伯对社会行动的意义及其理解的上述观点，常识对于社会行动的意义就具有不言而喻的重要性。事实上，韦伯确实将常识视为对社会行动的意义进行理解时的一个重要部分。他强调：

对行动的主观解释必须考虑到一个基本的重要事实：那些出现在常识性思维方式以及法律及其他技术性思维方式中的集合体概念，在每个人心目中都有一种意义，部分是表示某种事物的实际存在，部分则表示某种事物合乎标准权威……行动者在一定程度上就会使他们的行动以此为取向，而这些观念对于现实中的个人的行动进程具有强大的、往往是决定性的因果影响。[5]

韦伯上面这段话中明确将常识和法律视为具有同构性的两种思维模式，二者作为一种意义背景都包含了某种规范性的权威，以决定人们行动的取

[1] 参见［德］马克斯·韦伯：《经济与社会》（第一卷），阎克文译，上海世纪出版集团 2010 年版，第 92—93 页。

[2] ［德］马克斯·韦伯：《经济与社会》（第一卷），阎克文译，上海世纪出版集团 2010 年版，第 93 页。

[3] ［德］马克斯·韦伯：《经济与社会》（第一卷），阎克文译，上海世纪出版集团 2010 年版，第 94 页。

[4] ［德］马克斯·韦伯：《经济与社会》（第一卷），阎克文译，上海世纪出版集团 2010 年版，第 97 页。

[5] ［德］马克斯·韦伯：《经济与社会》（第一卷），阎克文译，上海世纪出版集团 2010 年版，第 103 页。

向或给出强大的行动理由。然而，韦伯毕竟致力于建立一套社会学理论，他的上述论述固然深刻地描述出一个关于社会行动的意义及其理解的重要事实，但对于这其中的原理及运行机制，韦伯并未给出一个十分细致的分析性论述。

正如雷蒙·阿隆所言，韦伯所述的人类行为具有一种内在可理解性，并且人与人的行为之间也存在某些能被认知的理解关系，而韦伯为社会科学所设定的科学观就是“努力理解和解释人类接受的各种社会准则及他们自己创造的业绩”[1]。哈特在《法律的概念》中对于社会实践的分析，在很大程度上正是从自己的角度切入韦伯的议题当中进行讨论。在《法律的概念》一书的前言里，哈特做出了一个著名的论断，即该书“亦可被视为一篇描述社会学的论文”[2]。但哈特在做出这个论断以后立即话锋一转，转向谈论通过语词的标准用法和社会语境来理解语词的意义，并引用了J.L. 奥斯丁的观点，即通过语词的分析实现对现象的更清晰认识。这一转折乍一看略显突兀，但通过本书之前对哈特思想中的日常语言哲学探源以及作为哈特法律理论根基的意义理论的分析和阐明后，上述论断就比较容易理解了。在哈特看来，社会行为的意义就在于人们对特定语词的使用，而他主张采用J.L. 奥斯丁为代表的日常语言哲学的意义理论来实现对相关原理的说明。这一点在哈特后面对社会实践的论述当中得到了充分的体现。在哈特看来，对于在社会实践中具有一定普遍一致性的行为亦即具有一定规律性的行为而言，可以分为两大类。一类是单纯的一致的习惯行为，另一类则包含了社会规则在内。然而，若仅仅从行为的外观来看，是无法对两类行为进行明确区分的。因为对于这两种行为而言，群体中的大多数人都会在相同或相似的背景下重复相关的行为，也就是一种行为上的聚合(convergence)。对此，哈特认为要实现对上述两种行为的区分，亦即要弄清楚包含规则的社会行为到底意味着什么，就要超越外部观察者的视角，

---

[1] [法] 雷蒙·阿隆:《社会学的主要思潮》，葛秉宁译，上海译文出版社 2015 年版，第 477 页。

[2] H. L. A. Hart, *The Concept of Law* (second edition), Oxford University Press 1994, p. vi.

理解到守规则的社会行为所包含的内在面向。详言之，守规则的行为与单纯的习惯行为虽然都呈现出一种行为的聚合，但二者之间还有三个主要的不同点。首先，在从事具有规则的行为中，相关行为会被视为一种公共的标准，人们会将偏离的行为视为错误的行为，并且会对偏离行为人施加压力以使其遵守公共标准。其次，根据这种来自规则行为的公共标准对偏离行为者提出批评的人会认为自己的批评或要求他人遵守标准的行为是正当的或是被证立的。最后，也是最重要的差别，来自前面两点，即人们将相关行为视为整个群体必须遵守的共同标准，也就是规则的内在面向。对于上述行为当中的批判偏离、要求遵守和承认正当性的内容，人们往往使用规范性的语言，亦即包含“应当”“应该”“对”“错”“必须”等类似语词的陈述。[1] 哈特之所以区分社会实践中的习惯性行为和规则性行为，目的在于为后面对奥斯丁的法律命令进行批判做准备。申言之，哈特认为奥斯丁的法律理论采用了一种还原的分析方法，将作为一种意义的法律规范还原为一系列单纯的原始事实（crude fact），而哈特所做的就是为了通过内在面向来揭示具有一致性的社会行为的意义及其生成的原理。正如本书之前所阐明的那样，在日常语言哲学看来，言说和行动是一致的，说了什么就是做什么。同时，语词的意义就在于使用，也就是说意义来自人们对特定语词进行使用的一致实践中所包含的那一套共同标准或规则，对意义的理解和解释就在于对这些共同标准或规则的使用和说明。哈特所称的规则的内在面向，就是基于对特定规则接受并使用来进行的话语行为（speech act）所产生的意义。

话语行为是J.L. 奥斯丁开创的一套日常语言哲学的意义理论。所谓的“话语行为”，是J.L. 奥斯丁在1955年于哈佛大学的威廉·詹姆斯讲座上所进行的一系列教学演讲中提出的一个理论雏形中的核心概念，后来这些讲座内容被结集出版为《如何以言行事》一书。简而言之，J.L. 奥斯丁提出这套理论雏形的问题意识在于，其发现许多哲学困惑的症结在于前

---

[1] See H.L.A. Hart, *The Concept of Law* (second edition) , Oxford University Press 1994, pp. 55-7.

人认为话语总是报道或陈述某种事实，以至于当人们实际上以完全不同的另一种方式使用话语时，却总被直接当作在做出某种事实陈述。在他看来，人们在一些特定的情形中说出某些句子就是在实施某种行为或者是实施某种行为的一部分，而不是在描述或不完全是在描述什么东西。[1]对于这种语句，J.L. 奥斯丁称之为“施行式”（performative）。在人们的日常生活当中，施行式的例子十分常见，尤其是承诺活动时所说的“我承诺”或结婚仪式上所说的“我愿意”等。对这些事例进行分析可以发现，语言之所以能行事，关键在于必须符合对应的恰当性条件及“具有某种约定俗成之效果的公认的约定俗成的程序”。[2]在以言行事的情况中，语句的意义不在于或不仅仅在于它描述了什么对象或陈述了什么事实，而在于说话者基于约定俗成的规则做了什么。但值得注意的是，一句施行式的话语也可以被转变为直陈式，此时它就是对施行式所对应的规则的陈述。因此，施行式除非处于J.L. 奥斯丁所称的显性形式，否则就同时包含了对规则的陈述和实施特定行为这两个方面[3]，尤其是在“宣布”“宣判”“裁决”的话语行为里，说出相关施行式的人可以既陈述相关规则又做出一个话语行为，例如裁判和法官就是如此。说话者也可以仅仅是对相关规则内容的陈述，如一旁观赛的球迷说“姚明走步犯规”时，就只包含“走步”这一行为及相关篮球规则的陈述，而非一个话语行为，亦即球迷说的这句话不会真正导致姚明在比赛中获得一次犯规处罚。以话语行为为视角，语句的意义就丰富起来，而根据J.L. 奥斯丁对话语行为的分类，即以言表意（locutionary act）、以言行事（illocutionary act）和以言取效（perlocutionary act），语句的意义起码就包含了三个层次，即传统

---

[1] 参见［英］J.L. 奥斯汀：《如何以言行事——1955 年哈佛大学威廉·詹姆斯讲座》，杨玉成、赵京超译，商务印书馆 2012 年版，第 4 页。

[2] 参见［英］J.L. 奥斯汀：《如何以言行事——1955 年哈佛大学威廉·詹姆斯讲座》，杨玉成、赵京超译，商务印书馆 2012 年版，第 11—2 页。

[3] 参见［英］J.L. 奥斯汀：《如何以言行事——1955 年哈佛大学威廉·詹姆斯讲座》，杨玉成、赵京超译，商务印书馆 2012 年版，第 52 页。

理解的语义、根据约定俗成的规则令话语做某事的话语施事力的语用以及对应产生的效果。[1]

总之，J.L. 奥斯丁及其弟子从常识性的语言现象出发，开创了一套以语词使用者在约定俗成的语境下互动言谈和以相关行动为中心的意义理论，他本人同时也被后来的研究者视为“语用学之父”。[2] 哈特正是借助于对日常语言哲学的洞见，阐明了人们常识中的或约定俗成的惯习性规则赋予了相关社会行动特定的意义。这种意义同时还是社会规则的表达，因此也是人们使用“应当”和“必须”等规范性语词时所表达的意义。简而言之，人们在日常的语言互动中，通过对特定的语句和语词的使用，以意义表达的方式将包含于其中的规则或原则施加到特定的对象行为之上，并由此生成行为标准或行动理由。内含于意义表达中的判断或决断之基础，从根本上讲是人们经过代代相传，在不断地教养、教化的过程中凝聚而成的原则，[3] 最终通过社会互动实践的途径转变为规则。人们基于内在观点所做的陈述正是如此的表达式，它一方面陈述出相关惯习性规则的内容，另一方面也是基于这些规则所做出的有意义的社会行动。

2.2.2.2 社会规则与社会制度

前面在探讨哈特关于社会行动的思想时已经不可避免地涉及了他关于规则的思想。之所以如此，是因为在日常语言哲学看来，人们在正常地处理社会事务时总是言行一致的。所有恰当的具有意义的陈述在于说话者的语言和非语言行为都遵守了某种公共规则或标准。换言之，规则来自人们集体的语言和非语言的实践。因此，从人们使用规范性语词的陈述中可以

---

[1] 参见［英］J.L. 奥斯汀：《如何以言行事——1955 年哈佛大学威廉·詹姆斯讲座》，杨玉成、赵京超译，商务印书馆 2012 年版，第 94 页。

[2] See Jenny Thomas, *Meaning in Interaction*: *An Introduction to Pragmatics*, Foreign Language Teaching and Research Press 2010, pp. 28-9.

[3] 相关原理的说明，请参见 R. M. Hare, *The Language of Morals*, Oxford: Clarendon Press 2003, pp. 72-8.

分析出相关公共规则，而规范性陈述具有的意义就是对这些规则的运用，或者说正是这些规则赋予了规范性陈述特定意义，同时也对相关社会行为进行规制。本节欲阐明的是，在哈特看来，这些规则都是人们日常生活中长期实践积累、约定俗成的惯习性规则。

如前所述，在哈特看来，规则的形成在于行为聚合与态度聚合的结合。换言之，一个规则要存在就必须包含两个方面，一方面是人们在行为上有某种一致性，另一方面是人们普遍具有一种接受（acceptance）的态度。基于这种接受态度，人们使用包含规范性语词的表达式，而这些表达式实际上是一种话语行为。因此，规范作为行为的意义指的就是相应话语行为所包含的语义和语用。对于这一点，哈特在牛津学圈里的另一位同事伍兹利给予了明确说明："我们所拥有的规则，不管它们是在语言使用中，抑或是在打高尔夫、签订商业合同等活动中，都是指引和规制我们行为的规范……实践可以成为规范并且常常如此，但它们由此被转化，并继而为决断和批评提供标准。"[1] 更为重要的是，从哈特的视角出发，规范作为一种意义是基于约定俗成的惯习性规则生成的。之所以用"生成"一词是为了表明上述理论视野中的规范性是从人们日常生活的实践和交往当中不断积累而有机地生发出来的。哈特所说的内在观点正是为了表达出规范性是人们在依据常识处理日常生活中各种事务的过程中所逐渐生发出来的。在批评外在观点无法导出规范性内涵时，哈特指出："将观察对象限制在可观察之行为规律性上的外在观点，所不能呈现的，是规则在那些通常是社会多数人的生活中发挥作为规则功能的方式……他们在一个接一个的情况中使用这些规则作为社会生活中的行为标准……也就是在所有根据规则运作的常见生活事务中使用规则。"[2] 这种生成出来的规范性最原始的形式就是哈特所称的初级规则（primary rule）。初级规则是科予义务的规则，规则之所以能科予义务，是因为人们对于遵守某种规则抱有持续而强烈的要

[1] A. D. Woozley, "The Existence of Rules", *Noûs*, Vol. 1, No. 1, 1967, p. 65.

[2] H. L. A. Hart, *The Concept of Law* (second edition), Oxford University Press 1994, p. 90.

求，对违反规则的人施以强调的社会压力，而这也完全可以是惯习性的。[1]在只有初级规则的社会里并没有十分复杂的纠纷解决机制或职业法律人，因此该社会需满足一些条件，而“这些条件建立在一些关于人性以及我们所生活之世界的自明之理之上”[2]。换言之，这些条件来自日常生活的常识和常理。对于这一点，还是比较容易理解的，因为正如一般人虽不能绘制出海淀区地图却仍能从人民大学走到世纪城甚至更远的地方一样，人们不需要体系化的法律规范、机构和职业法律人就可以建立起生活世界的基本秩序。

实际上，仅仅具有初级规则的社会已经具备基本的社会制度，或者说仅仅有初级规则的社会呈现出了社会制度最原初的形态，而且这一形态即便在现代社会当中仍得到最为广泛的保留和遵循。这种秩序形态就是普遍存在于我们社会方方面面的传统、习俗和惯习。[3]惯习之所以具有规范性，是因为它本身就是规则的一种表现形式。当代著名哲学家、J.L. 奥斯丁的传人约翰·塞尔（John Searle）对两种规则进行了区分，它们分别是规制性规则（regulative rules）和构成性规则（constitutive rules）。二者的区别在于，规制性规则与其对应行为的存在之间是一种独立关系，即相应行为的存在与否和规制性规则是否存在没有关系。例如，不管餐桌礼仪是否存在，我们都有用餐和使用餐具的各种活动。构成性规则与其对应行为之间的关系则并非如此，即唯有特定构成性规则存在，对应的某种行为才会存在。[4]例如，唯有象棋规则存在，才会有下象棋的各种活动。申言之，构成性规则赋予特定行为特定的意义，如果没有象棋规则，“将军”这一动作就毫无意义，也不会存在。这一点在大量的社会现象中也有所体现。如果没有

---

[1] See H. L. A. Hart, *The Concept of Law* (second edition), Oxford University Press 1994, p. 86.

[2] H. L. A. Hart, *The Concept of Law* (second edition), Oxford University Press 1994, p. 91.

[3] 西方学界一般用惯习来涵盖前两者，并与习惯（habit）区分开来。习惯仅仅是对行为一致性的外部描述，它所记录的都是原始事实，因而它并不像惯习那样是规则的集合，具有规范性，是行动的理由。

[4] See John Searle, *Speech Acts: An Essay in the Philosophy of Language*, Cambridge University Press 1969, p. 35.

相应的规则——不管是明示的还是默示的——交换戒指和说“我愿意”就不会有任何意义，婚姻这种社会制度就不会存在，所剩下的就是事实性的肉体关系而已。更为明显的一个例子就是我国摩梭人的走婚制度。摩梭人并没有现代意义的结婚制度，而是按照传统习俗的走婚制度来确定夫妻关系，而走婚制度当中的各种要求和条件几乎是约定俗成的。正是因为构成性规则能使特定行为获得特定意义，这些规则才能提供行动的理由。举个例子，若某个摩梭男子问“我如何才能和族里的A姑娘成为夫妻”，回答就是“半夜的时候骑马到她家，爬窗进入她的花楼，然后把帽子挂在门前，天亮前离开，最后孩子满月的时候摆酒承认关系”。于是，为了使夫妻关系恰当产生，上述内容就成了该男子做以上行为的理由。更为重要的是，在这些活动中，行动者除了要具备相应的意向（intention）和实施特定话语或非话语的行为以外，还需要有相应的惯习存在。因此，那些具有特定意义的行为必须在相应惯习存在的前提下，才能恰当地调用包含在日常生活当中的相应规则，从而产生特定的结果。从这一角度来说，惯习就是包含在共同体日常生活当中的规则的现实化。[1]在人们的日常生活中，诸如承诺、打赌和定约等行为，都是上述特定行为的具体形式。在所涉及的那些规则当中，构成性规则是最主要的，因为它们赋予事实性的行为以特定意义，而这些构成性规则的体系就是制度。所以，涉及构成性规则的行为都不是简单的自然事实或原始事实（brute fact），即那些动作或者说话声音本身，而是制度性事实。当我们对后者进行分析的时候，不能根据原始事实来进行分析。[2]

哈特的思想与塞尔的上述观念在总体上是一致的，尤其是他对奥斯丁法律命令说的批评之一就是认为奥斯丁将法律这一具有规范性内涵的对象过度还原为一系列简单的原始事实。并且，哈特强调，对于义务的理解必

---

[1] See John Searle, *Speech Acts*: *An Essay in the Philosophy of Language*, Cambridge University Press 1969, pp. 40-1.

[2] See John Searle, *Speech Acts*: *An Essay in the Philosophy of Language*, Cambridge University Press 1969, pp. 51-2.

须在具有社会规则的情境中方可进行。因为，只有在把某类行为视为标准的社会规则作为意义背景或脉络时，人们才可以做出恰当的义务陈述，并在通过该义务陈述将他人涵摄到相关规则之下的同时，将规则适用到自己身上。[1] 正是以日常生活中早已存在的习俗和惯习等常识性的规则为背景，义务和基本的社会制度才得以与人们的生活有机结合，构成人们最为基础也最为坚实的规范观念。此处需要重点说明的是，所有的义务性规则或社会制度都是后发于人们的日常实践的。毫无疑问，本书在上文着重说明的义务性规则或社会制度的本身就是在人们的常规性实践之上进一步建构出来的，但某些义务性规则或社会制度是先于人们的常规性实践，甚至这些规则或制度直接改变了人们先前的实践，使得一种新的行为得以产生。然而，这并不全然否定人们的常规性实践和理解的作用。因为，一个规则或制度必然要求能得到理解，以便能有效地调整人们的行为，切实成为人们在日常生活中的行动理由。为了实现上述目的，规则或制度的创制者就要尽力使得自己的意图是公开显明的，[2] 因此最好采用符合人们日常习惯和常规理解的形式，或采取循序渐进的手段使人们的日常习惯与常规理解尽量与规则或制度创制者所要达到的效果靠拢。换言之，人们在日常生活中的习俗或惯习此时并非完全退场，而是作为一种提供效率的手段。

2.2.2.3　承认规则与法律体系

仅仅具有初级规则的共同体固然已经具有社会制度的初级形态，但有三个主要的结构性缺陷，分别是不确定性、静态性和无效率。为此，社会当中就要引入被哈特称为次级规则（secondary rules）的规则来进行相应的补救。这种引入次级规则进行补救的过程就是从前法律世界迈入法律世界的过程，而与这三个缺陷对应的三个次级规则的结合就使得以初级规则所

[1] See H. L. A. Hart, *The Concept of Law* (second edition), Oxford University Press 1994, p. 85.

[2] 相关原理探讨，请参见 P. F. Strawson, "Intention and Convention in Speech Acts", *The Philosophical Review*, Vol. 73, No. 4, 1964, pp. 456-9.

形成的制度转化为法律体系。[1] 换言之，由于初级规则所端赖于的社会惯习就已经具有制度性内涵，而法律体系本身也是一种制度化存在，因此法律就是常识的制度化。

在这三种次级规则之中，与不确定性这一缺陷相对应的是承认规则（a rule of recognition）。对于承认规则，哈特说：

> 承认规则会指出某个或某些特征，如果一个规则具有这个或这些特征，众人就会决定性地把这些特征当作正面指示，确认此规则是该群体的规则，而应由社会压力加以支持……从前法律社会进展到法律社会的一步很可能可以分为几个阶段，其中第一阶段是将本来不成文的规则形诸文字。虽然这是相当重要的一步，但不是关键的一步：关键的是，承认此书面或刻面中的规则具有权威性，也就是承认。当对规则之存在有疑问时，诉诸此权威性的文件乃是解决疑问的适当方式。凡有此种承认存在之处，就存在一个相当简单的次级规则，一个鉴别科予义务之初级规则的决定性规则。[2]

从哈特上面这段叙述中可以看出，承认规则是一个共同体从前法律社会迈入法律社会的关键。承认规则对初级规则进行识别，令被识别出来的那个规则成为在特定情形或纠纷中的那个唯一的义务规则。更为重要的是，即便是简单的承认规则，也已经引入法律体系的基本概念，即通过权威标识的方式使原本相互分离和平行的规则被统一到一个体系当中，法律效力这一概念也就应运而生。[3] 我们可以看到，承认规则所起到的作用和凯尔森的基础规范是一致的，它们都使得法律体系得以形成，并赋予体系当中的规范以效力。对于这一点，拉兹给出了十分清楚的说明。他将凯尔森关于法律体系的核心思想总结为“一种法律体系就是通过运用被授予的权力而创造出来的法律，它直接或间接地来自基础规范”[4]。

---

[1] See H. L. A. Hart, *The Concept of Law*（second edition）, Oxford University Press 1994, pp. 92-4.

[2] H. L. A. Hart, *The Concept of Law*（second edition）, Oxford University Press 1994, pp. 94-5.

[3] See H. L. A. Hart, *The Concept of Law*（second edition）, Oxford University Press 1994, p. 95.

[4] ［英］约瑟夫·拉兹：《法律体系的概念》，吴玉章译，中国法制出版社 2003 年版，第 115 页。

此外，一个法律规范是否有效或一个规范是否属于法律规范，取决于它是否属于法律体系的一部分，而这仅仅取决于它被创造的方式。在凯尔森的法律体系和法效力的理论中，法律规范的判别标准端赖于基础规范和效力链条两个概念。[1] 哈特在上面的那段叙述中显然认为承认规则也起到了同样的作用，即识别哪个规则具备进入法律体系的资格，从而成为有效的法律规范。可是，自从哈特提出承认规则这一观念后，学界就对应如何理解承认规则产生了很多疑问，尤其是关于承认规则的具体性质和内涵是什么，以及承认规则如何能够解释法律规范或法律义务的产生的讨论成了后世研究哈特法律思想的重要问题，相关文献更是汗牛充栋。例如，拉兹就质疑承认规则到底是事实性的，还是立法机关创造的？承认规则的主体是谁？承认规则是授权性的还是义务性的？而拉兹本人的观点是，承认规则是科予义务的规则，其主体不是大多数人而是官员，官员的行为而不是人民群众的行为决定了承认规则的存在。但他同时指出，哈特并没有说清楚承认规则这一理论究竟建立在什么基础之上，以及承认规则与法律义务的生成之间是否存在必然联系。[2] 尼尔·麦考密克也表达了类似的观点。他指出，哈特强调承认规则是惯习性的，它存在于法官和其他官员的普遍实践中，但因为该规则关涉的是法效力的标准，因而它作为被法官接受的共同标准又是一种义务性规则。[3] 更为重要的是，从承认规则和改变规则（rule of change）的内涵来看，承认规则本身就预设了法官和其他官员的存在，而法官的职责受到承认规则的调整。然而，另一种次级规则——裁判规则（rule of adjudication）的存在又是由法官的存在所预设的。因此，哈特关于次级规则的理论出现

---

[1] 参见［英］约瑟夫·拉兹:《法律体系的概念》，吴玉章译，中国法制出版社 2003 年版，第 116—117 页。

[2] 参见［英］约瑟夫·拉兹:《法律体系的概念》，吴玉章译，中国法制出版社 2003 年版，第 236—239 页。

[3] 参见［英］尼尔·麦考密克:《大师学述：哈特》，刘叶深译，法律出版社 2010 年版，第 195—196 页。

了一个逻辑循环，继而导致本被论述为法律体系的终极规则的承认规则陷入了泥潭之中。[1] 总而言之，关于承认规则的问题主要在于以下两个方面：第一，承认规则自身是如何产生的及其性质是什么？第二，承认规则是如何促使法律规范或法律义务产生的？这个过程是必然的还是偶然的？对于这些问题，国内外的一些作品在局部做出了重要探索，但有些作品语焉不详，机械重复或对哈特的理解仅仅浮于表面。[2] 而本书在此试图完成的是从本书之前所揭示的哈特所依赖的哲学基础和他思想内核为出发点，对承认规则的相关问题做一个整体的分析和说明。

对哈特有关法律体系和法律义务的思想最为简要的概括即“法律是初级规则与次级规则的结合”。萨默斯将这一“结合”概括为两个方面：第一，次级规则和初级规则是作为一个组合体被完整地引入某个政治体当中的；第二，通过承认规则所标示出的效力判准，在某政治体当中的所有规则得到了整合。[3] 可见，在一个政体中即便已经有了法律体系，初级规则所构成的基本制度层面也不是被完全替代，它与次级规则一同构成了一个具有层级的动态体系。按照哈特的说法，作为次级规则的承认规则是民众和官员据以识别科予义务之初级规则的权威判准，并且承认规则在法律体系的日常运作中很少以规则陈述的形式出现，而是在民众或官员在识别法律的实践中显示（shown）出来的。[4] 哈特在用“显示”这个词的时候，特别用斜体以标示重点，因此我们不能对它进行一般理解。结合本章前半部分对哈特思想中的日常语言哲学探源可以发现，“显示”在此处并不是一个一般的日常词汇，而是作为在维特根斯坦后期思想中的一个术语被使用的。

---

[1] 参见［英］尼尔·麦考密克：《大师学述：哈特》，刘叶深译，法律出版社 2010 年版，第 201—202 页。

[2] 例如，国内有学者认为哈特本人对承认规则的属性和内容极为模糊，甚至没有意识到相关问题。参见马驰：《法律规范性的基础——以法律实证主义的演进为线索》，法律出版社 2013 年版，第 128 页。

[3] See Robert S. Summers, “H. L. A. Hart’s ‘Concept of Law’ ”, *Duke Law Journal*, Vol. 1963, No. 4, 1963, p. 638.

[4] See H. L. A. Hart, *The Concept of Law* (second edition), Oxford University Press 1994, pp. 100-1.

维特根斯坦在其前期和后期的思想中都非常强调“显示”这个概念。所不同的是，在前期思想中他强调不可说的事物是被显示出来的，具有先验哲学和旧形而上学的神秘色彩。在其后期思想中，维特根斯坦所强调的就是在人们日常实践中被显示出来的普遍法则或自明之理。维氏的这一思想在他去世后发表的另一篇重要作品《论确定性》中得到了最为明确的表述。在该书中，维特根斯坦主要参与的是由摩尔发起的关于常识哲学的一系列探讨。他指出，所有的给出理由或进行说明和证立的活动总要走到一个尽头，这个尽头就是人们的实践，这些实践是语言游戏的根基。[1] 于是乎，反观哈特关于法律体系的思想，可以看见两种实践和两种语言游戏。第一种语言游戏是人们日常实践中关于行为的当为性所进行的语言游戏，该语言游戏为“应该”“应当”“必须”等规范性语词赋予了原初的意义，其产出的就是哈特所称的初级规则。第二种语言游戏是官员尤其是法官在实践中所进行的语言游戏，这种实践所涉及的是识别科予义务的初级规则作为法律规范，其所产出的就是法律规范和法律体系。因此，最终的或终极的承认规则来源于法官的行为聚合与态度聚合。这也符合哈特本人对“规则”一词的一以贯之的用法，即规则产生于行为聚合和态度聚合，而该态度指的是一种接受态度。有关这种接受性的态度和规范性生成的关系及其理论基础，本书在上一节中已经进行了详细说明，在此不做赘述，我们要关注的是这种接受态度是如何将初级规则所具有的社会规范性转化为法律规范性的。此时，促使这种转化的是官员，尤其是担任审判职能、适用法律的法官的接受起到最关键的作用。对于哈特的这部分思想，庄世同给予了较为清晰的说明，即“哈特似乎有意将社会规则的外在面向与内在面向拿来与法体系的两项存在条件相互类比……普遍服从法律的社会现象，就如同遵守规则的特定行为模式，属于法体系存在的外在面向，而官员接受法律的社会实践，就如同接受规则指引的反思批判态度，属于法体系存在的内

---

[1] See Ludwig Wittgenstein, *On Certainty*, Oxford：Basil Blackwell 1969, p. 204.

在面向”[1]。本书基本认同庄世同的上述思路，但要做出两点修正。第一，哈特不是“似乎有意”这么想的，而是按照他一以贯之的日常语言哲学的基础所做出的思考；第二，这两种模式之间不是类比关系，而是两种语言游戏之间的转变。

正如本书在上一节所论述的那样，哈特关于社会实践和社会规则的理论的思想基础在于后期维特根斯坦的语言哲学，其中“语言游戏”这一概念处于核心地位。哈特不仅非常喜欢用游戏规则来推导法律规范的特点，更是基于语言游戏的思想得出基于守规则行为和态度所做出的陈述赋予诸如“应当”和“必须”等语词相应的规范性意义。更为重要的是，包含这些规范性语词的陈述都是话语行为，借此描述出他们所接受的相关规则的内容，并将这些内容构成行动理由。因此，一个规范就是由上述话语行为的语义和语用构成的意义。以上就是科予义务的初级规则及其规范性之所以生成的原理。值得注意的是，在哈特的术语中，“接受”一词指的就是内在面向，即表明共同体的成员将某种行为模式视为标准，并抱有批判性反思的态度。而这一态度显示在人们进行批判、请求、认可和他们所使用的语词中。[2]这就是说，所谓的接受指的就是在日常生活中被理解和实际使用。这一思想也同样被运用到关于承认规则的理论中。申言之，法律规范及其规范性的生成以上述意义为基础，通过法官的实践来实现意义的转化。官员尤其是法官的实践是另一套语言游戏，即识别出作为法律规范的科予义务之初级规则，因此他们所遵守的规则是一套关于上述识别活动的权威判准。基于这套权威判准，法官做出包含规范性语词的陈述，该陈述也是一个话语行为，而该话语行为的语义和语用构成的意义就是法律规范。因此，一个有效的法律规范是以下列两个条件为基础的：第一，该科予义务的规则是被承认规则识别出来的；第二，承认规则是在法律体系

[1] 庄世同：《法律的概念与法律规范性的来源——重省哈特的接受论证》，载《中研院法学期刊》2013 年第 13 期。

[2] See Grant Lamond, “The Rule of Recognition”, in *Reading HLA Hart's The Concept of Law*, Luis Duarte D' Almeida, James Edwards and Andrea Dolcetti (ed), Oxford: Hart Publishing 2013, p. 102.

中被普遍接受和实际使用的，这是一个事实。[1] 值得注意的是，规范性语词包含这些语词的陈述在两个语言游戏中都被使用了。所以，同一个规范性陈述，如“A 应当做出 B 行为”，这一陈述在两个语言游戏中都被使用了。因此，“应当”这一规范性语词基于两个不同的语言游戏而获得了两次的意义赋予。那么，这两次意义赋予之间的关系是怎样的呢？从哈特的理论来看，因为初级规则是科予义务的，所以规范性生成于初级规则所在的那个层面，法官的实践所完成的是将它们制度性转化为法律体系的一部分。这就是说，法律的规范性来自对生活世界中的惯习性规则的制度化。这与斯特劳森的意义理论是相一致的。斯特劳森认为，人们总是不可避免地需要将不同的智识关注联系到我们的常识与非理论化的世界图景，因为即便是在专业化和理论化的活动中，专业人员总是不可避免地使用一些与非理论化层面共享的语词。这些语词往往都具有广泛的普遍性，当专业人员要解释他们对这些语词的专业使用时，就必须联系到这些语词的日常使用。[2] 所以，这些专业领域的概念的意义及对它们的理解就必须与早已在人们的常识中存在的概念结构联系起来。对此，斯特劳森指出，“对特殊领域内的理论概念的获得预设了日常生活中的前理论概念，并且前者是建立在后者的基础之上的”[3]。在法律领域，理论概念指的就是“规范”“应该”“应当”“必须”等法律规范中普遍使用以表示规范性的语词，而它们的意义及对它们的理解预设并建基于人们对这些规范性语词的常识性理解。

然而，需要补充的一点是，两种语言游戏之间还必须有一个切换的机制。因为现代国家中社会关系纷繁复杂，各种纠纷或冲突都发生在极为复杂的背景之下，人们对于这些关系和纠纷的理解和判断能力是有限的、不充分的，所以在只有初级规则的层面就会出现哈特所说的三种缺陷。这三种缺陷

---

[1] See Grant Lamond, “The Rule of Recognition”, in *Reading HLA Hart's The Concept of Law*, Luis Duarte D' Almeida, James Edwards and Andrea Dolcetti（ed）, Oxford：Hart Publishing 2013, p. 104.

[2] See P. F. Strawson, *Analysis and Metaphysics*, Oxford University Press 1992, p. 12-3.

[3] P. F. Strawson, *Analysis and Metaphysics*, Oxford University Press 1992, p. 21.

中的第一种，即不确定在特定情形中科予义务的初级规则到底是什么，对于法律体系的形成最为重要。因为在初级规则的层面，各种规范之间是孤立的、平行的，规范的不确定状态也由此而产生。这种不确定的产生，可以是由于行动者不知道、不理解相关情形中哪个规则才是给予义务，也可以是不同行动者之间对于哪一个规则才是应当适用的义务性规则产生了不同意见，亦即“公说公有理，婆说婆有理”的情况。还有一种更为复杂的情况，就是双方都认可某个特定的规范，但各自理解这一规范所依赖的意义背景是不一致的。例如，甲和乙都认为“丙在情形 A 中应当诚实相告”，但甲对这个“应当”的使用可能是依赖于一种功利的计算，而乙的使用可能是依赖于一种绝对的道德价值。这时候，表面上看大家似乎达成了一致，但实际上不过是自说自话，双方根本没有形成实质有意义的交谈，因此也就没能真正导出一个调整共同行为的规范。这种问题深深地植根于哈特所依赖的日常语言哲学中包含的语境论，是一种理论的结构性缺陷。[1] 为了修补这个缺陷，我们就需要一个双层结构的规范理论。处于第一层次的，并不涉及任何具体的规范性内容或模式，而是一系列被称为普遍理由（reasons simpliciter）的规范性命题，它们“就像限定性陈述（definite description）那样指明规范性语词——如‘应当’‘对’‘错’‘合法’‘非法’——的意义”[2]。作为普遍理由的这类规范性命题往往以下列句子的形式出现，如“所谓‘对的’，就是指我们全部人都有好的理由认为它是权威性的”或“所谓‘合法的’，就是指我们有理由将它视为属于某个特定行为”。上述这种普遍理由在实践理性的范围内得到运用而成为普遍义务（obligation simpliciter），康德所提出的范畴律令（categorical imperative）正是表明普遍义务的一种命题形式。这种命题形式先天为真，在给予应然以最基本的形式外，还是令应然语词及相应表达

---

[1] See George Pavlakos, “Practice, Reason and the Agent’s Point of View”, *Ratio Juris*, Vol. 22, No.1, March 2009, pp.80-1.

[2] George Pavlakos, “Practice, Reason and the Agent’s Point of View”, *Ratio Juris*, Vol. 22, No.1, March 2009, p. 91.

式具备意义的基础。[1] 因此，这种普遍理由并不确定任何具体的规范性内容，而是作为一个指南针来理性地确定规范性理由的范围。通过这类普遍理由，我们在第二层面才得到一个范围内的、具有实质内容的规范性理由，它们基于行动者的观点与具体的实践联系在一起。[2] 姑且先不对相关的技术化问题进行讨论，上述进路的哲学基础主要在于康德和弗雷格的思想是一种理性主义的理论进路。在康德或凯尔森的视野中，作为一个先天为真的律令或规范的应然命题成了整个规范结构的意义之源。哈特所建构的法律理论在很大程度上也具有这样一个双层结构，但他的抱负更大。凯尔森及其他后来康德主义的追随者的理论中所包含的双层结构仍然坚持的是一种从规范到规范或从应然到应然的传递，而哈特则坚持从实然到应然的路径。哈特所坚持的这一方向显然比凯尔森的理论要更为困难，因为凯尔森已经较为完好地阐述了应然领域的重要事项，但如何建立起实然和应然的内在联系乃至实现二者间的相互转化，却成了困扰后来者的重大问题。实然和应然之间欲进行转化，就必须有一个转化机制，这个机制就是哈特理论之双层结构中的那个普遍理由。并且，这个普遍理由的形式迥异于凯尔森等康德传统下的理论所包含的普遍理由形式。

哈特所提出的普遍理由完全是一个事实性的东西，它直接指向的是某个特殊群体的实践。换言之，哈特的普遍理由可以用后面这个句式表达，即“所谓‘法律的’或‘合法的’，指的就是 X 在日常实践中所运用的规则”。至于与该类人的实践相对应的实质理由是什么，哈特并没有做出限定，它可以符合功利主义或其他道德理由，但这与合法性（legality）的问题没有必然联系。或许有人会问，以特定人群的实践作为规范性理由的指南针，难道不需要该特定人群符合某种道德性的条件吗？在哈特看来，不需要。人们的理性之所以会被导向特定人群的实践，并不是基于任何实质

---

[1] George Pavlakos, “Law, Normativity and the Model of Norms”, in *New Essays on the Normativity and Law*, Stefano Bertea and George Pavlakos (ed), Oxford: Hart Publishing 2011, pp. 263-5.

[2] See George Pavlakos, “Practice, Reason and the Agent's Point of View”, *Ratio Juris*, Vol. 22, No.1, 2009, pp. 91-2.

性的道德理由，而是基于对一个问题的常识性回答。该问题就是，“在产生争议的时候，你会寻求谁作为最终的裁判者？”如果人们的常识性回答是法官，那么法官在他们的实践中所遵守的权威性判准就是最终的承认规则。这就如同我国经典的“两小儿辩日”故事那样，两个小孩就太阳何时离人们最近的问题发生了争议，无论是支持上午离人们最近的“近大远小”理由，还是支持中午离人们最近的“近热远凉”理由，它们都是常识性的思考。这时候，人们为了定分止争，常识性思考的层面就从对实质理由的思考转向对另一个问题的思考，即“我们找谁能给出一个可靠的答案”。两小儿于是去找孔子，因为孔子是当时被认为具有大智慧的人，但孔子也未能给出一个确切的答案，因此被两个小孩笑曰“孰为汝多知乎”。在中国当时还没有专门的天文研究，否则两小儿去找这方面研究得最好的人，恐怕就有了确切的、合理的答案了。这说明了什么？这说明在争议发生的时候，谁被视为具有决定性的裁判者，谁就被接受为权威。如果人们就行为的当为性产生了争议，谁被视为具有决定性的裁判者，谁就被视为相关的权威，他的回答就是排他性的行动理由，就是法律规范。[1]这就是必须说明的两种语言游戏之间的切换机制。明确了这一点，哈特关于承认规则的思想就可以被清楚地理解了。详言之，法官的集体实践以及当中包含的承认规则之所以能导出具有规范性的结果，是因为它们也是由人们在日常生活中的常规实践和判断赋予了规范性。所以，承认规则不仅仅是识别义务性规则的权威判准，同时也分配权威给特定的对象。本书结合对哈特思想基础的探源，用相关原理将哈特理论中一以贯之的内容揭示出来，使其完善为一套关于日常生活与法律规范性生成的完整理论。这套理论的核心思想可以概括为“法律作为常识的制度化”。[2]

---

[1] 拉兹后来关于实践理性和权威的研究，可以被视为对这一点的重要发展。关于拉兹的权威理论和哈特的规则理论之间的内在联系和互补之处，请参见 Andrei Marmor, *Philosophy of Law*, Princeton University Press 2011, ch 3.

[2] 在这一点上，大卫·刘易斯（David Lewis）的惯习理论和塞尔的社会现实理论有十分重要的发展，本书将在下一章中进行探讨。

2.3　小　结

哈特法律理论的主要思想基础主要源自他对后期维特根斯坦和牛津日常语言哲学的继承，而后二者的哲学思想可以概括为“以常识为纲”，并最终将意义生成的基础归为生活形式。这里所说的常识，除了有其基本的意思，即指普通大众对特定事物或行为的看法，也具有重要的理论内涵。以常识为视角，首先，可以将对社会的观察引导至一些先前的思想家没有给予充分注意的重要现象，即那些被统称为传统、风俗和惯习的现象，并发现它们并非仅仅是事实性的存在，而是具有丰富的制度性内涵。其次，结合语言哲学的理论，常识是生活世界的共同法则及根据这些法则产生的共同意义。在这些法则当中，具有构成性内涵的部分对于人们生活世界的意义的生成具有最为基本的作用，人们根据这部分常识建构出了基本的社会制度。这一点也正是哈特理论的起点之一。哈特的整套法律理论是建立在他所采纳的意义理论之上的。这套意义理论的主要观点为，人民群众在日常生活中对特定语词的实际使用和其他相关实践在决定语词的意义的同时，也决定了对象的性质。因此，哈特基于上述意义理论从人们的常识中描述出一个调整和评价行为的共同标准。这种共同标准随后被用于建构一套能最符合人们的理解和期待的法律理论，同时还能解释人们在共同生活中对于法律规范的实际理解及相关实践。在哈特的这套法律理论中，内含于人们日常守规则行为中的接受态度和常规性判断被运用到对社会行为的意义、社会规则和法律规则的理解和转化当中，最终阐明了法官的集体实践是如何把从日常生活中生成的规范性内容转化到法律体系当中的。因此，对于哈特而言，规范性最终来自人们习以为常的生活形式，故其法律理论的核心思想可以概括为法律作为常识的制度化。

第 3 章

主权者与法律作为常识的制度化

本书在上一章中通过对哈特的思想基础进行探源，深入剖析了其法律理论的核心思想在于法律作为常识的制度化。在这一章里，将哈特的理论放到一个更大的框架中进行省察。之所以这样做，理由主要有两个：第一，哈特的理论所欲实现的是一个更为宏大的目标，那就是为世俗化后的生活世界的统治寻求合法性，也就是统御世俗生活的那个共同意义究竟从何而来的问题；第二，哈特的理论本身就建立在对霍布斯开启的政治哲学传统的反叛之上。在哈特处，世俗生活统治的合法性问题，就在于如何阐明实证法的规范性来源。而哈特的回答就是，实证法的规范性来自人们的生活形式，法律规范来自对人们日常生活中习以为常的规则和判断的制度性转化，亦即法律作为常识的制度化。因此，法律作为统御社会生活方方面面的共同规范，它自身作为一种意义归根结底来自对生活世界中人们所看重的意义，并通过制度化的方式成为共同体其他的意义的总设定。这种制度化的过程，就是法官通过在日常工作中的语言实践和相应的非语言实践，从业已存在于人们日常生活当中的惯习中识别出特定义务并具体化为法律规范。然而，哈特对于惯习的内在逻辑以及惯习与法律之间进行衔接和转化的重要环节却缺乏充分的论述。但不可否认的是，哈特的理论为后来者开创了一条结合惯习和沟通行为为基础的规范理论。在这种范式中，主权者和强制被剔除，被视为与法律规范性的生成没有必然联系。哈特为了论证这一点，运用其所掌握的语言分析技术，对奥斯丁的法律命令说展开了猛烈的批判。可是，“项庄舞剑，意在沛公”，哈特之所以批判奥斯丁，是为了反对霍布斯开创的理论范式。本书在这一章所要做的，首先是在技术层面指出哈特对奥斯丁的批判的错误之处，其次进一步指出主权者在法律规范性生成的必要性，最后总结出以主权者为中心的常识制度化为法律的模式。

3.1　官员实践与法律对常识的制度化

如前所述，哈特认为，承认规则可以有不同的形式，但最终的承认规则来自官员尤其是法官群体在他们的日常工作实践中所接受和实际使用的共同标准。[1] 法官运用这些标准从人们日常生活中基于常规性的共同实践所积累出来的约定俗成、习以为常的判断或规则之中识别出科予义务的初级规则。哈特认为这一点正是理解法律规范性的来源及属性的关键，而非奥斯丁在法律命令说中所称的法律是主权者的命令辅以强制。因此，哈特非常自信地宣称：“如果能够理解这两种规则及二者间之相互作用的话，我们就能厘清‘法律’的大部分特征……我们之所以给予这个要素的结合以核心地位，是因为它对于构成法学思想之框架的诸多概念具有强大的解释力。”[2] 正如本书在上一章所揭示的那样，哈特所称这两种规则的结合及相互作用所表达的就是从基于人们的常识和常理所生成出来的规则中，通过某种制度性实践提取出法律在调整社会生活时所需的规范性内涵。因此，

[1] See H. L. A. Hart, *The Concept of Law* (second edition), Oxford University Press 1994, p. 109.

[2] H. L. A. Hart, *The Concept of Law* (second edition), Oxford University Press 1994, p. 81.

被揭示的原理之一就是人们在日常生活中的常识、常情和常理中的制度性内涵及其与基本的社会制度和法律规范的内在生成联系。根据这一原理，惯习对于规范性的生成具有极为重要的作用，不仅大量的社会规则和社会制度是惯习性的，承认规则也是惯习性的。[1] 然而，对于惯习如何能导出应然陈述及被人们接受为行动的理由，哈特在他的理论中却付之阙如。因此，本书从对惯习这一现象的分析入手，在阐明惯习的制度性后，继而说明哈特是如何认为通过法官的特定实践能对其进行再制度化为法律的。随后，本书将指出哈特这一进路的重大问题，并进而澄清主权者对于法律义务产生的决定作用。

3.1.1 惯习的内部结构及规范性

科尔曼指出，哈特的法律理论所持的是一种社会惯习命题，即法官在承认规则上的一致性使他们负有适用特定规则的义务。这一进路在依赖于惯习性社会实践的同时，又包含了法律是一种规范性实践的理念。[2] 基于这一认识，科尔曼提出一种基于惯习理论的进路来解释和发展哈特的规范理论。简而言之，一种一致性的实践所端赖于的是一个参与者共享的理解或反应框架，而承认规则所表达的就是基于这一框架所形成的协作惯习（coordination convention）。在这一理论视域中，法官在其日常工作中的实践被视为具有互动性，而他们的这种实践又依赖于以下事实，即“人类有根据稳定的和持续性的行为以及行为意义的宣称而形成对未来人类行为的可靠预期的心智能力”[3]。为此，我们就有必要了解惯习及其内部结构，以深入剖析哈特的理论。

对于惯习及其内部结构的研究中，最为经典的莫过于大卫·刘易斯的作品《惯习：一个哲学研究》。刘易斯指出，直觉和哲学理论都是我们的意

[1] See H. L. A. Hart, *The Concept of Law* (second edition), Oxford University Press 1994, pp. 255-6.

[2] 参见［美］朱尔斯·L. 科尔曼：《原则的实践》，丁海俊译，法律出版社 2006 年版，第 104 页。

[3] ［美］朱尔斯·L. 科尔曼：《原则的实践》，丁海俊译，法律出版社 2006 年版，第 124 页。

见，它们有的是常识性的，有的则较为复杂，哲学家的任务就是要为这些意见取得一种经受得住省察的平衡。[1] 在社会实践中，这种平衡也是可欲的，它存在于惯习这一社会现象中。惯习是一种普遍意义上的共同利益，它通过社会成员的沟通交往被表达，并引导社会成员按照特定规则调整自己的行为。当这种关于利益的常识被进行特定交往行为的双方所表达并被双方所知，此种常识就产生出一种适当的决定和行为。[2] 因此，惯习这一现象所涉及的问题被刘易斯称为“协作问题”（coordination problems）。在协作的情形中，行动者对于自己和他人的利益考量及行为期待达致了某种平衡，处于该平衡中的，没有人会因为单独行动而处于更好的处境。据此，协作问题被如此定义，即它指的是“与一些类型的行动相关联的情形，这些情形中，行动者拥有共同利益去从事几个可选择的行动中的一个”[3]。为此，人们对交往中的其他人的行为形成了一系列期待并依据这些期待形成了不同层次的行动理由。在这些行动的理由中，人们可能根据合意或先例或显要性（salience）来做出符合达成协作的行为。但无论从哪个角度出发，最终都要聚集到惯习这一现象上来，因为协作行为必须涉及对特定行为要求的统一服从。

对于行动者在特定情形中的相互期待及形成的平衡，刘易斯利用许多事例和博弈论的原理进行了非常详细的论证，本书在此不做赘述。就本书的研究目的而言，刘易斯对于惯习的定义才是最为重要的。对于惯习，刘易斯做了如下定义：

当且仅当如下条件得到满足，且它们对于特定群体成员（P）而言是共同知识时，该特定群体成员作为行动者在反复出现的情形（S）中的行为一致性（R）是一个惯习。这些条件是：

（1）几乎每一个人都遵从 R。

（2）几乎每一个人都期待几乎所有的其他人都遵从 R。

---

[1] See David Lewis, *Philosophical Papers*: *Volume I*, Oxford University Press 1983, p. x.

[2] See David Lewis, *Convention*: *A Philosophical Study*, Blackwell Publisher 2002, pp. 3-4.

[3] David Lewis, *Convention*: *A Philosophical Study*, Blackwell Publisher 2002, p. 24.

（3）几乎每一个人对所有可能出现的行为组合都大致上具有相同的偏好。

（4）在几乎每一个人都遵从 R 的条件下，几乎每一个人都倾向于更多的人遵从 R。

（5）若在几乎每一个人都遵从 R’ 的条件下，几乎每一个人都倾向于更多的人遵从 R’。

R’ 是当特定群体成员处于反复出现的情形时，另一种可能的一致性行为，以至于几乎没有人能在任何的相关情形中做到既遵从 R 的同时又遵从 R’。[1]

为了更好地理解刘易斯的上述定义，有几点是需要着重澄清的。首先，特定群体之所以在某种反复的情形中会形成惯习，主要是依据共同的行为取向。其次，这种共同的行为取向是行动者基于自己的偏好以及对其他人的行为期待所决定的。另外，这些期待是由共同体当中的绝大部分成员所共同知晓并且共同实践的。最后，某种惯习并不是进行相关活动的唯一选项，即在同一情形中还可能存在另一种不同的惯习，并且这样做也能无障碍地得到大多数人的遵从。例如，对于某个社会中的绝大多数人来说，当电话接通以后，由拨出者先打招呼，但也完全可以想象另外一种惯习，即由接听者先打招呼。无论是前者还是后者，对于共同体的绝大多数人而言，都是可欲的，并且二者间可以自然转化而不需要付出额外的代价。基于上述的这种可替代性，刘易斯认为惯习是具有一定的任意性的。[2] 总之，惯习这个社会现象的内部结构就是，特定群体的人作为行动者在某反复出现的情境中，依据日常的交往和表达所形成的共同知识及利益，综合自我的取向和对他人取向的考虑所做出的决策或行为平衡。

然而，马默（Andrei Marmor）对于刘易斯的上述观点抱有不同意见。他直截了当地指出惯习就是社会规则。[3] 同时，对于惯习这一现象，他做了如下定义：

---

[1] David Lewis, *Convention: A Philosophical Study*, Blackwell Publisher 2002, p. 78.

[2] See David Lewis, *Convention: A Philosophical Study*, Blackwell Publisher 2002, p. 70.

[3] See Andrei Marmor, *Social Conventions: From Language to Law*, Princeton University Press 2009, p. 3.

当且仅当下列条件都成立的时候，一项规则（R）就是惯习性的：

（1）有一群人或群体（P），他们在某情境（C）中常规地（normally）遵守规则（R）。

（2）该群体的成员基于某个理由或某组理由（A）在情境 C 中遵守 R。

（3）若该群体的成员在情境 C 中实际遵守的至少还有另外一个潜在的规则（S），那么 A 则是群体成员在情境 C 中遵守 S 而不是 R 的一个充足理由，而且至少部分地是因为受到普遍遵守的是 S 而不是 R。R 和 S 如此这般，以至于在情境 C 中，同时遵守它们是不可能的（或无意义的）。[1]

通过上述定义，马默想要强调的是，惯习之存在与否首要在于它是否被共同体的成员普遍地遵守，而且惯习性规则是任意的。此外，马默尽管和刘易斯一样认为遵守某个惯习性规则或行为模式的决定是有某种理由作为依据的，但与刘易斯大为不同的是，马默认为行动者不一定要知道相关理由，也不需要知道自己遵守的是否是惯习，甚至不需要知道遵守的是一项惯习规则。总之，“从惯习是规则这一方面来看，以及从遵从惯习就是遵守规范的事例来看，人们总有可能意识到他们在遵从惯习时，也是在遵守规则。可是，我再重申一遍，该规则的理由为何，或者是怎样的一种规则，不是行动者必须意识到的”[2]。在马默看来，人们之所以会遵守一项惯习性规则，完全在于他所称的“基于服从的理由”（compliance-dependent reasons）。申言之，马默认为：“服从一个惯习的理由部分在于共同体中的成员实际上遵守相关规则这一事实。”[3] 马默之所以会提出这一主张，主要在于他认为，若在特定情形中存在被视为具有约束力的规则的话，那么这个规则就会取代其他诸如伦理道德或功利等基于一些初级行动理由的慎虑和考量，成为决定行动者做出特定行为的那个理由。换言之，规则的规范性就在于规则作为行动者实践理性的一部分，并支持或不支持行动者做某事

[1] See Andrei Marmor, *Social Conventions: From Language to Law*, Princeton University Press 2009, p. 2.

[2] Andrei Marmor, *Social Conventions: From Language to Law*, Princeton University Press 2009, p. 7.

[3] Andrei Marmor, *Social Conventions: From Language to Law*, Princeton University Press 2009, p. 12.

的这一事实。[1] 由于惯习就是在实际上被共同体的大多数人遵从的，因此它作为规则或具有规范性仅仅是基于行动者将共同体大多数人的行为选择作为自己行动的理由即可。至于其他的理由可能是存在的，但只要惯习取代这些理由成为首要的理由，那么就足够了。

对于刘易斯和马默上述关于惯习的内部结构的分析，本书总体上赞同惯习是共同体的成员在日常生活中通过交往和表达所形成的一种行动平衡这一论断。同时，本书也赞成马默的论断，即惯习本身就是规则，且只要遵守共同体中大部分成员实际遵守的共同标准的这一事实就能说明惯习的规范性。然而，在本书看来，马默主张的遵从惯习取代其他更为原初的行动理由的观点是值得商榷的，因为在生活世界中确实还有更为基本的行动理由决定着行为的当为性。对于这一点，本书将在稍后进行详细展开，现在则先集中阐明惯习的制度性。

3.1.2 惯习的制度性

实际上，本书之前的章节中已经论及了惯习的制度性内涵。惯习的这种制度性内涵被理解为它赋予某些单纯的事实性行为以特定的意义，并且据此形成了最为基本的社会制度。在我们的日常生活中，充斥着大量相关的事例。例如，在很多街头或乡里的小店，往往缺乏特别现代化的收银和监控系统，当某人到店里购买香烟的时候，通常都是用一句特别简单的话做出意思表示，如“老板，来包烟！”小店的老板在听到这句话后，从柜台里拿出一包烟交到了这个人手上。此时，小店的老板和旁观者都不会将“老板，来包烟！”这句话理解为是要求老板免费给一包烟或威胁老板交出一包烟来，而是将它理解为“老板，我要买一包烟”。据此，我们可以进一步推出“这个人欠小店老板一包烟的钱”的结论。从“欠”的这个

[1] See Andrei Marmor, *Social Conventions: From Language to Law*, Princeton University Press 2009, pp. 13-5.

判断我们又能得出相关规范性判断。类似的事例还有许多，在此不做枚举。那么，问题是，我们是如何从这个人仅仅说出“老板，来包烟！”这句话的这一原始事实得出双方之间存在债权债务关系这一结论的？安斯康伯（G.E.M. Anscombe）对此给出了最为清晰的说明。她指出，在社会生活的众多日常交往中，人们往往将一系列原始事实，比如说出了哪几个词或句子，或做了什么手势，用另一种语词进行描述。例如，在上面买烟的例子中，我们会将某人说出“老板，来包烟！”这句话和小店老板交烟到这个人手里的动作描述为“交易”或“合同”；又或者把在码头上向离港的船只挥舞手绢的动作描述为“告别”或“挥别”；将一枚戒指戴在另一人左手中指上的动作描述为“订婚”。所有这些描述都预设了相应的语境，该语境就是相关描述背后的制度。这个制度包含了一系列常规程序，因而当该制度作为对应描述，在正常情形中成立并具有恰当意义的背景存在。[1] 可是，上述事例只能表明惯习具有一种最低限度的制度性内涵，它充其量不过是费孝通在《乡土中国》中所称的以熟人惯习为主的乡土社会中的规矩，[2] 因而不能与现代国家中处理各种重要且复杂的社会制度相提并论。这一种观点看上去确实很有道理，甚至会得到不少人的支持，但若根据塞尔关于社会文明本体论的研究来进行思考，就会得到一个崭新的视野。

实际上，在上一章解释社会实践和社会规则的原理时，已经涉及不少社会制度的例子。这些例子都足以说明人们约定俗成、习以为常的惯习是具有制度性的。可是，这些制度只是针对小范围的行动者的，如日常交易、着装礼仪和婚姻等。这些社会制度内容简单，极易为人们所理解并遵守，其规模最大也不过到乡镇级别的乡规民约或某地区的一个行当的商业习惯。所以，这些制度充其量只是市民社会最基础的制度，难以满足整个纷繁复杂的现代生活和国家运行的需求。在现代国家中，一些大型的和高度技术化的制度显然构成了社会制度的主体，其中又以金融、政治和法律制度最

[1] See G. E. M. Anscombe, “On Brute Facts”, *Analysis*, Vol. 18, No. 3, 1958, pp. 71-2.

[2] 参见费孝通：《乡土中国　生育制度》，北京大学出版社 1998 年版，第 10—11 页。

为典型。这些制度的本质又是什么呢？一种常见而正确的答案是，它们是人造的（artificial）或人造物。但是这个答案并不能给我们提供更进一步的知识。许多东西都可以被称为人造的，如大楼、汽车。那么，像大楼或汽车这种人造的东西与社会制度是一样的吗？显然不是。我们说大楼和汽车是人造的，指的是人类通过技术将特定物质材料制作或组合成某种东西。那么，当我们说制度是人造物的时候，指的又是什么呢？对此，我们不妨用货币这一对象作为例子来进行说明。货币毫无疑问是人造的，但当我们说它是人造的时候，并不是指它仅仅就是在特定材质的纸上印上了图案、数字和文字。否则，任何人只要掌握印钞技术，就可以发行货币了。换言之，与作为“印了图案、数字和文字的一张纸”的这一自然事实相对应，货币是另一种性质的存在。更为重要的是，类似货币的这种存在在我们的生活世界中还有很多，如选票，选票不只是一张印了名字的纸，它具有政治和法律效力，它会产生意义。总之，这类存在是我们生活世界的意义构成的重要组成部分。对于这种在我们的社会中事实性存在的对象，塞尔称之为制度性事实。制度性事实要成为社会现实的一部分，最为关键的环节就是通过宣告（declaration）这一话语行为完成整个从无到有的建构过程。[1]根据塞尔的观点，宣告这种话语行为最主要的特点在于，成功实施该话语行为会在现实世界和命题内容之间取得一致。[2]举个例子，任命某人为公司的经理或政府某局的领导，只有在人事任命由特定人通过某种方式——口头、书面或二者兼具——宣告了以后，某人才真正成为经理或领导。更为重要的是，大到国家的诞生也是如此。例如，我们国家的国庆节之所以在每年的10月1日，是因为毛主席于1949年10月1日在天安门城楼宣告天下“中华人民共和国中央人民政府今天成立了”。值得注意的是，这并不是说在毛主席说出那句话以前，不存在任何与中华人民共和国和中央人民政府有关的组织机构和个人职务，而是说正是毛主席这一宣告最终完

[1] See John Searle, *The Construction of Social Reality*, The Penguin Press 1995, p. 34.

[2] See John Searle, *Expression and Meaning: Studies in the Theory of Speech Acts*, Cambridge University Press 1979, pp. 16-7.

成整个建构过程的关键一步，使它们诞生到现实世界中。我们完全可以想象，如果毛主席不是在10月1日，而是在10月2日或9月30日做出上述宣告，那么我们的国庆日就会是10月2日或9月30日。这恰恰能够从侧面说明正是毛主席的宣告使得中华人民共和国和中央人民政府正式诞生到我们的现实世界中。法律的诞生也是如此，法律草案在立法机关通过以后，还需要特定的组织或人签署并公布以后，才能正式成为法律。为此，塞尔认为，宣告最纯粹的理解就是，“具有权威的说话者在实际效果上说出宣告特定事态存在，从而将命题内容规定的特定事态带入现实”[1]。然而，我们需要进一步追问的是，宣告这种行为在制度性事实的创造中具体是怎样发挥作用的？为了回答该问题，我们就要了解制度自身是怎么来的及如何发挥作用的。

简而言之，当某物体或个人被赋予某种地位功能（status function）后，相应的制度性事实就被创造出来。这一过程涉及的是对特定对象集体赋予特定功能，而该功能本身不能通过对象自身的物理或化学特性所获得。之所以强调功能的集体赋予，是因为该种功能“唯有凭借集体合意或接受才能得以施展”[2]。最明显的两个例子是纸币和总统。为此，塞尔进一步指出，人类与其他生命形式得以区分的最为根本之处在于：

> 人类通过集体意向性赋予某种现象以功能，而该功能仅仅凭借物理和化学是无法实现的，它要求人们在连续的合作中，以具体形式对被赋予相关功能的地位进行承认、接受和认可。这是所有人类文化中的制度形式的起点，并且它必须总能具有“在C中，X被认作Y”的结构。[3]

正是通过功能的集体赋予和对被赋予功能的地位的持续集体承认，特定制度性事实才得以被创造。需要进一步说明的是，上述过程只需要人们对相关行为习惯性实践和对特定对象持续性承认，而当被赋予的地位

---

[1] John Searle, *Expression and Meaning: Studies in the Theory of Speech Acts*, Cambridge University Press 1979, p. 26.

[2] John Searle, *The Construction of Social Reality*, The Penguin Press 1995, p. 39.

[3] John Searle, *The Construction of Social Reality*, The Penguin Press 1995, p. 40.

功能是一般性政策的时候，“在C中，X被认作Y”这一表达结构就具有了规范性，成了一条构成性规则。惯习和规则的联系就在于，赋予特定对象地位功能的规则被嵌入该对象中，而具体是哪个对象是取决于惯习的。[1] 换言之，规则通过惯习得到体现。在上述制度性事实的创造过程中，地位功能往往是由宣告来完成的。[2] 同时，制度的确立和存续还需要人们在互动交往中的集体意向和集体承认。对于集体意向的内涵和特点，塞尔已经有了十分细致的说明，[3] 本书在此不做赘述。此处的重点是，所有的制度都必然包含某种形式的道义权力（deontic power），尤其是包含立法、行政和司法在内的政府制度。[4] 所谓的道义权力，即通过规范性语词或表达式给予他人独立于其个人意愿的行动理由的能力。[5] 这种制度创设和道义权力的产生需要一个共同体具有足够丰富的语言和使用及理解相关语词的能力，但又不仅仅局限在语言的层面。在能够使用语言，尤其是话语行为，创造出规范性事实之前，必然存在着超语言的惯习使得这一创造得以可能。从这一创造过程中诞生的制度也不仅仅是语言层面的，即它们作为制度超越了语词意义的存在。因此，“我们使用意义，即语言的意义力量，创造了一系列超越语义力量的道义权力”[6]。总之，我们是用意义来创造出超意义的制度和相应的道义权力。这一过程实现的是从基于语义的惯习所形成的基本制度向基于超语言的惯习形成的制度的创造性转化。这一原理不仅适用于婚姻、承诺等简单的、基本的制度，也适用于货币、政府和法律等复杂的、高级的制度。所不同的是，它们

---

[1] See John Searle, *The Construction of Social Reality*, The Penguin Press 1995, pp. 47-9.

[2] See John Searle, *The Construction of Social Reality*, The Penguin Press 1995, pp. 54-5.

[3] See John Searle, *Making the Social World: The Structure of Human Civilization*, Oxford University Press 2010, pp. 47-52.

[4] See John Searle, *Making the Social World: The Structure of Human Civilization*, Oxford University Press 2010, p. 90.

[5] See John Searle, *Making the Social World: The Structure of Human Civilization*, Oxford University Press 2010, p. 123.

[6] John Searle, *Making the Social World: The Structure of Human Civilization*, Oxford University Press 2010, p. 112.

各自在上述原理之上具有其他自身的特性。

3.1.3 官员实践作为惯习再制度化为法律的手段

如前所述，惯习及其制度化是哈特法律理论的核心要义，而这种制度化是在惯习原本就已经具有的制度性上进行的再制度化。关于惯习的制度性及其再制度化的原理，本章之前的内容已经进行了探讨，而现在需要关注的则是哈特具体是如何阐明从惯习到法律的这一转化过程的。根据哈特的论述，官员尤其是负责裁判工作的法官是这一转化过程的关键。马默对此的理解是，哈特主张是一种机构性的实践将惯习进行了法律化，该机构性实践往往包含一套特殊的规则、专门的机构和专业人员，并且往往会引入新的机制确保得到遵守。[1] 对于这种转化的机制，马默认为有赖于他所称的深层惯习，即特定共同体基于社会的基本需求所做的规范性回应，而确认什么是特定法律体系和共同体中的法律的规则和相关实践只是表层惯习，后者被前者所决定。[2] 但马默本人对深层惯习的论述却显得语焉不详，除了几条一般性的描述和一些模糊的比较，马默几乎没有说明他所称的这种深层惯习与法律规范性的生成之间具体是什么关系。这使得他所称的深层惯习更像是一种修辞而并非直面难题所给出的解答。在本书看来，惯习与法律规范生成的关系就在于本书之前所论述的，在共同体的惯习性实践中有一种特殊的实践，基于这种实践，人们将意义的决定权交给了特定的对象，使得该对象的实践决定相关的规范。当这种实践是集体性的时候，所产生的规范就是人们生活世界的共同规范，也就是法律。而在哈特处，接收这一意义决定权的合理对象是法官，而不是主权者。

约翰·加德纳曾生动地形容哈特对奥斯丁的批判可以被视为法理学研

[1] See Andrei Marmor, *Social Conventions*: *From Language to Law*, Princeton University Press 2009, pp. 50-2.

[2] See Andrei Marmor, *Social Conventions*: *From Language to Law*, Princeton University Press 2009, pp. 171-2.

究的“尤里卡时刻”(Eureka moment),[1] 即指哈特认为从批判反思奥斯丁的法律命令说到提出承认规则，是解答法理学中关于法律规范或法律义务是什么的问题之关键。[2] 诚然，哈特对奥斯丁的法律命令说所进行的批判是全面而深入的，也是现代法理学发展之范式转变的关键。但哈特所做的核心批判在于对奥斯丁的分析模式的否定。哈特认为，奥斯丁的命令理论尝试通过还原的方法基于原始事实来解释法律和法律义务之性质。因此，哈特对奥斯丁的分析模式所做的批判在他的理论中扮演了十分重要的角色，也是他重构法律实证主义的第一步。在《法律的概念》中，哈特用“枪手情形”（gunman situation）来批判奥斯丁的命令理论，该理论主张法律是主权者的命令辅以制裁的威胁。在哈特看来，奥斯丁的理论不过是“枪手情形”的扩展，它混淆了“被强制”和“有义务”。所以，奥斯丁的命令理论不仅未能解释现代法律体系的一些显要特征，还错误展现了法律规范性的性质。基于上述批判，哈特提出了他自己版本的法律实证主义——在该理论中，哈特用批判反思的态度，亦即公众接受，替换了习惯性服从；用承认规则替换了主权者。[3] 尽管上述内容并不是哈特对奥斯丁所做的全部批判，但很可能是所做的批判中最为重要的。因为正是由于相信奥斯丁的分析是还原性的，哈特按照这一思路从奥斯丁的理论中找出了一系列错误之处。哈特也表示，由于他将奥斯丁的理论视为一个理论范式，该范式“成了特定类型的理论的依赖，而且无论它有什么缺点，都具有恒久的吸引力”[4]，所以对该范式自身和其他变体的省察就足以满足他批判的目的。换

---

[1] 尤里卡是古希腊用语，表示“我找到啦”“我想到啦”或“有办法啦”的意思。据说是阿基米德在浴盆洗澡时突然想到了解决之前百思不得其解的浮力计算问题的方法，惊喜地喊出了“Eureka！”，并最终得出了阿基米德定律。现在的美国航空航天总局还保持着这个传统，当有人做出了重大突破或发现的时候，就会大喊一声“Eureka！”。

[2] See John Gardner, “Why Law Might Emerge：Hart’s Problematic Fable”，in *Reading HLA Hart’s The Concept of Law*, Luis Duarte D’Almeida, James Edwards and Andrea Dolcetti（ed），Oxford：Hart Publishing 2013, p. 81.

[3] See Pavlos Eleftheriadis, “Hart and Sovereignty”，in *Reading HLA Hart’s The Concept of Law*, Luis Duarte D’Almeida, James Edwards and Andrea Dolcetti（ed），Oxford：Hart Publishing 2013, pp. 63-5.

[4] H. L. A. Hart, *The Concept of Law*（second edition），Oxford University Press 1994, p. 18.

言之，哈特认为，对奥斯丁分析模式的成功批判是对其代表的理论范式的技术性击倒。然而，如果更为仔细地阅读奥斯丁的作品，我们就可以发现奥斯丁的分析模式并非像哈特所理解的那样。因此，在对哈特的理论进行反思之前，我们有必要省察一下哈特对奥斯丁所做之批判，以及他提出的新理论。

首先，“还原”作为一个哲学术语，其内涵是模糊不清的，不同作者对其有不同方式的使用，而且还原自身也有不同的层面。即便如此，当哈特用“枪手情形”批判奥斯丁时，他非常明确地指向了奥斯丁之分析的概念结构。在介绍自己理论中的一般理念时，奥斯丁确实主张过通过对“命令”这一概念的分析，我们能理解其他诸如“义务”“服从”“强制”等概念。[1] 在《法律的概念》第二章开头，哈特将奥斯丁的分析视为“依据命令和习惯的明显简单要素对法律的概念进行分析的最彻底尝试”[2]。随后，哈特构建了一个名为“枪手情形”的模型来说明命令、威胁和服从之间的关系。并且，他相信奥斯丁的理论是上述简单模式的扩展。[3] 更为重要的是，在一个还原性分析中，涉及的复杂概念被设想为依据一些基本的简单概念得到解释的。因此，正是奥斯丁的分析模式最终导致奥斯丁的理论无法解释现代法律的一些显要特征，并最终误解了法律义务的性质。详言之，哈特认为，为了追求同一性，奥斯丁的理论和其他可能的变体将不同类型或不同功能的法律还原到一个简单模型，其结果是付出了扭曲现代法律真实面貌——多样性——的代价。[4] 哈特还认为，由于对命令的习惯性服从不是规范性的，因此它为具体主权者或其继任者的立法权力或其他形式的规范性影响提供基础。[5] 总之，在哈特看来，奥斯丁之分析的重要缺陷就是法律的规范性在还原性的模式中被消解掉了。又或者可以说，奥斯丁的剃刀

[1] See John Austin, *The Province of Jurisprudence Determined*, Hackett Publishing House 1998, p.4.

[2] H. L. A. Hart, *The Concept of Law*（second edition）, Oxford University Press 1994, p. 18.

[3] See H. L. A. Hart, *The Concept of Law*（second edition）, Oxford University Press 1994, pp. 24-5.

[4] See H. L. A. Hart, *The Concept of Law*（second edition）, Oxford University Press 1994, p. 38, 41 and 49.

[5] See H. L. A. Hart, *The Concept of Law*（second edition）, Oxford University Press 1994, pp. 59-62.

太锋利了。

哈特基于上述他对奥斯丁的理解，针对性地提出了另一种分析模式，该模式被加德纳理解为斯特劳森所提出的“联系性分析”（connective analysis）的一个版本。[1] 加德纳相信哈特与斯特劳森的这种思想连接表现在，当哈特描绘自己的分析蓝图的时候，他使用了与斯特劳森相同的术语。[2] 此外，在哈特的几处论述中也清晰地显示出他接纳了维特根斯坦关于家族相似的理念，并将其运用到对法律及法律义务的分析当中。[3] 毫无疑问，维特根斯坦的哲学被视为联系分析的思想源头之一。受维特根斯坦的启发，哈特作为早期成员所在的牛津语言哲学将概念分析视为一种进行“概念解释以及通过排除歧义和预设来描述概念联系”的活动。[4] 这一思路显然与斯特劳森所说的“联系性分析”的概念有许多共通之处。斯特劳森认为，在哲学的研究中有两种分析模式，即还原性分析和联系性分析。还原性分析追求的是完全简单的概念，并致力于说明一个复杂概念是如何通过特定逻辑进路，在这些简单概念的基础上建构出来的。联系性分析就是将一个复杂概念考虑为一个由相互联系的概念或对象组成的体系或模型，并认为只有通过对该体系或模型中的这些概念的联系和它们各自所属的位置进行描述，方能阐明该复杂概念的内涵。[5] 因此，哈特的分析哲学之进路被视为在根本上有别于奥斯丁。哈特本人也相信该进路能更好地揭示法律和法律义务的性质。沿着这个进路，哈特最终到达了他的“尤里卡时刻”，亦即初级规则与次级规则的结合。

---

[1] See John Gardner, “Why Law Might Emerge：Hart’s Problematic Fable”, in *Reading HLA Hart’s The Concept of Law*, Luis Duarte D’ Almeida, James Edwards and Andrea Dolcetti（ed）, Oxford：Hart Publishing 2013, p. 82.

[2] See John Gardner, “Why Law Might Emerge：Hart’s Problematic Fable”, in *Reading HLA Hart’s The Concept of Law*, Luis Duarte D’ Almeida, James Edwards and Andrea Dolcetti（ed）, Oxford：Hart Publishing 2013, note 8, p. 83.

[3] See H. L. A. Hart, *The Concept of Law*（second edition）, Oxford University Press 1994, pp. 15-6.

[4] Hans-Johann Glock, *What is Analytic Philosophy?*, Cambridge University Press 2008, p. 158.

[5] See P. F. Strawson, *Analysis and Metaphysics*, Oxford University Press 1992, pp. 17-9.

如前所述，哈特对奥斯丁的分析模式之批判，是想通过技术手段达到变革法理学范式的目的。这一范式革命的结果就是主权者和强制被剔除出法律和法律义务生成的过程中，被视为与法律和法律义务的生成没有内在联系。哈特在《法律的概念》中广为人知的主张就是法律是初级规则和次级规则的结合。在得出这个著名的论断之前，是被加德纳所称的习俗解释(customary account)，哈特发展出这一解释来回答关于法律从何而来的形而上学问题，而无须依赖于奥斯丁和凯尔森等前人的理论。[1]详言之，哈特的思想有两个引擎，一个是规则的实践理论，它用普通人的行为和态度的聚合来解释一般性的规则是如何获得规范性的；另一个是法律义务理论，它根据一个特殊人群——法律官员——的行为和态度的聚合，区分初级规则和次级规则，并以此来解释法律义务是如何生成的。值得注意的是，这两个理论的解释力最终都依赖于哈特的语义学，也就是斯塔夫罗普洛斯所称的"强概念分析"，它主张对概念或一般术语的正确理解取决于普通人在日常生活中实际使用相关概念和术语时所包含的理解。相关原理，本书在第二章中已经有了详细的论述，在此不做重复。现在需要注意的是，在这种确定意义的共同标准之上的，是法律官员的日常实践在进行着制度化并最终完成法律义务的生成，这也就是承认规则所欲表达的内容。为什么一定是法律官员来完成这一任务呢？对此可以有两种解释，一种是仅仅以法律体系运作的自身规律为出发点的，另一种则是基于除魅以后的生活世界之理性化统治的要求。现在，先说第一种。在法律体系中，法官和法院作为专业人员和专业机构，为法律规范适用于具体事实时提供相关法律的权威解释，这种确定规则的确切意义和适用范围的权力在每一个法律体系的发展中都可能是最先制度化的。因此，法律体系作为一种制度性存在，它所制度化的不是法律制定或法律适用本身，而是权威性地确定规则的确切意义和范围的权力，以及法律对于个案适用性的权力。相应地，承认规则

[1] See John Gardner, "Why Law Might Emerge: Hart's Problematic Fable", in *Reading HLA Hart's The Concept of Law*, Luis Duarte D' Almeida, James Edwards and Andrea Dolcetti (ed), Oxford: Hart Publishing 2013, p. 83.

通过引导人们着眼于特定机构、惯习性实践及它们与司法判决之间的关系，提供了识别特定规则是否是法律体系的组成部分的权威标识，并使得法律体系保持统一。[1] 与此同时，一般的行动者被设想为“困惑的人”（puzzle man），他们时刻想要知道什么对他们而言是规范以及内容是什么，以便能够为自己的生活做恰当的规划。因此，行动者被权威标识导向到特定人员或机构的实践，并对这些实践进行理解，从而内化为自己在规划行为和与他人协作时的排他行动理由。所以，这些官员和机构通过在他们的日常工作中行使上述权力，将一般化的法律规范具体化为对特定当事人或事情的个别规范，而由于他们自身的实践也是守规则的并在以他们为成员主体的群体中也存在着惯习，因此他们通过自己的实践就构成了可以源源不断地认知特定事实并产出法律义务的动态机制。另一种解释则在一个更为广阔的背景中，这涉及对生活世界之统治的理性化方式。马克斯·韦伯根据正当性的类型将支配的形式分为三类，分别是卡理斯马型、传统型和法理型。卡理斯马型的基础主要在于个人的超凡魅力，传统型的基础则主要在于确信历史悠久的传统之神圣性，法理型的基础则在于理性化的法令和规章等。个人对于法理型支配的服从主要是对客观的、非人格化的法律秩序的服从。[2] 法理型的支配基本上由一个抽象规则构成的法律体系及一个受过专业训练的官员群体构成。虽然法理型的支配可以有多种方式，但最为典型、最纯粹的方式就是以官僚体制为执行方式。与卡理斯马型不同，“此种理性的、法制的官僚系统……是日常事务的行政管理中最为重要的机能……管理，正是支配在日常生活中的运用和执行”[3]。这种官僚系统的理性化程度很高，具有深厚的专业知识，服从制定规则和稳定高效，对于现代社会的理性化发展而言扮演了非常重要的角色。[4] 更为重要的是，客观法秩序要

---

[1] 参见［比］马克·范·胡克：《法律的沟通之维》，孙国东译，法律出版社 2008 年版，第 32—33 页。

[2] 参见［德］马克斯·韦伯：《支配的类型》，康乐译，广西师范大学出版社 2010 年版，第 297 页。

[3] 马克斯·韦伯：《支配的类型》，康乐译，广西师范大学出版社 2010 年版，第 305 页。

[4] 参见［德］马克斯·韦伯：《支配的类型》，康乐译，广西师范大学出版社 2010 年版，第 311—313 页。

在国家和法律都大致上官僚化以后，才能得以最终完成。[1] 同时，惯习 [2] 是传统秩序的重要组成部分，它与法律秩序相比，唯一缺少的就是诸如法官、检察官和行政官员等官员群体，因而它们之间的关键区别就在于前者缺少一个随时准备好行使强制权力的专业群体或机构。[3] 不过，惯习是可以向法律转化的，而这一转化的本质就是统治理性化程度的提升，以及辅以一个由专业的官员为成员的组织机构来对惯习的规范性内容进行法制化。[4] 总之，官员的实践之所以被认为实现惯习在制度化为法律过程中的关键环节，首先是因为现代法律体系中，专业地适用法律的法官和法院是制度化最为重要的环节之一，同时肩负着维系法律体系统一和自创生的主要任务；其次在于官员群体是生活世界之统治理性化的关键，也是法理型这一正当支配的重要组成部分，对于任何形式的现代社会而言都是必不可少的管理方式。

上述这种从社会的惯习、传统或习俗出发思考人类制度的基本内涵，以及以此为基础理解法律制度和法律规范之产生的进路，不仅仅被哈特的理论采纳和发展，同时代的其他学者也表达了类似的观点。在 20 世纪 60 年代，美国法社会学家博汉南提出了一个观点，认为法律来自对习俗的再制度化。在他看来，习俗作为规范的集合体，不仅在大部分时间里被人们实际地实践，同时也渗透于所有的社会制度当中。尤其是对法律的定义和理解，更是处处离不开习俗。[5] 而习俗与法律之间的内在联系就在于，法律是对习俗的再制度化。申言之，习俗本身就包含了制度性内涵，因而使

---

[1] 参见［德］马克斯·韦伯：《支配社会学》，康乐、简惠美译，广西师范大学出版社 2010 年版，第 80—81 页。

[2] 在广西师范大学出版的韦伯作品集中，德语词 Konvention 被翻译为习律或常规。本书为了保持用语的一致性，统一译为惯习。

[3] 参见［德］马克斯·韦伯：《经济行动与社会团体》，康乐、简惠美译，广西师范大学出版社 2010 年版，第 331—333 页。

[4] 参见［德］马克斯·韦伯：《经济行动与社会团体》，康乐、简惠美译，广西师范大学出版社 2010 年版，第 328—329 页。

[5] See Paul Bohannan, "The Differing Realms of the Law", in *Law and Warfare: Studies in the Anthropology of Conflict*, Paul Bohannan (ed), Natural History Press 1967, p. 45.

得基本的社会制度得以形成并运转。法律则来自基于特定需求对习俗进行的二次制度化。这种二次制度化并不是简单地照搬习俗里的制度性或规范性内容，而是“为了适应法律制度的活动而进行的再规定”[1]。因此，法律体系当中的权利和义务都是以习俗当中的主体间交往所形成的规则为基础的，亦即来自那些被二次制度化的社会规则或规范，但同时又结合法律体系的自身特点而有所延展或限缩。[2]这充分表明，法律来自习俗、惯习和传统等规则形式，但并不是简单地等同于或照搬这些规则形式的内容，而是结合自身特点所进行的制度性转化。这种制度性转化的实现，首先，依赖于法律职业官员或类似的专职人员群体的出现，以及他们按照法律自身的内部规则所进行的实践。这一点正是哈特和博汉南致力于阐明的。其次，在内部规则的构成上还需要有一些独特的规则，否则法律就与其他制度性事实无异了。在这一点上，麦考密克提供了重要的洞见。麦考密克在反思初级规则和承认规则时指出，二者的结合并不能完整地说明法律制度自身的特点。他进而提出，“‘法律制度’这一术语，正如我将使用它的那样，应该被理解为意味着一些由成套的创制规则、结果规则和终止规则调整的法律概念”[3]。仍需注意的是，这只是对法律制度中一个重要部分的说明，法律制度自身还有其他元素或组成部分。[4]但无论如何，一种从习俗、传统和惯习等社会原初制度出发来理解法律制度的主体部分的进路，还是清晰地揭示了法律规范性的来源与人们日常生活的内在联系。

---

[1] Paul Bohannan, “The Differing Realms of the Law” , in *Law and Warfare: Studies in the Anthropology of Conflict*, Paul Bohannan (ed) , Natural History Press 1967, p. 47.

[2] See Paul Bohannan, “The Differing Realms of the Law” , in *Law and Warfare: Studies in the Anthropology of Conflict*, Paul Bohannan (ed) , Natural History Press 1967, pp. 48-9.

[3] [英] 尼尔·麦考密克:《制度法论》，周叶谦译，中国政法大学出版社 2004 年版，第 66 页。

[4] 参见 [英] 尼尔·麦考密克:《制度法论》，周叶谦译，中国政法大学出版社 2004 年版，第 90—91 页。

3.2 主权者与法律对常识的制度化

主权者在现代政治和法律理论当中都具有极为重要的地位，但本书之所以没有将对它的讨论放在本章的最前面部分进行，是因为主权者在当代规范理论的范式中处于较为边缘的地位。而正如本书之前所揭示的那样，主权者之所以会在当代规范理论的范式中处于边缘地位，是由于哈特所开启的新范式将主权者从法律义务的生成过程中剔除出去，取而代之的是公共接受和承认规则。所以，在哈特看来，是法官群体以他们的认知和实践在不断地为生活世界设定意义并增添规范性内容。民众守法全赖于对法官所设定的这些意义的理解并内化为自己行动的理由。哈特实现这一范式转换的方式是通过对奥斯丁的法律命令说进行批判。然而，"项庄舞剑，意在沛公"，哈特之所以批判奥斯丁，除了有基于规范理论层面的考虑，还有政治哲学上的考虑。奥斯丁的思想源泉之一是霍布斯，奥斯丁可以说是霍布斯在规范理论领域的代言人。而哈特在政治哲学上继承的却是密尔的自由主义思想，该思想将主权者视为与个人权利对立的、在论证世俗统治合法性上居于次要地位的要素。此外，霍布斯的学说还是神学思维的一种反映，而哈特继承边沁的思想试图实现相关领域的去神秘化，提出一套完全以世俗生活为基础的实证法理论。本书在这一节中将从上述两个方面对哈特的理论进行考察和批判，继而阐明主权者与法律规范和法律义务的必然联系，并以此表明主权者才是真正能够实现对常识进行制度性转化为法律的主体。

3.2.1 对哈特模式的批判性考察

目前国内学界的一般认识是哈特对奥斯丁的批判的理解主要还是分析法学层面的，鲜少有注意到哈特对奥斯丁的批判还有政治哲学上的考量。除此之外，对于哈特的政治哲学，一般性的理解为哈特是自由主义者和功利主义者，尤其对边沁的功利主义哲学有着深厚的研究。但未曾注意到的是，哈特对国家、规范和强制的理解是建立在密尔的自由主义和功利主义思想之上的。申言之，在密尔开启的范式里，政治哲学首要关注的问题是，什么法律是国家有权利制定的，因此对国家的道德限制以及对国家立法行为的道德要求。而强制则被放在自由与权利的对立面，是政治哲学需要考虑的次要问题，而且仅仅限制在对应于一些不应当做出的行为时，才会被考虑。上述政治哲学的范式在法学中的反映就是，国家对强制的使用与法律规范性和法律义务没有必然联系，它只是辅助个别法律实施的手段而已。哈特的理论正是上述观点最为重要的代表。[1] 哈特批判奥斯丁的另一个考虑，就是消除法律理论中的神学思维。如前所述，奥斯丁思想中的很大一部分来自于霍布斯，而霍布斯在《利维坦》中所建立的理论有着深厚的神学思维背景。霍布斯的国家学说思想虽然常常被冠之以机械论、经验主义和理性主义的名称，但在其作品中利维坦的形象却是复杂的。在霍布斯的作品中，利维坦是一个“多义的神话形象，集上帝、人、动物和机器于一身”[2]。尤其值得注意的是，现代国家法的主权概念正是加尔文之上帝概念的世俗化形式，而这就是霍布斯笔下的利维坦，即一个具有神圣特征的全能者。[3] 至于霍布斯思想中的机械论部分，施米特借用马赫的观点，将其理解为“一个机械论神话学碰到了古代宗教中的泛灵论神话学”[4]。然而，哈特所致力于用以代替“霍布斯—奥斯丁”范式的那套理论，除了在论证国家强制的合法使用上面临极大的困难，其自身在对于国家和法律规范和法律义务生成的解释也有重大的缺陷。

哈特的法律实证主义在解释法律规范和法律义务的生成时所面临的最

[1] See Arthur Ripstein, “Authority and Coercion”, *Philosophy & Public Affairs*, Vol. 32, No. 2, 2004, pp. 4-5.

[2] [德] 卡尔·施米特:《霍布斯国家学说中的利维坦》，应星、朱雁冰译，华东师范大学出版社 2008 年版，第 68 页。

[3] 参见 [德] 卡尔·施米特:《霍布斯国家学说中的利维坦》，应星、朱雁冰译，华东师范大学出版社 2008 年版，第 69 页。

[4] [德] 卡尔·施米特:《霍布斯国家学说中的利维坦》，应星、朱雁冰译，华东师范大学出版社 2008 年版，第 78 页。

大的挑战，就是难以真正地说明法律是如何从一般性的社会规则中脱颖而出并能够切实地引导和规制社会行动主体的行为。这种困难可以说是有两个方面的原因造成的，一方面，哈特拒绝了奥斯丁的法律命令说，使主权者及强制被抛弃；另一方面，哈特又坚守法律实证主义的社会事实命题，拒绝承认价值与法律规范和法律义务的生成有必然联系。[1] 对于后面这一点，德沃金及其支持者在他们的作品中已经有了多番论述，本书在此不做赘述。更为重要的是，在本书看来，后面这一点的问题恰恰是由前者造成的。因此，唯有正确理解主权者和强制与法律规范和法律义务生成的必然联系，价值才能被恰当地引入。所以，我们必须回到霍布斯开启的范式。但在此之前，我们不妨回顾一下哈特提出的理论方案，以便后面对其进行有针对性的批判。如前所述，在哈特的理论中，有两个动力机制促使着法律规范和法律义务的生成。一个是规则的实践理论，它从社会的一般层面和行动主体的日常实践出发，解释了规则是如何从人们的常识性判断和常规实践中获得规范性内涵的。另一个则是法律义务理论，它通过区分初级规则和次级规则来凸显出一类特殊人群——官员，并解释了官员尤其是法官在他们日常工作中的行为及态度的聚合，以话语行为的方式对生活世界的意义进行再设定，由此将来自日常生活的规则制度性转化为法律。相应地，人们理解法官的权威决定所设定的意义，并内化为自己的首要行动理由。所以，哈特的整个理论对于法律规范和法律义务生成的解释力端赖于他的意义理论。然而，哈特的这一进路面临十分严重的困难，尤其是当它需要解释法律义务到底是如何从常人和官员的语言实践中产生出来时，这一进路就显得十分地捉襟见肘。详言之，这一困难在于那些语言的和非语言的实践顶多“是与相关法律义务的内容相关，而不能最终决定法律义务的内容”[2]，而哈特关于规则的理论并没有能力提供一种机制来“解释义务，

[1] 尽管哈特承认有最低限度的自然法，但这种最低限度的自然法与法律规范和法律义务的生成之间没有必然联系。

[2] Nicos Stavropoulos, “Words and Obligations” , in *Reading H.L.A Hart's The Concept of Law*, Luis Duarte D' Almeida, James Edwards and Andrea Dolcetti（ed）, Oxford：Hart Publishing 2013, p. 128.

却仅仅是对其他一系列考虑的总结”[1]。换言之，哈特的进路没有能力解释法律何以能够“推动”行动主体的行动前往特定的方向。正如本书所强调的那样，哈特的进路之所以会深陷泥潭，是因为主权者和强制缺席于他的理论当中。

熟悉当代法理学争论的人或许会有疑问，为什么是主权者和强制的缺席导致了哈特理论中的困难，而不是价值呢？对此的回答是，价值固然重要，但价值不是通过主观意愿和任意的方式引入法律体系当中的。价值引入法律体系当中，成为对生活世界的意义设定的一部分，最为重要的同时也是必然的途径是通过主权者。在缺乏一个共同权力的情况下，人与人之间就恒常处于一种互为战争关系的自然状态当中。在这种状态当中，个人不仅没有快乐，也没有产权和客观的公正观念，更无法说拥有一个稳定的权利状态。[2] 对于这一点，康德给出了更为清晰的论述。康德在《法的形而上学》中指出，在自然状态中的人都只是根据自己的爱好和主观意见行事，对于自认为自己享有权利的东西也只能依靠个人的力量予以保护。在这种情形中，只有主观意义上的权利和个人的强力作为保障，客观意义之上的公共秩序和权利状态是无法言及的，更遑论不受暴力侵犯的基本安全。为了改变上述情形，走出自然状态，个人就必须组成一个政治共同体，进入文明社会状态。[3]

总之，一种基于客观意义的价值及稳定的权利状态，只有在主权者及强制在场作为居中者平衡冲突和建立秩序的时候，才得以可能。换言之，主权者及其强制是客观价值和个人权利的重要条件，而非它们的对立面。客观法秩序的建立更是以主权者及其对强制的使用为根本前提。此时，又会产生新的疑问，如果将主权者及其强制重新纳入法律理论当中，岂不是又陷入哈特对奥斯丁所做的批判当中，即用实然代替应然？为了回应这类

---

[1] Nicos Stavropoulos, “Words and Obligations” , in *Reading H.L.A Hart's The Concept of Law*, Luis Duarte D' Almeida, James Edwards and Andrea Dolcetti（ed）, Oxford: Hart Publishing 2013, p. 132.

[2] 参见［英］霍布斯：《利维坦》，黎思复、黎廷弼译，商务印书馆 1985 年版，第 94—97 页。

[3] 参见［德］康德：《法的形而上学》，沈叔平译，商务印书馆 1991 年版，第 136—137 页。

疑问，本书接下来就要对哈特就奥斯丁的法律命令说所做的批判进行批判，澄清奥斯丁的思想内涵。

3.2.2　对法律命令说的重新解读

此处所说的重新解读，毋宁是一种正本清源，因为当今学界对于法律命令说的理解主要是建立在哈特对奥斯丁的解读之上的。而本书在这一节当中就要指出哈特的重要错误，并提出对奥斯丁及其法律命令说的重新理解。此处所说的重要错误，主要指的是哈特对奥斯丁分析模式的误解，以及对主权者与法律秩序之关系的误解。

3.2.2.1　奥斯丁的分析模式：联系的而非还原的

正如本书之前所分析的那样，哈特对奥斯丁最为重要的批判在于对奥斯丁的分析模式的批判。哈特认为奥斯丁的法律命令说是一门关于法律规范的本体论学说，而由于它采取的分析模式是还原性的，因此将作为规范性存在的法律还原为几个简单的原始事实，其结果是误解了法律义务的性质。然而，值得我们认真反思的是，奥斯丁的法律命令说真的是一门关于法律规范之本体的还原性的理论吗？针对该问题的前半部分，即法律命令说是否是一门关于法律规范之本体的理论，西方学界已经有所反思。命令理论并非奥斯丁首创，亦非法律实证主义所独有，17 世纪前后以普芬道夫和苏亚雷斯为代表的自然法理论也采纳法律命令说，所不同的只是命令的发出者。在经过对命令理论这一学说传统的仔细而又全面地考察后，波斯特玛（Gerald Postema）指出，“任何将命令模式视为还原主义进行否定的尝试，即将命令模式视为意在将法律还原为一些不含规范性的社会事实或意在仅仅依赖这些事实来解释法律规范性，都未能理解该学说传统”[1]。波

[1] Gerald J. Postema, “Law as Command: The Model of Command in Modern Jurisprudence”, in *Philosophical Issues*, 2001, 11（1）, p. 495.

斯特玛如此说是为了说明，如果我们把命令理论理解为试图通过还原性分析来解释法律规范性的一般理论，那么这就是一种对命令理论的误解。换言之，命令理论并非法律规范的本体论，因为命令理论的核心“是一个关于法律权威及其与众不同的（distinctive）规范性的理念，以及它引导行动的与众不同的模式”[1]。主权、命令与强制都是技术性术语，它们的功能是表达法律与众不同的规范性。依照波斯特玛对命令理论的解读，我们可以发现奥斯丁对法律规范性的关注与哈特在其理论中的关注相去甚远。与哈特所相信的情况相反，奥斯丁所关注的是对那些使实证法与其他形式的规范性得以区分开来的要素的描述，尤其是那些在法律的执行和传达过程中显示出来的要素。所以，简而言之，哈特与奥斯丁之间的关键区别在于：哈特的理论是关于法律规范性的性质和生成的一般理论，奥斯丁的理论早已假定了实证法的规范性，并致力于阐明是什么能让我们从规范之池中挑选出实证法来。在本书看来，上述观点就是真正理解奥斯丁思想的关键。基于上述观点，本书提出的是，为了公正地解读奥斯丁，我们绝不能忽视奥斯丁在其作品中的一些陈述明确表明，他将法律看作一个要通过对法律与主权、命令和强制的必然联系进行描述才能被正确分析的复杂概念。此外，由于这些陈述的内容与哈特对奥斯丁的解读几乎无法相融，将奥斯丁的分析理解为联系性的——虽然存在缺陷[2]——而非还原性的，是更为适切的做法。

奥斯丁在其作品的开篇部分介绍了他的主要目标、关键概念和分析的结构，这些内容可以被视为他研究的蓝图。在相关的段落中，奥斯丁描绘了他的分析模式。他如此说道：

决定命令的性质，我固定了“命令”这一术语所暗含的其他术语的意

---

[1] Gerald J. Postema, “Law as Command: The Model of Command in Modern Jurisprudence”, in *Philosophical Issues*, 2001, 11（1）, p. 495.

[2] 实际上，无论是奥斯丁还是哈特的分析模式都不是最纯正的联系性分析。联系性分析在法律理论中最为彻底和纯正的运用来自霍菲尔德。相关内容请参见［美］霍菲尔德：《基本法律概念》，张书友译，中国法制出版社 2009 年版，第 28 页及以下。

义，即“制裁”或“服从的实施”；“责任”或“义务”；“上位与下位”。[1]

随后，当分析“命令”这一术语时，他指出：

从现有的前提也可以显示出，命令、责任和制裁是不可分割的、相互联系的术语：它们各自都包含同样的观念，尽管各自通过特别的顺序或序列来指示相关观念。[2]

根据这些术语之间的联系，奥斯丁给出了进一步的阐明：

“某人持有的意愿，向他人表达或通知，并且以防该意愿被无视，一个恶果会被施加或降临”，这些内容被上述三个表达直接或间接表示。这三个术语各自都是同一个复杂概念的名称……三个术语各自标示（signifies）同一个概念；但各自指示（denotes）出该概念的不同部分，并且意味（connotes）着其余的部分。[3]

上文中加粗部分在原文中是奥斯丁用斜体表示强调的，这说明奥斯丁对这几个词不是一般性的使用，而是作为重要的逻辑术语使用。关于 signify 即标示，它和 sign 即符号紧密相连，一个符号总是标示出一个对象或一个概念，而被指示出来的这个概念才是真正具有内容的。例如，路标作为一个符号，它标示出一个地点，这个被标示出来的地点才是具有内容的，而符号本身只是起到提示的功能。而指示所关乎的则是概念的外延，意味所关乎的则是概念的内涵。不同的语词或表达式可以具有不同的外延而表达相同内涵，也可以具有相同的外延而表达不同的内涵。[4] 可见，奥斯丁所称的“主权”“命令”和“强制”虽然都指示了不同的外延，但是它们的内涵最终都统一到法律这一复杂概念上，并且它们的这种统一性是建立在不可分割的必然联系之上的。换言之，任何将它们割裂看待的观点都是对它们的误解和扭曲。上述段落并非唯一表明奥斯丁将他的分析作为描述特定

[1] John Austin, *The Province of Jurisprudence Determined*, Hackett Publishing House 1998, p. 4.

[2] John Austin, *The Province of Jurisprudence Determined*, Hackett Publishing House 1998, pp. 17-8.

[3] John Austin, *The Province of Jurisprudence Determined*, Hackett Publishing House 1998, p. 18.

[4] 在现今哲学中对概念的外延与内涵关系的最为重要的探讨，请参见［美］索尔·克里普克：《命名与必然性》，梅文译，上海译文出版社 1988 年版，第 27 页及以下。

术语的必然联系之努力的段落。但上述段落却是最值得注意的，因为它们集中显示出奥斯丁思想的总体图景。奥斯丁的分析模式与斯特劳森所称的“联系性分析”之间的相似之处并不单单是在所使用的术语的层面上，更是在于应当如何理解一个复杂概念的方式上。根据斯特劳森的说法，“一个概念可能是复杂的，在于对它的哲学阐明要求建立起它与其他概念的联系，并且它同时是无法还原的，即不依据那些与其必然关联的概念进行定义的话，将不可避免地陷入循环论证当中”[1]。因此，还原性分析和联系性分析的区别就在于分析的结构：在还原性分析的结构中，涉及的复杂概念是通过被分解为一些绝对简单的概念来分析的，并且该复杂概念根据这些简单概念才能得到解释；在联系性分析的结构中，涉及的复杂概念是通过对无法割裂的、相互联系的那些概念进行描述来分析的，而且该复杂概念基于对这些概念的必然联系的理解才能得到解释。按照上述说法，不难看出的是，当奥斯丁主张命令、责任和制裁是不可分割、相互联系，各自是同一个复杂概念的不同名称时，他本质上所提出的是一条联系性的进路。由于奥斯丁本人在这一点上的原话已经十分清楚，任何提供进一步澄清的尝试都会显得多此一举，本书现转向讨论一些可能的反对意见。

首先，如何理解奥斯丁其他的一些著名的陈述，如“如果我没有服从你所标示出来的意愿，我就应受来自你的恶果，我就是被你的命令所约束或对你的命令负有义务，或我有责任要服从该命令”[2]，这似乎表明了奥斯丁将规范性术语与某些简单或原始的事实混为一谈了。所以这表明哈特的解读是有充分依据的。一种便捷的回应方式是，由于我们自然语言的性质和限制，我们不能仅凭类似的陈述就断定一个作者是采取了还原性的进路还是联系性的进路。比如说，无论是一个还原主义者或联系主义者，都可以用以下方式来说明一个复杂概念——“当某人说 X，这意味着 A、B 和 C”，或“X 由 A、B 和 C 组成”，或“概念 X 表达了 A、B 和 C”。因此，

[1] P. F. Strawson, *Analysis and Metaphysics*, Oxford University Press 1992, pp. 22-3.

[2] John Austin, *The Province of Jurisprudence Determined*, Hackett Publishing House 1998, p. 14.

确定一个作者是还原主义者还是联系主义者的最佳方法是仔细研读作者介绍他的分析模式和基本思路的章节段落。显然，在奥斯丁这一情况中，这个最佳方法是能够适用的。然而，此处还可以有一个更好的回应，即概念的基础性是一回事，而概念的结构是另一回事，它们并不当然的相互排除对方。所以，奥斯丁对更为基础或基本层面的概念之追求，在某种程度上会削弱他的联系分析的效果，但这不必然否定他的基本主张，即法律是一个复杂概念，它必须依靠其与主权、命令和强制的联系才能得到理解。详言之，概念是否被算作基础的这一问题与特定分析是还原的还是联系的问题，是两个在根本上完全不同的问题。前者关注的是一个概念是否能在一个更为基础或基本的层面得到解释。后者关注的是一个分析的结构或在该分析中概念的结构性依赖是如何的。因此，一个分析是还原的还是联系的，是一个分析结构的问题，它并不预先排除对概念基础性的思考——概念的基础性是另一个层面的问题。在本书看来，斯特劳森应该会认同上述观点。因为，尽管一个还原性分析的问题总是倾向于把绝对简单的，甚至是原始的事实作为概念的基础层面，斯特劳森并不认为有必要在联系性分析中拒绝追求基础或基本概念。[1] 根据斯特劳森的观点，在日常生活中被预设的，并且必然与涉及的复杂概念相关联的那些概念，应该被视为在联系分析中的基本或基础概念。[2] 对上述预设的合理理解是，当我们说 C 预设 D，指的是“当且仅当某人把握 C 时必然也把握 D”，这表明，“为了找到对于理解联系性分析而言尤为重要的预设关联，我们必须离开概念及其内容的结构性依赖层面，并回到功能性层面：回到我们人类使用这些概念的次序中”[3]。上述这一点十分重要，因为它表明，在联系性分析中，涉及的复杂概念是通过描述其与其他预设概念的必然联系来得到分析的。因为，该复杂概念只有在其他特定概念被把握以后才能得到理解。但是，这些概念各自又可以根据我们如何使用它们而有进一步的解释或与其他现象相连

[1] See P. F. Strawson, *Analysis and Metaphysics*, Oxford University Press 1992, p. 21.

[2] See P. F. Strawson, *Analysis and Metaphysics*, Oxford University Press 1992, pp. 22-3.

[3] Tadeusz Szubka, “Connective analysis and Basic Concepts”, *Philosophia*, 26（1）, 1998, p. 149.

接。因此，对于奥斯丁而言，把规范性术语和特定事实联系起来的问题及由此带来的其他问题，仅仅停留在概念的基础性层面。这固然使得奥斯丁的联系性分析在整体上略有瑕疵，但这与认为奥斯丁是还原主义者的说法具有根本上的区别。另一种反对意见或许会说本书上述所做的区分仅仅是玩弄文字游戏，只要某人在定义某对象时将该对象下降到另一类实体的层面，他就是还原主义者。此种观点的最近例子就是，马默主张奥斯丁的理论是一种形而上学还原论。[1] 在本书看来，马默所说的形而上学还原论与塞尔所说的本体还原论是一回事，该理论主张“现象 A 能在本体论上还原为现象 B，当且仅当 A 除了是 B 以外什么都不是”[2]。因此，本书对上述反对意见的回应如下：如果我们同意波斯特玛对命令理论的理解，那么奥斯丁的理论就不能被视为关于法律的本体论研究，而是一个对法律规范性的与众不同之处的解释，即一套解释法律是如何与其他形式的规范性区分开来的理论。[3] 上述理解能够得到奥斯丁的原文支持，尤其是他反复说他的理论的目的就是令实证法能区分于其他基于类比关联起来的对象，如神圣法或实在道德，即确定法理学的范围。[4] 尽管如此，本书还是要强调结构依赖性和概念的基础性之间从根本上是不同的。这意味着仅仅由于涉及概念可以上升或下降到某个层面，就取消掉概念的结构依存层面的观点是一种范畴错误。

总而言之，哈特试图通过“枪手情形”来批判奥斯丁的分析模式，并

[1] See Andrei Marmor, “Farewell to Conceptual Analysis (in Jurisprudence)”, in *Philosophical Foundations of the Nature of Law*, Oxford University Press 2013, pp. 215-6.

[2] John Searle, *Mind: A Brief Introduction*, Oxford University Press 2004, p. 83.

[3] 或许某人会如此提问，为何一个阐明特定对象得以与其他对象区分开来的必要因素的理论不是一个本体论呢？本书在此用一个例子来显示当中的区别。假设本书作者有个女儿，我让我的朋友将我的女儿从幼儿园里接回来。我对我的朋友说：“哥们，你方便去帮我把我的女儿从幼儿园里接回来吗？”我的朋友说：“好的，但我如何才能知道哪个小孩是你的呢？”我说：“黑头发，蓝眼睛，身高 1 米 55。”假设这些要素加起来足以让我的朋友从幼儿园的孩子里辨别出我的女儿，这意味着我女儿的本质就是“黑头发、蓝眼睛和身高 1 米 55”吗？当然不是。

[4] See John Austin, *The Province of Jurisprudence Determined*, Hackett Publishing House 1998, p.9, 13, 33, 192, 354.

相信奥斯丁的分析模式正是造成其理论诸种错误的根源。可是，哈特此种批判的效力是可疑的，因为他把奥斯丁的分析模式误读为一种还原理论。在奥斯丁的理论中，法律的概念预设了主权、命令和强制，并且这些概念的联系对于解释法律获得其与众不同的规范性而言是必要的。因此，在揭示了哈特的错误和澄清了奥斯丁的理论本意后，我们在技术层面就可以毫无障碍地重新迎回奥斯丁及其代表的霍布斯范式。通过这种范式，我们可以通过法律与主权及强制的联系来理解法律，获得对我们生活世界之法律的有力解释，提升我们对法律事件的理解。

3.2.2.2　主权者与法律的必然联系

主权者与法律之必然联系的逻辑和实践起点皆在于立宪，尤其是绝大部分实行立宪法治的国家无不以人民主权为核心原则。霍布斯和奥斯丁虽然身在普通法系的英国，但他们在法律上的主张都是以大陆法系来改进普通法系。因此，主权者与法律之间的必然联系是以人民立宪为前提进行理解的。对于法律命名说，要从该理论的抱负进行说明，它们分别是政治的抱负和法律的抱负，而此二者又相互服务于对方。在此意义上，主权者与法律是必然联系的，因为在现代法治国的理想情形中，政治的同一性和法律的同一性是同时诞生的。由此可推出的是，主权者并不仅仅是一个政治实体，同时也是一个法律实体，它的规范性影响就是法律。据此，主权者与法律在以下两个意义上是必然联系的：(1) 主权者的认知和实践建构出法律体系的根本部分，即宪法；(2) 主权是使法律得以与类似承诺、契约或惯习等规范形式区分开来，令法律能够获得与众不同的规范性。

在《法理学的范围》中，奥斯丁显露出两个不同但相互关联的抱负：(1) 政治抱负，即试图说明正是主权者通过发布一般性的命令建立了一个统一的秩序，并由此令一个共同体走出自然状态，迈入政治状态，开启现代文明生活；(2) 法律抱负，即试图说明由主权者建立的统一秩序就是法律体系，并且相应地说明正是主权者使实证法得以与其他类型的规范区分开来，随后将它们整合成一个体系。因此，在奥斯丁的理论中，主权者是一个等同于国家的抽象实体，[1] 并“把命令整合起来成为一个体系作为法律”[2]。最终，这两个方面汇聚到一个在英国的法治经验中极为重要的现象——议会主权。在本书看来，第一个抱负所关乎的是主权者在法治国中的角色，是奥斯丁理论的核心。第二个抱负所涉及的是法律方面的技术性解释。因此，我们必须先了解奥斯丁在政治抱负这方面的思想。总的来说，为了实现这一抱负，有两个必须得到满足的要求，即主权者必须是政治的和独立的。奥斯丁相信，一个个人或群体要成为主权者，这个个人或群体必须受到共同体其他成员的习惯性服从，并且不习惯性地服从任何上位者。[3] 特定共同体要成为一个现代法治国，上述条件是逻辑上要求的。为什么？在奥斯丁的术语中，“政治”与“自然”是相对的两个概念。在自然状态中，个人是通过相互交往联系在一起的，[4] 这表明该状态中不同的单位有着不同的平行秩序，但该群体作为一个整体并没有一个统一的、体系化的秩序。与此相反，政治状态是一个有着统一秩序的状态，这要求一个特定的、共同的上位者，他被其他人习惯性服从。因此，成为政治状态就等同于拥有一个面向共同体所有成员的统一的、体系化的秩序。政治状态和自然状态是相对立的，后者的成员间或许有某种形式的关联，但缺乏一个统一秩序。为共同体带来上述同一性的是一个具有确定范围和特定数量成员的主权者。换言之，成为主权者就意味着为共同体带来上述同一性，“习惯性服从”是一个表达这种同一性的术

[1] See C. E. Merriam, JR, *History of Theory of Sovereignty Since Rousseau*, Batoche Books 2001, p. 71.

[2] Pavlos Eleftheriadis, “Hart and Sovereignty”, in *Reading H.L.A Hart's The Concept of Law*, Luis Duarte D' Almeida, James Edwards and Andrea Dolcetti (ed), Oxford: Hart Publishing 2013, p. 61.

[3] See John Austin, *The Province of Jurisprudence Determined*, Hackett Publishing House 1998, pp. 193-4.

[4] See John Austin, *The Province of Jurisprudence Determined*, Hackett Publishing House 1998, p. 200.

语。[1] 值得注意的是，有一种共同体成员间的同一性是由于某些外部的、事实性的条件而暂时形成的，如战争。但奥斯丁所强调的这种同一性是由于内在的、规范性的条件形成的。[2] 作为第二个条件的“独立”，指的就是该共同的上位者并不习惯性地服从于任何来自其他上位者的命令。只有当一个主体同时满足这两个条件时，他才能被称为主权者。否则，该共同体要么就还处于自然状态，要么就不能被称为独立国家。[3] 在此意义上，主权者这一概念反映的是现代精神，即人类取代上帝成为终极立法者。因此，主权者就像天平的柱子或庙堂的拱顶柱那样，支撑起了整个共同体及其法律体系。其他规则，包括那些赋予权利的规则，只有是该体系的一部分的时候，才是法律。在这一点上，奥斯丁很大程度上继承了霍布斯的思想。根据霍布斯的理论，唯有主权者的意志方能使得共同体从无序的自然状态成功地跨越到公民生活的秩序状态，使得法律与秩序成为可能。[4]

另一方面，是主权者通过一般性的命令来建立和实施统一体系化的秩序，这也使得实证法秩序能区别于共同体成为政治共同体之前所具有的各种秩序类型。因此，就法律规范性的产生及其独特性而言，主权者与法律也是有必然联系的。在 17 世纪，将法律定义为上位者向下位者发出的一般性命令的理论是学界通说。波斯特玛把这称为法律的定义性要素，

[1] 这一点或许会遭到下述主张的反对，即习惯性服从仅仅是一个原始事实或是基于对制裁的恐惧而向事实性权力的屈服。这种观点不仅是对奥斯丁的误解，也是对习惯性服从这一概念的误解。对于奥斯丁而言，他不曾将习惯性服从设想为单纯发自对制裁的恐惧的行为。相反，他主张习惯性服从是发自基于功利计算所形成之合意的行为。对此，请参见 John Austin, *The Province of Jurisprudence Determined*, Hackett Publishing House 1998, pp. 301-4. 对于习惯性服从本身而言，尽管它在某种意义上是对行为的描述，它也有反思性的成分在里面。更为重要的是，奥斯丁的理论正确地表示了，对于像法律体系这样的社会结构的建构而言，重复性实践是至关重要的。对此，请参见 Michael Rodney, “What is in a Habit”, in *The Legacy of John Austin's Jurisprudence*, Michael Freeman and Patricia Mindus（ed）, Springer 2013, pp. 211-4.

[2] See John Austin, *The Province of Jurisprudence Determined*, Hackett Publishing House 1998, pp. 207-9.

[3] See John Austin, *The Province of Jurisprudence Determined*, Hackett Publishing House 1998, pp. 199-201.

[4] 对此理解得最为透彻的人当属施米特。参见［德］卡尔·施米特：《论法学思维的三种模式》，苏慧婕译，中国法制出版社 2012 年版，第 67—69 页。

即该要素是法律能区别于其他形式的秩序，如要求或惯习性规则，因为法的突出标志就在于它的义务性和约束力。[1] 这类主张的哲学假设是，法律必须主张对自由自治的行动主体提供与众不同的实践性引导。详言之，“法律仅凭自身就要施加约束性义务”，而这种能力是在“主权者的命令这一理念中得到表达的”。[2] 根据波斯特玛的观点，“主权者的命令”这一术语所表达的或所欲表达的内涵是“法律若要如此其所是，则要创造出新的、绝对的行动理由，这些理由是在预备实践性慎虑的执行阶段运作的”[3]。在这个过程当中，奥斯丁做的就是基于法律理论的视角揭示法律是必然与主权相联系的。虽然如此，对于法律实证主义而言，主权者与法律的必然联系并不仅限于奥斯丁的理论。与乍一眼所见的印象不同，主权者在凯尔森的理论中也扮演了不可缺少的角色，并且与他的实证主义立场密切相关。首先，尽管凯尔森有他著名的法与国家一元论，他并没有将主权排除出自己的理论图景。他所做的尝试在本质上是为了“显示我们不能连贯一致地根据社会事实来设想国家”[4]。其次，尽管凯尔森所述的法律体系的存在最终依靠于基础规范，但个人的努力在规范的产生过程中也是被要求的。博比欧在比较了传统的主权理论和纯粹法理论后，如此评论道：“尽管有基础规范，但法律体系只有在总体上具有实效才是具有效力的，这就是说，唯有那些有权力创制规范的人同时也有权力实施它们，并且以体系中的规范在总体上得到遵守为结果。”[5] 更为重要的是，法律与主权者的必然联系是暗含在主观应然转化为客观应然的过程

[1] See Gerald J. Postema, “Law as Command: The Model of Command in Modern Jurisprudence”, in *Philosophical Issues*, 2001, 11（1）, p. 471-4.

[2] Gerald J. Postema, “Law as Command: The Model of Command in Modern Jurisprudence”, in *Philosophical Issues*, 2001, 11（1）, p. 477.

[3] Gerald J. Postema, “Law as Command: The Model of Command in Modern Jurisprudence”, in *Philosophical Issues*, 2001, 11（1）, p. 489.

[4] Lars Vinx, “Austin, Kelsen, and the model of sovereignty”, *Canadian Journal of Law and Jurisprudence*, Vol. 24, No. 2, July 2011, p. 485.

[5] Norberto Bobbio, “Kelsen and Legal Power”, in *Normativity and Norms*, Stanley Paulson（ed）, Oxford University Press, p. 449.

当中的，而该转化正是基础规范的功能。在凯尔森的理论中，从实然过渡到应然的过程在本质上就是一个从特定事实获取特定意义的过程，而这表明规范是一种通过法律认知获得的客观意义，并且该过程的成立最终依赖于他所称的基础规范。[1] 此中的问题是基础规范不是凭空就自动运作的。基础规范及其功能应该从有志于通过宪法实施来成为现代法治国的共同体之相关实践中得到观察。如果我们对历史进行考察，就可以发现在那些成功地完成这个过程的国家中，正是主权者，尤其是主权人民通过其认知和实践实现了基础规范的功能。[2]

总而言之，法律与主权者之间的联系并不仅仅限于奥斯丁的理论模式。根据上述分析，主权者在法律体系中具有结构性位置，而其与法律的必然联系就在于主权者为共同体提供了一个统一的秩序，并且令法律区别于其他规范性形式。基于上述两层意义上的联系，主权者在理解法律和法律义务上有重要的内涵。

3.2.3　主权者通过命令与强制把常识制度化为法律

如前所述，是主权者为共同体带来统一的秩序，使共同体走出自然状态，迈入文明社会的生活状态当中。这一过程，从本质上来讲就是主权者通过其认知和实践从特定事实中获取特定的意义，并将主观应然转化为客观应然，为共同体建立起客观法秩序。对于该过程，还可以有更深入地说明，本书将在本章的最后一节中展开。本节要集中说明的是主权者将常识制度化为法律的两种主要方式：命令与强制。

在之前对命令理论的澄清中，本书已经指出了命令与强制都是表达法律独特的规范性的功能性术语。因此，对它们的理解不能简单地在自然事实的层面上进行，尽管它们确实在自然事实层面上有所对应。命令作为术

[1] See Hans Kelsen, “Natural Law Doctrine and Legal Positivism”, in *General Theory of Law and State*, The Lawbook Exchange Ltd., 2009, pp. 404-5.

[2] 参见张龑：《从基础规范看现代立宪转型之道》，载《南京大学法律评论》2014 年秋季卷。

语表达的是“意志的臣服”(subjection of will)，因为一个恰当意义上的命令总是由一个上位者向一个下位者发出的。如果两个意志处于平等地位或是下位者向上位者表达意志，那么各自的意志表达至多构成协商或请求关系，而不能说是谁命令谁。这种上下位的差别本身就包含了一种意志的从属或臣服关系。法律与众不同的规范性要求法律要独自地提供新的、绝对的行动理由，故唯有基于这种意志的臣服关系方为可能。此外，这里所说的命令不是个别命令，而是表达一个统一意志针对一类行为所做的一般性命令。因此，在其本身就对行为进行了类型化的整理后，又提供了一个服从的层级结构，这就提供了一个基本的制度框架。与此同时，强制作为与主权者和命令相互联系的概念，也进入该框架中。正如绍尔生动地描绘，在命令理论中，强制是融合在命令这一概念中的，而主权者的角色就是从规范性的池子中“挑出”特定候选作为法律。[1]这一“挑出”的方式就是通过主权者的一般命令和强制。详言之，强制是被命令关系中的意志臣服所逻辑预设的，同时也表明强制是一个权力结构中权威的表达。这种表达是实践性的而非单纯的语义性的。哈特的枪手模型不仅将主权者命令的述行维度消解了，还将法律与强制的逻辑联系当作用赤裸裸的暴力相威胁的逻辑。从哈特的这种见解发展出来的，是一套颇具生命力的理论，即主张强制在法律义务的生成过程中没有任何地位和作用。然而这种哈特式的进路是值得质疑的。学界中反对上述哈特式观点的最新尝试是由绍尔在他的著作《法律的力量》中做出的。他在该书中批评了哈特和其他相关理论，并试图重新恢复“边沁—奥斯丁”传统。以哈特为代表的那种理论主张，法律之所以获得规范性，是因为行动主体将法律内化为排他性的行动理由并以之安排自己的生活和与他人协作。哈特所描绘出来的“困惑的人”就是这类行动主体的经典肖像。为了驳斥这类观点，绍尔的策略是去驳斥所谓的“可能世界”语义学在法律理论当中的运用。为此，他强调法律理论必须对我们生活世界中的有效法律体系之典型或常见的特点负责。与此主

[1] See Frederick Schauer, *The Force of law*, Harvard University Press 2015, p. 19.

张相对应，强制在他的理论中作为法律体系典型或常见的特点与法律联系在一起的。[1] 尽管本书同意绍尔的基本出发点，即通过边沁和奥斯丁的理论传统来帮助我们重新理解现代法律及其实践，但本书对绍尔的具体进路不敢苟同。在本书看来，绍尔的观点在揭示法律的强制性这件事上是软弱无力的。因为如果我们不能说明强制在法律义务生成之初就与法律是联系在一起的，那么正如斯塔夫罗普洛斯所说的那样，纵然强制在“法律实践中无处不在，它也不过是哲学上的干扰项而已”[2]。因此，本书要从一个完全不同的角度来说明法律的强制性。

首先，否定强制与法律义务的内在联系，必然会导致哈特式的理论自我崩溃。正如本书之前所说的那样，法律必然与主权者相联系，主权者作为一个权威的建立者并不依赖于一个还原模式或垂直结构中的制裁要素，强制本身也并不等同于赤裸裸的暴力威胁，而是某一政治结构中意志之位阶的表达。正是基于这种意志位阶，主权者才得以建构一个统一的秩序并维持其可实施性。在此意义上，强制是逻辑上要求的，否则法律体系就无法建立。哈特显然否定法律与强制的上述联系，这使他的理论有崩溃的风险。正如普瑞尔指出的那样，在哈特的理论中，法律体系存在的最低条件并非被社会大多数人的接受，而是被法律官员所接受——这意味着，对于一个法律体系的存在而言，下述情况是可能的，即只有法律官员以内在观点接受相关规则，社会中的其他人则仅仅是被强制去遵守这些规则。[3] 并且，由于一个规则只有是法律体系的一部分时才是法律，这就能推出“或许并不需要制裁来表明特定要求是义务，但在表明一个要求是法律义务时，就需要制裁”[4]。

其次，我们要正确理解强制的内涵，才能正确地阐明法律与强制的联

[1] See Frederick Schauer, *The Force of law*, Harvard University Press 2015, p. 128.

[2] Nicos Stavropoulos, “The Relevance of Coercion”, *Ratio Juris*, Vol. 22, No. 3, 2009, p. 347.

[3] See Danny Priel, “Sanction and Obligation in Hart’s Theory of Law”, *Ratio Juris*, Vol. 21, No. 3, 2008, pp. 407-8.

[4] Danny Priel, “Sanction and Obligation in Hart’s Theory of Law”, *Ratio Juris*, Vol. 21, No. 3, 2008, p. 408.

系。为此，本书将借助诺奇克关于强制的理解来说明强制的基本概念。尽管诺奇克对强制的理解要比奥斯丁成熟得多，但他们的共同之处在于都将强制视为意志之臣服的表达。在诺奇克看来，强制的形式虽然多种多样，但它还是有特定的元素和模式的，如威胁、不理想的后果和选择的限制。其中，威胁是中心元素，因为当某人行动之结果的变化“显著地涉及威胁时，某人在正常情况下是不愿意让此变化发生的”[1]，那么我们就说某人受到了强制。而强制仅仅是表明了意志的臣服和非完全自愿的选择——暴力并非必然牵涉于其中。[2] 基于诺奇克的上述理解，本书将强制的基本内涵总结如下：当我们说“A 被强制去做某事”的时候，这意味着 A 可选择的行动理由由于可能的、较不理想的后果而受到限制，该不理想后果是由他方基于 A 的不服从带来的，而 A 因此做出了他在没有上述不理想后果的正常情形下不会做出的行动选择。需要注意的是，该不理想结果的威胁并不必须是表达出来的，A 只需要有合理的理由相信威胁的后果会到来即可。[3] 上述说法意在表明，任何来自行动主体以外的他方刻意干预改变了行动理由或行动选项的原初平衡时，这些干预就构成了强制。但是并非所有改变行动理由之原初平衡的刻意干预都是和法律相关的。只有来自国家的，以规制特定行为类型或调整特定社会关系的刻意干预才是与法律联系在一起的。因此，只有当强制与主权者结合在一起的时候，才是对法律规范性的完整表达。同时，这也表明法律的性质就是强制性的，因为大部分法律都是直接命令人民做特定的事或按特定的方式做事。即便有些法律在形式上不是如此的，但由于政府有道德义务去维持其政策和决定的一致性和连贯性，政府机构使用强制手段来实施规制或贯彻主张的能力和可能性，使得

[1] Robert Nozick, “Coercion” , in *Philosophy, Science and Method*: *Essays in Honor of Ernest Nagel*, White Morgenbesser (ed) , St Martin’s Press 1969, p. 449.

[2] See Robert Nozick, “Coercion” , in *Philosophy, Science and Method*: *Essays in Honor of Ernest Nagel*, White Morgenbesser (ed) , St Martin’s Press 1969, p. 459, 463.

[3] See Robert Nozick, “Coercion” , in *Philosophy, Science and Method*: *Essays in Honor of Ernest Nagel*, White Morgenbesser (ed) , St Martin’s Press 1969, p. 444.

所有的行动主体在特定相关情形下的权力义务平衡都会受到影响，所以这些法律也是强制性的。[1] 因此，对于法律规范和法律义务而言，强制从一开始就在场并与它们是融为一体的。可是，让笔者颇感奇怪的是，绍尔非常轻易地放弃了这块理论高地，他承认有非强制性的法律规则，即构成性规则。[2] 随后，为了从这一点中挽救他关于法律强制性的主张，他使用了认知语言学的“原型”概念，而在本书看来，他的这一步很大程度上是由于对可能世界语义学的拒绝所致。然而绍尔的这一步将他的整个理论推到了一个十分尴尬和难以让人满意的位置，因为哈特的理论恰好是与绍尔所说的这种法律和强制的关系相融的。[3] 实际上，法律与强制之间有着更强的联系——法律对权威的主张与强制之间有着规范性连接，因为法律主张有权通过改变行动主体在社会中的规范性位置和贯彻实施上述改变来调整社会生活。因此，法律与强制的必然联系并非出于效用的考虑形成的，而是因为强制是法律权威的规范性要求，是法律的实现。

一旦我们有了上述关于强制的基本概念和法律权威与强制的规范性联系，我们就有了一个更好的角度来考察哈特式的理论了。对于构成性规则而言，如果做出相关行动的方式是任意的而非需要按照规则规定的方式来做出，那么该规则就再也不能被称为“构成性的”，因为它失去了其规定性力量或被消解至无形了。结果是，对它更为恰当的称呼是建议或提议。对于“困惑的人”而言，需要注意的重要之处在于，无论是在理论理性还是实践理性的顺序上，意识到一个法律义务是先于理解一个法律义务的。认知活动是具有内在次序的，感知到某对象必然先于理解某对象的内容——作为认知模式，行动主体需要特定的记号或符号来使其注意到特定对象的存在及特征。就法律而言，意识到一个义务指的就是行动主体注意到，在特定的情形中，他们的行动理由是受到限制的。理解一个法律义务指的

[1] See Nicos Stavropoulos, “The Relevance of Coercion”, *Ratio Juris*, Vol. 22, No. 3, 2009, p. 352-4.

[2] See Frederick Schauer, *The Force of law*, Harvard University Press 2015, p. 30.

[3] See Leslie Green, “The Force of Law: Duty, Coercion and Power”, in *Social Science Researh Network*: http://papers.ssrn.com/sol3/papers.cfm?abstract_id=2588588, p. 16-17. 最后访问日期：2015 年 6 月 16 日。

是行动主体完全或高度领会该义务的内涵——这才是与“困惑的人”相对应的活动。在此意义上，国家强制和法律主张的排他性权威是高度统一的，并且作为一个指示物指示出了两个内容：第一，特定事态受到了一个具有实效的法律体系规制；第二，相关指令中的内容是不可协商的，相关行动的选项也不是可以自由选择的。更进一步来说，知道在某事态中，存在一个有实效的法律体系并且该体系由国家权力贯彻实施，同时根据该上述意识调整自己的行为，这展现了强制与法律义务从一开始就是联系在一起的。[1]

总之，强制不等同于赤裸裸的暴力威胁，也不仅仅是辅助法律规范的工具，它是法律独特规范性的实践性表达，是法律自身的显现。主权者把人们日常生活当中的常识性判断和惯习性的实践制度性转化为法律的方式就是命令和强制。此处所说的命令是针对某一类行为的一般性命令，因此，原本在日常生活中各有不同但又具有共通性的个别行为得到了整理并确定了下来，成了普遍的规则。同时，命令本身是以一个意志的位阶秩序为前提的，故被命令所指向的这一人群的个人意志都被纳入了这个意志的位阶之中，使命令成了行动主体新的、绝对的行动理由。强制所表达的就是这种意志的臣服关系，并通过其自身的特点令行动主体意识到，当他身处被命令涵盖的情形中的时候，行动理由的选择范围是受到限制的，而不能由他自己任意选择。因此，主权者通过命令和强制的方式将日常生活中某个关于行为当为性的判断或特定行为挑选出来，使其从其他对象中凸显出来，成为与众不同的一个，作为法律让共同体成员遵守。

3.3 哈特模式的终结及主权者作为生活世界之意义创设者

到目前为止，我们得到了两个将常识制度化为法律的模式，它们分别

[1] See Kenneth Einar Himma, “Coercive Enforcement and a Positivist Theory of Legal Obligation”, *Belgrade Law Review*, 2012, No. 3, p. 235-6.

以法官群体和主权者作为主体。以法官为主体的模式以哈特的理论为代表，它首先阐明了规范性语词和相关陈述的意义是由人们在日常生活中的集体实践所决定的，随后指出法官通过他们在集体实践中依据的某种共同标准，为一些规范性语词和相关陈述赋予权威记号。人们根据这些权威记号得知那些规范性陈述是法律，并通过理解这些陈述将相关内容内化为自己的首要行动理由。以主权者为主体的模式则是通过一般性的命令将行动者的意志纳入一个意志的位阶结构中，并以强制改变在日常生活中行动理由的原初平衡。如此做的根本在于，使行动者在选择行动理由时受到限制，并最终按照命令的要求去行事。

在哈特的论述中，法律作为初级规则与次级规则的结合，包含了两次基于内在观点的接受。第一次发生在初级规则产生的层面，第二次发生在次级规则产生的层面。这两次基于内在观点的接受的主体是谁，是十分清楚的：第一次的主体是人民群众，第二次的主体则是法官群体。结合本书第二章对哈特的意义理论所做的分析，可以看出上述两次基于内在观点接受的主体变化，同时也是两种意义生产之间的主体变化。由此必然带来的问题是，两种意义生产进行切换的动力机制是什么？或者说，是什么促成了上述意义生产主体的变化，以及何以决定什么人群成为后一种意义生产中的适格主体？因此，第一种模式若要真正运行，就必须包含三次基于内在观点的接受：第一次是人们在日常生活当中基于内在观点的接受把特定的常识性判断和行为模式转变为初级规则；第二次是人们在日常生活中基于内在观点接受特定人群作为生活世界进入法律阶段后的意义创设者；第三次是在第二次接受中被选中的特定人群基于内在观点接受某种共同标准作为识别义务性规则的权威判准。基于这三次接受，生活世界中重要的意义得以转化进入法律体系当中并得到法律的反映和保护，并且使法律从日常生活中获得了最为根本的规范性基础。又或者，可以说上述三次接受所反映的是三种语言游戏。第一种语言游戏赋予了义务性规则最为原初的意义；第二种语言游戏起到的是一个转换的作用，它不决定规则的内容或意义，但决定特定主体作为对原初意义进行再创设的主体；第三种语言游戏是在第二个语言游戏选定了特定主体后，实现对进入法律阶段的生活世界之意义的持续建构及维护。在第一种语言游戏中，是人民群众作为主体在日常生活中通过日常实践和交流产出规则作为意义创设的结果。第三种语言游戏与第一种语言游戏在很多地方都是相似的，但意义创设的主体从人民群众转变为了法官群体。具有特殊性的是第二种语言游戏，它的主体仍然是人民群众，但它所产出的不是规则，而是将创设出来的意义赋予一个人或一个群体之上，而该个人或群体获得的是下一个语言游戏的意义创设权。第二种语言游戏有以下两个重要性。首先，它是生活世界从前法律阶段过渡到法律阶段的动力机制，以及决定法律阶段生活世界之意义创设者。其次，它解释了一种现象，即一些法律规范在创设之前是没有相关日常实践作为基础的。因为它表明的是，人们日常生活中的一类实践直接决定规范性陈述的意义或导致规则的产生；然而有另一类实践并不直接导致规则的产生，而是决定制定规则的主体。这三次接受或三种语言游戏的组合基本能涵盖人类法政生活的各种主要形态。

在上述三次接受中，第二次是最难以注意到却又十分关键的，缺少了这一环节，从日常实践到法律体系的这一过程也就失去了基本的动力机制。即便是哈特本人也没有十分清楚地意识到这一点，他只是简单地将法官群体作为第三个语言游戏的主体或法律阶段意义世界的创设者。这一做法不仅是武断的，同时也忽略了一些更为重要的问题。第二个语言游戏所决定的主体是第三个语言游戏中进行意义之再创设的主体，这个主体就是共同体法政生活中的真理决定者，是法政体系中的终极权威。权威的英文 authority 包含了 author 一词，即作者；权威在拉丁文中则为 *auctor*，也是作者的意思，而它的词源 *augeo* 表达的就是一种创造的行动。[1] 结合上述词源考据和本书之前对第二种语言游戏的论述，此处可以进一步推论权威和法政生活中真理决定权的问题。作者所掌握的就是作品中真理的决定权。例如，“段誉最后与王语嫣幸福地生活在一起，白头到老”这句话在

---

[1] 参见［意］阿冈本：《例外状态》，薛熙平译，麦田出版社 2010 年版，第 212—213 页。

2006 年以前毫无疑问是真的，但在 2006 年以后就不是这样了。因为，金庸在新修版的《天龙八部》里修改了结局。正是作者创造了作品的整个意义世界，也正是作者决定了相关断言的真假和意义。因此，作者就是权威，权威就是作者。作者的这种权能或力量最直接的体现，就是他能够根据自己的意志让特定的意义结构终结或重新活化。正如阿冈本所述，“权威似乎作为一个在权力发生之处将它悬置，而在它不再有效之处将它重新活化的力量……这是一个悬置或重新活化的权力，但并不像法一样在形式上有效”[1]。正如本书一直强调的，法律是一种意义形式，因而法政生活中的权威必然是整个意义结构的创造者或总设定者，并且垄断当中真理的决定权，意即决定一个应然命题何时为真何时为假。由此可见，对于规范理论而言，首先要考虑的至关重要的问题就是谁能握有意义建构中的真理决定权。然而这一问题却不能在规范理论或单纯的法律领域内部得到充分地回答。因为上述过程涌现自鲜活的、充满生命力的日常生活，随后凝聚于一个生命体之上，而不是任何规则或规范。由于哈特坚持法律实证主义的分离问题以及在法律范围内解决法律规范性的问题，他的理论不可避免地受到严峻的挑战。申言之，此处处于问题核心的并非规范而是人，而由此带来的主要问题就是政治权力的组织结构以及掌握该权力之人的资格条件等问题。这些问题突破了规范理论的边界，进入政治哲学的领域。哈特所开启的范式走到此处就不可避免地走到了尽头，连同其开启的一系列讨论[2]也就此走到了终结之处。换言之，哈特从日常语言哲学处发展出来的进路与他所坚持的在法律内部解决法律规范性问题和分离命题的这两个立场之间存在极大的张力，使得其所代表的范式将不可避免地被扬弃。对哈特范式的扬

[1] [意] 阿冈本：《例外状态》，薛熙平译，麦田出版社 2010 年版，第 220—221 页。

[2] 这里所称的一些讨论尤其指的是哈特和德沃金之间的论战。哈特和德沃金之间的论战固然是一个时代的经典，也产生了很多值得思考的问题。但由此产生的思考导向却日渐成了类似于维特根斯坦所称的“捕蝇瓶”，而如何走出这个“捕蝇瓶”则成了当下真正重要的问题。对此，西方学界已经有人率先展开了反思，并做出了值得瞩目的成果。相关探讨，请参见 Scott Hershovitz, “The End of Jurisprudence”, *The Yale Law Journal*, No. 124, 2015, pp. 1162-1195. 本书则是从另一个角度出发思考并阐述上面的议题。

弃就在于保留他对常识与法律规范的洞见，同时重新思考主权者作为法律阶段意义世界之建构主体的模式。

之所以说本书上面的批判旨在实现对哈特的扬弃，是因为本书接纳了哈特所发展的从日常生活中获取意义的进路，但否定了他所主张的法官作为法律阶段的意义之总设定者。取而代之的是，本书认为从生活世界的思维模式出发，将得出的是主权者作为法律阶段的意义世界之首要及总设定者。因此，在扬弃了哈特所代表的方式后，我们将目光投到之前所述的以主权者为主体的模式中。对于这种模式，目前为止似乎还没有出现第二种语言游戏所代表的动力机制。换言之，即便主权者可以通过命令和强制将常识性判断和惯习行为转化为法律，也可以是偶尔为之，因而法律的规范性与生活世界之意义并未建立起内在联系。为了回应这个问题，我们不妨从阿冈本关于权威和法秩序的论述中获得相关启示。他指出："某种像是语言的东西只有在它与一个民族（people）的直接关系中才能被完全体会（反之亦然），因此法与生命必须在相互的奠基中紧密地牵连在一起……规范能够适用于正常情境，并且能够被悬置而不至于完全废除法秩序，只因为以权威或主权决断的形式，规范直接指涉于生命，涌现自生命。"[1] 结合本书之前的讨论可以做出以下基本判断，即法秩序作为一种意义建构，它的总设定者或其中真理的决定者，必须由人民的生活形式、生存状态和实践所决定。为此，本书接下来将论证人们的日常实践决定了主权者才是在整体上对生活世界的意义进行再设定的主体。法官群体所做的不过在这一整体设定下进行具体化的工作，是一种次级设定的主体。

3.3.1 常识与主权者的出现

正如本书之前提及的那样，哈特的理论目的是寻求世俗生活统治的

[1] [意] 阿冈本：《例外状态》，薛熙平译，麦田出版社 2010 年版，第 235 页。

正当性。然而值得注意的是，世俗生活本身是否就包含了一种基本的正当关系标准，而任何统治方式的合法性最终都要以该标准为基础？为了回应这个问题，我们首先简要地考察一些现代世俗生活的基本面貌。总的来说，现代性是一个具有多元开端的历史和思想进程，在艺术、经济、政治及哲学等方面都有不同的体现。在思想上，启蒙运动可被视为现代性的集中体现，其主题就是世俗化与理性化。在生活秩序层面，现代性被滕尼斯解读为一种现代都市生活与传统乡村民俗生活的断裂，亦即法理社会和礼俗社会的断裂。[1] 启蒙运动与生活层面的这种断裂具有内在联系，因为在理性化和世俗化的双重运动中，原有的朴素生活方式是以上帝的神圣意志为核心的规范秩序，而在世界的除魅后，这种秩序便由此走向瓦解。换言之，原本所谓的“双城”中的上帝之城已然陷落，被启蒙的人类发现自己所能过的唯有地上之城的世俗生活。于是，生活世界之秩序的建构不再围绕神圣意志，而是人的理性，社会的各种规范性制度都是人类理性的造物。其中，法律正是这种抽象理性的重要产物，它支撑起了现代社会生活中的各种事务运作。这并非说“法律”这种规范形式只是在这个历史契机中才产生，而是说法律此时成了一种纯粹的人造物，因此，也以最为直接的方式与人类其他各种活动和规范性诉求联系到了一起。与此相应的是，规范性的来源形成了多元化的局面——所谓价值多元即多种价值都能合理地要求自身成为规范性来源，亦即“诸神之争”。那么，一个重要的问题就是我们应以何者为合理性基础来为我们的生活世界建构规范秩序？

正是基于上述现代性背景和问题意识，西季威克对生活秩序之合理性基础进行了探寻，总结出利己主义、直觉主义和功利主义三种路径。在他看来，一种合理的规范秩序的建立既需要普遍性又需要确定性，但普遍和确定之间却常常存在紧张关系。因为普遍性要求规范尽可能适用于范围更

[1] 参见［德］费迪南德·滕尼斯：《礼俗社会与法理社会》，载汪民安等主编：《现代性基本读本》，河南大学出版社 2005 年版，第 57—69 页。

广泛的主体，而每一个主体既是普遍的人也是具体的人，每个人都会提出特殊的规范性要求。因此，随着范围的扩展，“一”与“多”之间的张力越发强烈，主体的特殊性及规范性要求势必会对规范合理性之评价有所影响。为此，西季威克在利己主义、直觉主义和功利主义三者间穿梭，目的就是试图为合理的规范秩序的建立提供统一基础。首先，就利己主义而言，其所指的是“利己的快乐主义”，即将个人的最大幸福当作行为之终极目的的体系，在此体系中行为的主导性动机是“自爱”。尽管西季威克将利己的快乐主义分为三种类型：经验的快乐主义、客观的快乐主义和演绎的快乐主义，但它们都因自身的重要缺陷而无法承担作为统一规范秩序的合理性基础。简而言之，利己的快乐主义要求快乐相对于痛苦的最大余额，经验的快乐主义由于过度依赖个人的主观体验而导致了极大的不确定性；客观的快乐主义转而求助于对不同对象之价值的流行意见及公认估价，并且认为“关于不同的快乐根源的量值的常识观点表达了人类世世代代的共同体经验的最后结论”[1]。可是，即便是依靠高度演绎的道路也不可避免地重新将价值问题带回到饱含不确定性的个人经验之中。因此，总体而言，利己主义的体系是不可行的。其次，就直觉主义而言，西季威克指的是这样的一种体系——“它把符合于某些由义务无条件地规定的规则和命令视作道德行为的实践上的终极目的”[2]。申言之，即该体系强调关于行为正当性的直觉性知识，认为行为的正当性在于行为本身而非相关行为的后果。由此，这种体系的“直觉性”就集中表现为强调关于行为本身的判断之真实性和正当性是当下直接做出的，而非依靠推理得出来的。根据直觉性道德的形式演进阶段，西季威克将直觉主义分为感觉的直觉主义、教义的直觉主义和哲学的直觉主义。其中，教义的直觉主义所倚重的就是常识道德，即认为有关伦理的一般规则是内含于普通人的道德判断中的，普通人实践中能充分理解并大致说清楚这些规则，按这些规则能有效地行事。可是，与感觉

[1] [英] 亨利·西季威克:《伦理学方法》，廖申白译，中国社会科学出版社 1993 年版，第 173 页。
[2] [英] 亨利·西季威克:《伦理学方法》，廖申白译，中国社会科学出版社 1993 年版，第 118 页。

的直觉主义不同，教义的直觉主义不认为仅凭个人的良知（conscience）就能支撑一个伦理体系——完好的伦理体系要求确定的陈述和判断模式，故需要明确而稳定的抽象道德概念。因此，教义的直觉主义为了消除个人具体判断的不确定性和疑惑，它诉诸的是一般规则或公式。这些规则或者公式可以通过对人们的道德话语做一些分析与观察得到，它们的效力在一个时代的文明中的有道德的人们之间是一致的。这些规则可被称为“社会的实证道德”，更切合其意义的称呼是“常识道德”。[1] 常识道德在需要对具体情况做出判断的时候，诉诸的是一些自明的规则或真理。

然而仅凭常识道德自身是难以符合自明性和高度最高确定性的要求的。为了追寻真正有自明性的命题，就必须进入直觉主义方法的第三个阶段：哲学的直觉主义。为了能清楚地说明这一关键，直接而简明的语言应该是最合适的。第一，关于常识道德与哲学的直觉主义的关系。常识道德的存在及作用，仍足以在日常生活中为普通人提供实践指导。可是若要将常识道德提升为一种伦理学，将难免暴露它存在模糊性及相对性等缺点。为此，哲学的直觉主义的作用并不在于否定常识，而是在于对常识做一定程度的修正和系统化，它仍然要以常识为最终判准，否则定然会被宣布无效。[2] 第二，关于哲学的直觉主义与功利主义的关系。通过对常识道德的省察，西季威克得出了三个得到常识承认的道德原则，它们分别是：公正、审慎及合理仁爱。简而言之，公正原则即己所不欲勿施于人的“黄金原则”；审慎原则来自对“整体的善”的思考，即强调要审慎考虑今后更大、更普遍的善，不要为了目前的小善放弃将来的大善——善为此被设想为一个数学整体，其中任何人的善都被视为均等份，有理性的人都显然有义务追求普遍善；结合上述二者得出的是合理仁爱原则，即每个人都有义务将他人的善看得与自己的善同等重要——除非通过公正的方式判明两个善之

[1] 参见［英］亨利·西季威克：《伦理学方法》，廖申白译，中国社会科学出版社 1993 年版，第 234 页。

[2] 参见［英］亨利·西季威克：《伦理学方法》，廖申白译，中国社会科学出版社 1993 年版，第 388 页。

间的差额或没有足够的认识把握，每个人在良知上都要清楚地领悟到，为了自己追求的善而使他人受更大的牺牲，是不正当的。此时，我们得到了一个重要的结论，生活世界中的常识道德必然导向功利主义。[1] 而主权者正是基于以功利计算为基础的合意出现的。

在霍布斯所设想的自然状态之中，每个人都基于自己对理性的运用而对什么是有权去做的事情抱有自己的判断，同时，每个人也都处于相互平等的地位当中。为了满足自我保全和其他的需求，在这种各自持有判断和地位平等的条件下，人与人之间就不免会进入一种恒常的冲突和对抗状态，这就是一种人与人互为战争的状态。而霍布斯认为，为了实现人与人之间的和平共处，就必须用一个共同的权力，令人们走出这种自然状态。这种追求和平并在必要的时候自愿放弃自己对自己的理性控制和自我判断权而与他人联合在一起的行为，就是第一自然律和第二自然律所规定的行为。[2] 因此，为了实现这种满意的生活状态，就需要有一个被人们承认的代表人格，并把自己的意志服从于该人格的意志，把自己的判断服从于该人格的判断。此时，“这样统一在一个人格之中的一群人就成为国家……这就是伟大的利维坦的诞生——用更尊敬的方式来说，这就是活的上帝的诞生；我们在永生不朽的上帝之下所获得的和平和安全保障就是从它那里得来的”[3]。这种统一的代表人格的具体形式不论是由君主个人、部分人还是全体组成，它的根本目的就是为人民求得安全。[4] 拥有一个恰当地履行上述职责的政府，就是符合功利的基本要求，因为人与人之间相互战争的惨状和混乱是最为有害的。[5] 因此，主权者的出现和对政府制定的法律的服从，是基于功利计算所形成的合意。此处还要注意到的是国家政府赖以

[1] 参见［英］亨利·西季威克：《伦理学方法》，廖申白译，中国社会科学出版社 1993 年版，第 401 页。

[2] 参见［英］霍布斯：《利维坦》，黎思复、黎廷弼译，商务印书馆 1985 年版，第 98—99 页。

[3] ［英］霍布斯：《利维坦》，黎思复、黎廷弼译，商务印书馆 1985 年版，第 132 页。

[4] 参见［英］霍布斯：《利维坦》，黎思复、黎廷弼译，商务印书馆 1985 年版，第 260 页。

[5] 参见［英］霍布斯：《利维坦》，黎思复、黎廷弼译，商务印书馆 1985 年版，第 141 页。

诞生的那个契约与功利之间的联系。诚然，在契约论的传统里，是共同体成员集体缔约和信守缔约承诺才令国家政府得以诞生的。然而这只是针对国家政府的诞生时刻进行说明的基本假说，关于契约究竟是如何约束人们的问题，仍需要进一步阐明。对此，边沁给出了最为明确的回答，即缔约承诺之所以具有持久的约束力，国家政府之所以能维持其统一和管治，是基于功利的原则而非其他理由。[1] 这一点得到了奥斯丁的继承和进一步说明。在奥斯丁的理论中，"政治主权者拥有无限的政治裁量权以使用法律来贯彻其判断，并以命令的形式向臣民传达那些判断……由于不服从带来的不利结果以及不服从在整体上不符合功利，臣民服从这些命令"[2]。同样，在国家治理的过程中，功利主义与真言化体系之间的关系也十分重要。

总而言之，国家及一个统一的规范体系之所以会出现，最根本的基础就在于人们对于共同福祉的追求。对于这点，来自不同哲学传统的学者都能达成比较广泛的共识。例如，耶夫・西蒙在论述权威的必要性时，就明确指出，"只要一个共同体的福祉需要一种共同行动，那么此种共同行动的统一性就必须通过该共同体的一些更高级的机构来加以保障"[3]。此外，拉兹和菲尼斯在论述权威产生的基础和必然性等问题上，也存在明显的一致性。[4] 在政治与法律运作除魅之后的生活世界里，人们的常识思维最终必然导向功利主义原则。同时，人们惯常地服从和倾向成了支撑主权权力的社会事实，并进一步要求法律要得到普遍的遵守就要符合人们惯常的期待和判断模式。[5] 从常识中来并以符合常识为原则建构具有普

[1] 参见［英］边沁:《政府片论》，沈叔平译，商务印书馆 1995 年版，第 155—157 页。

[2] David Dyzenhaus, "Austin, Hobbes and Dicey", in *The Legacy of John Austin's Jurisprudence*, Michael Freeman and Patricia Mindus (ed), Springer 2013, p. 231.

[3] ［法］耶夫・西蒙:《权威的性质与功能》，吴彦译，商务印书馆 2015 年版，第 34 页。

[4] 参见［英］莱斯利・格林:《国家的权威》，毛兴贵译，中国政法大学出版社 2013 年版，第 128—131 页。

[5] 参见［美］杰拉德・波斯特玛:《边沁与普通法传统》，徐同远译，法律出版社 2014 年版，第 270—272 页。

遍约束力的法律体系，是现代国家建构和运作的基本原理和唯一的社会事实源头。从人们在日常生活中占据主导地位的判断模式出发，为了实现共同善，主权者必然会被首先选定为生活世界进入法律阶段后的意义总设定者。换言之，主权者是实现从日常生活中来又回到日常生活中去的必然环节。

3.3.2 宪法作为对生活世界的意义总设定

诚然霍布斯的契约论并不是唯一的版本，也不是最好的版本，但本书不是针对契约论的专门研究，故不做深论。可难以否认的是，一种趋利避害、追求幸福最大化的思维的确是人们在世俗社会的日常生活中占主流的思维。这种思维模式无论是利己的快乐主义模式抑或是简单的直觉主义模式，最终都将以功利主义作为终点。至于具体的功利计算模式和排序等具体的技术细节是怎样的，都难以否认拥有一个统一的政治体是增进人们生活幸福的首要条件。然而值得进一步思考的是，社会契约理论毕竟只是一种理想模型，它不是真正告诉我们如何进行实际操作的说明书。那么，作为一个理想模型，它必然包含了一些原理性的内涵，而依据这些原理性的东西，我们方能思考实践或解释现实。

这个原理性的内容就是，人们经过合意后将判断真理的自主权统一交给一个被广泛承认的代表，该代表垄断性地定义政治生活的真理。在从自然状态到政治状态的这个过程中，人是以语言来完成对统一人格的建构及对相应代表的承认和授权的。[1] 在霍布斯看来，正是由于语言，人类的心智才有别于其他自然主体，才能有学识的积累和传播、发明创造及建构社会制度等。[2] 更为重要的是，使用语言的能力和运用理性追求真理的能力是紧密联系在一起的。人们通过语言对道德的真理或历史的真理进行讨论

---

[1] 参见［英］霍布斯：《利维坦》，黎思复、黎廷弼译，商务印书馆 1985 年版，第 123 页。

[2] 参见［爱尔兰］菲利普・佩迪特：《语词的创造：霍布斯论语言、心智和政治》，于明译，北京大学出版社 2010 年版，第 33—34 页。

和斟酌，并最后得出一个判断或决断。而当人们的决断关乎的是对特定的个人或群体的时候，则就变成为信任或信托（trust），这既包括对上述个人或群体的品德或其他资质的信赖，也包括把上述个人或群体的判断视为真理。[1] 显然，当上述活动涉及对共同体未来生活的基本方式进行的探讨，政治则必然是一种理性化的意义建构，而谁决定该意义建构中的真理，谁就是主权者。又或者可以反过来说，谁是主权者，谁就决定了政治生活中的真理。总之，主权者就是垄断政治生活真理决断权的那个人或团体。宪法作为国家的根本法，就是实践上述真理决断的产物。[2] 现代国家绝大部分都以制定和实施宪法为政治和法律运作的基础，而制定和实施宪法的国家又几乎都奉行人民主权原则。法律规范是一种意义，宪法当然也是如此。因此，立宪就是一个人民作为主权者对生活世界之意义进行总设定的活动。详言之，立宪的过程从根本上来说，是一个形成集体意向性并做出一个集体言语行为的过程。共同体的成员或他们的代表参与制宪大会或其他形式的制宪商讨，就宪法的内容达成统一意志。根据该统一意志，得到一个实施特定规范并按照这些规范行事的集体意向性，随后制宪大会的参与者们作为一个整体宣告，共同体的成员应当按照宪法来安排未来的生活方式和规范自己的行为。在这个过程中，共同体的成员首先形成了一个集体身份——政治公民，并以该身份发出了一个集体话语行为，从而形成了一个共同意义——共同规范，后经权威或地位功能分配给特定的个人或机构，如政府和司法机关，让他们以国家的名义运用道义权力。因此，主权者才是对生活世界之意义整体进行设定的主体，所有其他的意义都要根据这一设定才能成立，否则就违背了一个意义建构的真理，就只能被否定。而宪法作为根本法，就是意义中的意义。所有其他的规范个人或机构的地位功能都是根据该意义建构出来的次级意义。惯习理论和哈贝马斯的商谈

---

[1] 参见［英］霍布斯：《利维坦》，黎思复、黎廷弼译，商务印书馆1985年版，第48—49页。

[2] 施米特所强调的宪法作为根本法与政治统一体之决断的关系所包含的就是这一原理。参见［德］卡尔·施米特：《宪法学说》，刘锋译，上海人民出版社2005年版，第26—28页。

理论[1]都是对上述原理的发展和补充。前者欲解决的是制宪合意之前的默示内容的问题，因为理论的社会契约只是一种理想设计，但实践中的社会契约却必须有内容使它可以进行，该内容必须是来自于共同体成员早已在他们的日常生活实践当中形成一致及对应的默示判断。哈贝马斯的商谈理论则试图通过一种参与者相互承认对方为自由平等的交往主体的民主商谈框架，使得共同体的成员在制定规制生活世界的共同规范时能够更好地释放出他们的话语施事力，让生活世界中人们最为看重的意义进入法律体系当中，成为人们的共同规范。

现在，我们回过头来看哈特及其支持者们所倡导的常识制度化为法律的模式，就可以发现当中的不足和错误之处了。首先，“法律规范作为意义”确实是从日常生活中业已生发出来的共同意义制度性转化过来的，但实现这一转化的主体必须首先是主权者。唯有主权者通过其决断为未来生活世界的意义设定了整体的规范性框架后，其他层次的意义建构才得以实现。这些其他层级的意义建构就包括司法机构和法官。换言之，法官本身就是一种意义设定后的产物，跳过了最初的意义设定就无法正确理解法官在整个意义建构中的作用。其次，哈特的理论中所包含的第二次承认，确实是将日常意义转化进入法律体系之中的关键，其内涵就是人们将判断权交给一个共同承认的个人或者群体，以该个人或群体的判断作为最终的规范性判准。本书之前的分析中已经说明了，在政治生活中，人们最先并不是将判断权交给法官，而是交给了制宪主体，这一点在各国宪法的序言中都有所体现。[2]法官所做的只是通过自己的实践传达主权者确定下来的共同意义以及进行具体化，所以只是完成意义的二级设定。边沁和霍布斯都表达了类似的观点，即权威来源于以下事实，“法律的来源只有一种，即主权者的意志，而该意志之判断显示于最适合在统治者和臣民之间传达关

[1] 关于哈贝马斯的社会理论和法社会学思想中有关语言、生活世界和法制化等观点的概述，可参见朱景文主编:《法社会学》(第三版)，中国人民大学出版社 2013 年版，第 44—46 页。

[2] 关于这一点及其在我国宪法中的体现，参见陈端洪:《制宪权与根本法》，中国法制出版社 2010 年版，第 257—258 页。

于共同善之确定判断的形式中——法典”[1]。哈特错会了这些政治哲学中的主权者之性质，认为主权者是一种前法律的实体，否则他必然是依据规则建构的及服从法律规范的，因而不可能是绝对的和不受限制的。然而主权者的不受限制性，仅仅指的是主权者不从其他人或机构处接受命令，这并不能推知主权者在进行立法活动时可以不服从相关规则。[2] 此外，哈特也忽略了主权者具有动态性，在以主权者的身份进行了意义的整体设定并将地位功能分配给特定个人和机构后，主权者就会回归到日常状态当中，将政治统一体的日常运作交给上述个人和机构以国家之名来操作。因此，人们会转向法官群体寻求对义务性规范之意义的确定，之所以如此，完全是基于主权者最初的设定，法官所做的不过是一种常态化的机制运转，通过法律解释将业已设定好的生活世界之共同意义以具体化的方式传达出来。

3.4　小　结

总之，法是人们活出来的法，它的规范性归根结底是从人们的日常生活中的常识性判断和对应的实践中来的。“法律规范作为意义”必须与人们的生活方式联系在一起，从人们的生活世界中获取被普遍看重的意义来作为自己的内容。否则，法律规范就无法根据对应人们的生活具有重要性的共同意义来成为共同体生活的共同规范。从凯尔森到哈特的规范理论所取得的突破就是把这种意义的来源从一个先验的领域回归到日常生活的领域。在光滑的、纯粹的理想规范状态中终究难以产生切合生活世界要求的法律，而从人们日常生活中的常识和常规中却能够内生出一种规范性力量以被制度化为法律。然而如何进行这种制度性转化，却

[1] David Dyzenhaus, “The Genealogy of Legal Positivism” , in *Oxford Journal of Legal Studies*, Vol. 24, No. 1, 2004, p. 42.

[2] See David Dyzenhaus, “Positivism and Pesky Sovereign” , *The European Journal of International Law*, Vol.2, No.2, 2011, p. 369.

成了新的问题。哈特之前的规范理论可以概括为主权者模式，即主张主权者通过其认知和实践将前法律阶段的生活世界中人们看重的意义和价值转化为法律体系的一部分。这一过程也可以理解为主权者进入法律阶段后的生活世界进行意义的总设定。立宪就是这一过程的实践。哈特通过批判上述模式，提出了一套以法官群体为主体的模式。然而经过本书的考察，哈特的批判首先错会了主权者模式的事实，其次他自身的理论模型也存在重大缺陷。而本书通过揭示该重大缺陷，表明了任何产生于日常生活的意义要进入法律阶段的生活世界或者说法律体系要从日常生活中获取意义，就必须经过一个中介机制。该中介机制所决定的是法律阶段生活世界的意义设定主体，而非任何规则或规范。因此，哈特的模式不仅武断地认为法官就是法律阶段生活世界的意义设定主体，更由于该机制超越了规范理论自身的理论边界而必然终结。该终结开启的是政治性理论的入场，即必须回应谁有资格掌握法律阶段生活世界的意义设定权。而通过反思人们在日常生活中的实践和判断模式，这一设定权必然是交给主权者的。在此情况下，法官或其他主体来自主权者在生活世界进入法律阶段后所设定之意义。他们承担着整个法律体系的常态化运转，确保法律体系和人们的日常生活之间保持动态平衡。因此，法院及法官群体所起到的是二级设定的作用，即传达该共同意义以及结合具体事实制度总结出个别规范，使得法律体系能够动态地适应生活世界之共同意义不断生成、解体又再生成的过程。因此，法律作为常识的制度化有三层内涵，或者说有三个层面的制度化。第一个层面的制度化指的就是从前法律阶段的生活世界到法律阶段的生活世界的过程。在此过程中，人们在日常生活的交往中所形成的意义最终汇聚到一个个人或群体之上，使之成为进入法律阶段的生活世界之意义总设定者，由他来设定重要的意义并保护相应的价值。这一过程的集中体现就是主权者立宪。第二个层面的制度化指的就是在生活世界进入法律阶段后，被主权者赋予特定功能的个人或组织，负责将主权者所做的意义总设定进行一般条文化，使之具有体系性和一定程度的明确性及可操作性。这一过程的集中体系就是立法机关的立法行为。第三个层面的制度化指的就是官员尤其是法律官员在他们的日常工作实践中不断地对尚为抽象的意义和价值进行具体化和常态化的维护，实现生活世界之意义与法律体系之间的动态协调，使生活世界的意义总体能不断地延伸和更新。

第 4 章

法治：一种相互理解的秩序状态

本章的目的在于结合先前的理论探索，重新审视当前我国的法治建设中所亟须处理的概念范畴及回应当中的重要命题。从总体上来说，中国是被西方世界裹挟着进入现代的，而这一基本特征在全球化进程中也体现得越发明显。全球化在法律领域的表现形式有两种，一种是国际法的国内化，另一种是国内法的国际化。前者指的是国际层面的统一规则成为国内法据以调整自身的准则，后者指的是在国际社会上占主导地位的某些国家向其他国家输出自己的法律理念和法律制度或其他国家主动学习、接受相关内容，使它们成为自己的国内法。中国在法治建设的过程中所进行的大量法律移植，就是后者这种法律全球化的体现。[1] 而从历史上来看，全球化进程显示出明确的中心与边缘的特点，即占主导地位的国家在全球化中利益尽收，而其他国家则在很大程度上以牺牲本国的一些权益和发展的自主性

[1] 参见朱景文:《关于法律和全球化研究的几个有争议的问题》，载《南京社会科学》2010 年第 1 期。

为代价来适应这一过程。[1] 这种牺牲在法律制度层面上的代价就是一国的本国法不仅未能恰当地体现和包含人们在生活世界中看重的意义，反而构成了一种压制。然而吊诡的是，长期以来一直有一种声音认为，这种日常生活的压抑来自学习西方的不彻底，而只要加大力度把西方的理念和制度再予以深化，将生活世界再彻底地整饬一番，这种压抑自然就会消失。这种观点不仅本末倒置，也不符合法治的基本原理。有学者从法律信仰形成的角度出发，指出法律须以统一的价值体系为正当性基础，从而才能“逐渐凝结为一种生活方式，既是‘生活的语法’，又是价值的符码；既是规则的载体，又是意义的表征”[2]。

在本书看来，真正的法始终是人们活出来的法，规范性始终根植于人们的日常生活，而“法律规范作为意义”则必须从生活世界中获取其规范性力量，即成为常识的制度化，否则法治就仅仅是一种外部强加的强制秩序而已。与外部强加的强制秩序相对的，则是一种内生于共同体日常生活的秩序。这一内生于日常生活的秩序，建立在理解而非强制之上，建立在意义而非事实之上。此种秩序的建立并非单纯依赖于业已成为日常生活意义之基的常识，而是以之为出发并通过制度性的方式转化为一套人们在其中可以形成相互理解而后基于此种相互理解来行动的规范秩序。因此，为了建立此种秩序，需要有相应的立法原理与司法原理予以配合，从而建构出一条制度化的通途。

上述理论认知要进一步转化为较为具体的理论框架，其关键就在于由此阐发出一套相应的法律体系理论。申言之，为了在我国法治建设中重新建立日常生活与法律规范之间的联结，就首先需要建构一种包容而又统一的法律理论，并以之为基础提供一个法治的理论框架以供反思我们的思考与实践。为什么这么说呢？首先，强调包容是为了反对长期以来的中西方对抗思维，以一种能包容不同历史实践的理论来克服片面地强调西方理论

[1] 参见朱景文：《关于法律和全球化研究的几个有争议的问题》，载《南京社会科学》2010 年第 1 期。

[2] 高鸿钧：《法治漫笔》，译林出版社 2017 年版，第 13 页。

或本土特殊性所带来的认识偏差。从学理出发，通过构成性的方式来消解一些问题以及避免极端的结论或自我蒙蔽。其次，强调统一，是为了防止滑入庸俗的现实主义和相对主义的深渊，亦即在实现包容的同时揭示出蕴含于其中的普遍结构。否则，所谓的包容很容易变成对现实状况不加选择地妥协或不加反思地描述。因此，就需要把生活方式与法律规范的内在联系中的重要元素及它们之间的关系予以说明，勾勒出一个制度化的结构。最后，强调法律理论，是为了表明这不是一种对经验现实的单纯总结或政策性研究，而是要回到关于法律规范性的生成上来。本书前面的章节以日常语言与规范法学为线索，阐明了内含于人们日常生活的常识判断与常规实践转变为法律规范的制度化过程。现在，本书试图结合前面章节所探讨出来的理论框架，针对我国当前法治建设的现实需求以及重要概念进行进一步的探究。这既要求对当下某些重要问题的回应，也要求把已有的一些概念放入新的理论框架中来理解，以赋予它们更为切合我国法治建设需求的崭新内涵。最终，通过明确特定主体及原则的内涵和地位，本书希望能描绘出法律规范性从日常生活中来而又回到日常生活中去的过程，并揭示出法治国家建设的基本规律。

那么，这个据以推进当前认知的理论框架是什么呢？通过前三章的理论分析，本书已经从日常生活的层面出发，阐明了生活形式与法律规范性之间的内在联系。常识或常理所反映出来的人们在日常生活中的生活方式构成了规范性命题得以成立的基础。申言之，在日常生活中的人们处于一种相互理解的稳定状态，并构成了规范性命题得以被接受的背景。换言之，规范作为意义是持续地从日常生活中生成出来的。法律是一种特殊形式的规范，因而其规范性也是在相似的过程中生成出来的。同时，也只有从相似的过程中生成出来的法律规范才能避免沦为纯粹的外部强制，成为法治所真正需要的法律。然而正如本书在此所强调的那样，这是一个相似的过程。那么，为何强调“相似”。这是因为，法律规范作为一种意义固然是源自人们的生活形式，但必须经历一个意义自日常生活中上升出来，随后又回到日常生活中去的过程。正是在这一上升而后又回归的过程中，一个立体的意义生成结构才得已形成，使得法律规范既从日常生活中来又具有普遍的约束力。因此，本书基于之前的理论思考提出了一个关于法治的概念来作为本章讨论的框架，即法治就是基于法律尤其是宪法所达成的相互理解的秩序状态。欲实现这一秩序状态，就要遵守两个基本原则。第一，立法活动要以常识理性为基本指引；第二，司法活动要把尊重常识作为其内在道德。

4.1　以常识理性作为立法活动的基本指引

本书在之前的章节里详细论述了“常识”这一概念在西方的理论思考中所扮演的重要角色，并且将常识与法律规范性的生成之间的关系作为重点予以论述。为此，必须考虑常识与立法活动之间的联系。毫无疑问，常识与立法之间存在联系。例如，立法往往被要求反映出社会主流认识又或被要求尽量用日常语言来进行表达。然而，这些都不是本书在此处所关注的问题。本书所关注的毋宁是回到法理学的原理论层面，探索常识与法律规范性的生成之间所具有的内在联系。而在本书看来，此种内在联系就在于常识与法律命题成真之基础的关联。此处，法律体系被理解为一个由真命题构成的体系，而个别的法律就是该体系的成员。由此，常识与法律规范性生成之间的内在联系就体现为以行为当为性为内容的主张或命题是否为真，都要在接受以常识为推导和反思基础的常识理性的省察之后，方能决定。因此，对于立法活动而言，就要以常识理性作为基本指引。这一点不仅在西方的理论思考中占有特殊的地位，在我国的文化中也同样如此。

在我国传统文化中，常识或常理是人们用以论证某种主张的合理性或行为正当性的重要依据，更有类似“知常曰明”或“伦常日用”的各种观念。因此，在我国传统文化的精神和思维中，就产生了把常识或常理视为合理性的主要标准的常识理性。对此，金观涛先生早在 20 世纪 90 年代就开始通过一系列作品予以了阐明，并形成了一套较为完备的理论。通过对传统思想发展过程的详细分析，他指出常识合理精神是传统思想发展过程中文化融合的结晶，常识理性是传统思想的深层结构。[1]更为重要的是，这种传统思想的深层结构在中国进入现代进程后并未彻底消失，反而是以另一种面目融入中国现代思想发源的历史进程当中，紧密地与现代中国的规范观念结合在一起。尤其是“科学”和“民主”两个概念，实际上还是在常识理性的指引下被理解的。认识到这一点，对于指导我国当下的立法工作有重要价值。尤其是科学立法和民主立法两个立法原则各自的真正内涵及二者间的统一关系，是当下急需深入探讨的问题。对此，本书欲阐明，科学立法和民主立法的基本原则应当在常识理性下得到理解和统合，并由此来指引国家的立法活动。

4.1.1 常识理性与现代中国的规范观念

常识理性强调常识、常理和常情在推导和思辨活动中的基础作用，以及对主张或判断的可接受性的根本影响。对于规范而言，唯有符合常识理性的要求或经受住了常识理性的省察，才会被视为具有普遍的规范性，从而生成约束共同体成员之行为的义务。这就是常识理性下的规范观念。在古代中国，儒家思想里相当一部分内容所强调的就是对常识、常理或常情的重视。其中，常识和常理指涉的是人们在日常生活中广泛接受的判断。常情指的则是人们在日常生活中处理个人或公共事务时所展现出来的具有普遍性的情感。而作为一种与儒家相应的思想，老子在开创道家思想时就强调了“知常曰明”的重要性。[2]不过，此时的常识理性没有形成一套系统性理论，故而尚未成为传统思想的深层结构。金观涛指出，要完成常识理性成为传统思想的深层结构的转变，就“需要士大夫把常识合理看作比

---

[1] 参见金观涛、刘青峰：《中国现代思想的起源：超稳定结构与中国政治文化的演变》（第一卷），法律出版社 2011 年版，第 50—51 页。

[2] 《道德经 · 第十六章》。

道德伦理的合理性更为根本，而且还要有建构体系的兴趣和能力”[1]。当常识理性成为传统思想的深层结构与伦理道德的后设层面，就必然要求一切社会规范接受常识、常理的检验，或以常识为基础进行思辨、推导。法律作为国家的共同规范，自然也被如此要求。此外，当特定个人或团体做出规范性主张时，也必须接受常识和常理的检验或以二者为基础，否则其主张将难以被共同体所接受。可见，在常识理性指导下的规范观主张国家法律制度最终来源于人们的日常实践，强调法律须尽可能地符合人们在日常生活中积累下来的经验及相关合理性判断，体现和保护人们在日常生活中所看重的价值，并以符合人民群众的认知及理解基础的方式进行表达。因此，法律也被认为要符合常识或通过某种方式从常识中得来。倘若某项法律内容与常识有所出入，那么立法者就会被要求做出充分的解释和严谨的论证。即便进入现代中国，常识理性也没有丧失其重要性以及在文化中的特殊地位。

五四运动和新文化运动可谓中国现代思想发端阶段的两场极为重要的运动。活跃在其中的学者和思想家们高扬科学和民主的旗帜，对中国传统的思想模式和核心理念进行了各方位的猛烈批判。然而若对当中的主要观念进行分析，则五四运动和新文化运动的思想深层结构却仍然是常识理性。在五四运动和新文化运动的主要刊物中，“常识”一词是与“科学”和“民主”并列的一个关键词。常识在当时被用以批判儒家传统思想，同时还经常作为“科学”的等义词使用，并被视为行动理由以及判断合理性的最终标准。[2] 换言之，五四运动和新文化运动并非用西方现代思维来完全摧毁传统思想，反而是保存了传统思想的深层结构而用新内容对旧内容进行替代。对此，金观涛总结道：

……科学和民主这两种新价值之所以可以在反传统中不断发展壮大，其本质乃是中国知识分子的常识和人之常情发生了巨变，科学常识和个人

[1] 金观涛：《中国文化的常识合理精神》，载《中国文化研究所学报》1997 年新第 6 期。

[2] 参见金观涛、刘青峰：《新文化运动与常识理性的变迁》，载《二十一世纪》1999 年 4 月号。

独立取代了传统的常识和人之常情在理性中的位置，成为反传统与判别观念系统合理性的最终根据。[1]

可见，由于时代剧变，迅速崛起的新兴知识阶层的知识结构、政治视野及伦理道德观与传统思想产生了巨大分歧。“科学”和“民主”是新兴知识阶层理想中的知识和政治革新的集中表达，但这种表达的背后仍然是受用于常识理性的。换言之，“科学”和“民主”二词是在特定历史阶段中常识理性的实质理由[2]部分发生变迁后的具体表达。同时也可以看出，尽管中国在进入现代以来经历了不少政治、社会和文化上的变故，思想的深层结构仍然是以常识理性为主的。虽然作为常识的具体内容变了，但常识作为一种知识形式和判断标准的分量并不会因此而改变。

通过五四运动进入中国的马克思主义哲学具有不可忽视的日常生活维度。马克思主义哲学强调以去神秘化的方式来思考包括法律在内的各种国家上层建筑的基础。而此种去神秘化的方式恰恰要求人们把认识事物本质及其规律的视野放到日常生活层面。当哈特考虑边沁在思考法律现象时所采取的立场时，他意识到，虽然边沁与马克思在哲学传统和理论观点上基本没有什么共同性，马克思甚至也对边沁的思想不甚赞许，但二者反对法律神秘化的理念是高度一致的。[3]对于二者的上述一致性，哈特如此总结道：

第一，两人作为社会思想家的任务是要廓清人们有关人类社会真正特性的认识；第二，人类社会及其法律结构，虽然已经制造了太多的人类灾难，却由于各种神话、迷信、幻觉的保护而免受批判……边沁发现法律被各种神秘之物弄得模糊不清，用他的说法是法律戴上了面罩；马克思也说

[1] 金观涛、刘青峰：《新文化运动与常识理性的变迁》，载《二十一世纪》1999 年 4 月号。

[2] 在此需要说明的是，常识理性作为一种思想的深层结构并不全然是实质性的内容。它可以分为两个部分，一部分是知识获取的标准和方式，另一部分才是具体填充的事实内容。申言之，前者决定的是共同体成员从何处获取相应知识以及进入共同体思想体系的基本标准，后者决定的是实质判断的具体内容。

[3] 参见［英］H. L. A. 哈特：《哈特论边沁》，谌洪果译，法律出版社 2015 年版，第 25 页。

到社会生命过程的“神秘面纱”……对他们两人来说，这种神秘之所以可能，是因为普通人没能认识到法律和人类社会形式从根本上讲都不过是人的制造物。[1]

的确，对于马克思和恩格斯而言，去神秘化并主张社会制度和法律的基础在于人民群众之实践的理念贯穿于他们的主要作品之中。在对费尔巴哈的著名批判中，恩格斯对费尔巴哈及其所代表的德国传统哲学进行了严肃的反思，并指出“费尔巴哈不能找到从他自己所极端憎恶的抽象王国通向活生生的现实世界的道路……要从费尔巴哈的抽象的人转到现实的、活生生的人，就必须把这些人作为在历史中行动的人去考察”[2]。即便是像国家这样的存在，其产生及发展的基础归根结底也是在于人们的实践，尤其是日常生产活动的实践。因此，国家意志其实就是市民社会的需求和生产力及交换关系的发展决定的。国家政权就是社会为了保护自己的共同利益而创立的机关。[3] 马克思则认为，费尔巴哈及其代表的哲学的问题在于，没有把探讨的内容当作实践去理解。此外，马克思进一步指出，“全部社会生活在本质上是实践的……把理论引向神秘主义的神秘东西，都能在人的实践中以及对这个实践的理解中得到合理地解决”[4]。这种生活的实践本质随即展开为人们的生产方式，亦即马克思思想的重要组成部分。在《德意志意识形态》中，马克思又回到了对费尔巴哈的批判上。这一次，他明确指出，“全部人类历史的第一个前提无疑是有生命的个人的存在……一当人开始生产自己的生活资料的时候……人本身就开始把自己和动物区别开来……人们用以生产自己的生活资料的方式……在很大程度上是这些个人的一定的活动方式，是他们表现自己生活的一定方式，他们的一定的生活方式”[5]。这一重要的思路在马克思对商品拜物教的著名批判中重现，马克

---

[1] ［英］H. L. A. 哈特：《哈特论边沁》，谌洪果译，法律出版社 2015 年版，第 27 页。

[2] 《路德维希 · 费尔巴哈和德国古典哲学的终结》，人民出版社 2014 年版，第 36 页。

[3] 参见《路德维希 · 费尔巴哈和德国古典哲学的终结》，人民出版社 2014 年版，第 48—49 页。

[4] 《马克思恩格斯选集》（第一卷），人民出版社 1995 年版，第 56 页。

[5] 《马克思恩格斯选集》（第一卷），人民出版社 1995 年版，第 67 页。

思试图揭示出使得商品具有“形而上学的微妙和神学的怪诞”[1]的根源，并进一步指出商品所具有的性质其实就是生产力和生产关系的体现。

蕴含在马克思主义哲学中的日常生活维度并不仅仅局限于上述内容当中。作为卢卡奇的学生及 20 世纪西方马克思主义的代表人物之一，赫勒指出，马克思在《1844 年经济学哲学手稿》里所谈到的异化问题，指的就是劳动成为日常生活构成中的无机部分，即“工作过程依旧是人的基本的类本质活动之一，但是由于作为超越日常性的类本质活动的工作是异化的，工作的履行就丧失了自己作为自我实现的特征”[2]。可见，马克思所说的异化并不仅仅是生产方式的异化，更是日常生活的异化。从这一点出发，可以进一步揭示出马克思主义哲学与日常生活的内在联系。那就是，“一般日常生活越是异化，要创造一种‘为我们存在’的生活就愈加困难……可以把马克思所设想的共产主义界定为这样的社会，在那里如果每一个主体都把自己的日常生活建立为‘为他自己的存在’，那么，社会必要条件就会得到满足”[3]。从这一点上来说，日常生活维度与马克思主义哲学的核心理念是紧密相连的。在日常生活中，个人找到了自我表达和自我实践的最为自然的方式。虽然异化造成了日常生活的灾变，但是一个更为合理以及高级的社会制度形式所应试图实现的就是日常生活的升华，使得个人在这种社会制度形式中再度实现自然的自我表达和自我实现，也就是一个意义源自日常生活而又使得复杂的社会生活更接近日常状态之意义与理解的社会。对此，赫勒做出了精彩的表述:“那些今天过着有意义生活的个体自觉选择和接受的任务，是创造一个异化在其中成为过去的社会：一个人人都有机会获得使他能够过上有意义生活的‘天赋’的社会……所有人都把自己的日常生活变成‘为他们自己的存在’，并且把地球变成所有人的真正家园。”[4]按照上述理念，作为上层建筑的社会和国家制度除了必然来自人们

[1]《资本论》(第一卷)，人民出版社 2004 年版，第 88 页。

[2]［匈］阿格尼丝・赫勒:《日常生活》，衣俊卿译，重庆出版社 2010 年版，第 68 页。

[3]［匈］阿格尼丝・赫勒:《日常生活》，衣俊卿译，重庆出版社 2010 年版，第 287 页。

[4]［匈］阿格尼丝・赫勒:《日常生活》，衣俊卿译，重庆出版社 2010 年版，第 290 页。

日常生活中的重复性实践和重复性判断之外，还必须致力于在全社会的范围内实现人们在日常生活的状态中所能获得的生命体验。

总体而言，从批判费尔巴哈开始直到批判资本主义生产方式和社会制度当中的异化现象，马克思所意图完成的是让哲学思考和社会制度建构的起点从虚幻的天国回归到活生生的现实的人之上。[1] 因此，生活世界及人们在其中的实践和生命体验必然是马克思主义理论中的重要内容，甚至是思想基础和哲学底蕴。人民群众在生活世界当中不断通过自己的实践活动发展和推动着自身所处的存在历史和生存处境，并定义着社会生活中的实然和应然。[2] 可见，马克思主义哲学中包含着一条清晰的脉络，即从去神秘化到回归日常生活的思想发展脉络。人们在日常状态中所展现出来的生活形式、认知和思维模式以及从中创造出来的意义从根本上决定了社会制度的样态以及当中应然命题的内容和意义。这一点，恰恰是从古代中国到现代中国的时空变幻当中维持稳定不变、贯穿始终的思想主线，并且在根本上塑造了中国的规范观念。正因如此，当下中国的立法活动所遵循的原则和精神，也需要放到常识理性下来进行更为确切和深入地解读。

4.1.2　科学立法与民主立法在常识理性下的统一

科学立法与民主立法是当前我国立法活动的重要指导原则。这一点不仅体现在我国 2015 年修改的《立法法》当中，也体现在其他一些重要的指导性文件里。2015 年修改的《立法法》第 5 条规定“立法应当体现人民的意志，发扬社会主义民主，坚持立法公开，保障人民通过多种途径参与立法活动”；第 6 条则规定“立法应当从实际出发，适应经济社会发展和全面深化改革的要求，科学合理地规定公民、法人和其他组织的权利与义务、国家机关的权力与责任”，并且要求“法律规范应当明确、具体，具有针对

[1] 参见杨楹、王福民、蒋海怒：《马克思生活哲学引论》，人民出版社 2008 年版，第 312—314 页。
[2] 参见杨楹、王福民、蒋海怒：《马克思生活哲学引论》，人民出版社 2008 年版，第 88—89 页。

性和可执行性”。这两则条文可以说是表达出了“科学”与“民主”在国家立法活动中的基本内涵。此外，党的十八届四中全会明确了建设中国特色社会主义法治体系为“依法治国”的总目标，并将科学立法与民主立法视为提高立法质量、实现良法善治的关键。

如前所述，当下中国的立法活动所遵循的原则和精神，需要放到常识理性下进行更为确切和深入的解读。这一方面是源自日常生活的意义制度性转化为法律规范的要求，另一方面则是科学立法与民主立法两个原则相互统合的要求。申言之，关于科学立法与民主立法两个原则，必须追问的是，两个原则之间是否是统一的？又是如何统一的？科学立法和民主立法作为两个分立的原则，有各自的要求和相应逻辑——“科学”强调专业人士的认识而“民主”则强调普通大众的认识，但二者在法治建设中又被认为具有统一关系来为同一个目标服务。那么，为了实现良法之治，就不得不追问科学立法和民主立法之间到底具有怎样的统一关系？

科学和民主是中国进入现代以来的两个具有时代标志性的符号，同时也凝聚了极为丰富和复杂的观念及意识形态内涵。本书先前部分的分析已经揭示了科学与民主两个概念的引入与常识理性是紧密联系在一起的。甚至可以说，科学与民主在实质上是常识理性在特定历史阶段的表达。从法律制度建构的角度来说，科学和民主承担了去神秘化后的立法建制的指导精神作用，以及合理性评价的基础。因此，对于科学立法与民主立法的统一关系，除了要注意到“科学”和“民主”在中国特色社会主义法治建设和现代立法的语境中所具有的内涵，还要注意到科学立法和民主立法的内涵和统一关系仍然是在常识理性的结构中展开的。为此，本书试图阐明，科学立法和民主立法的统一关系，乃是在立法上要求用现代立法理念和技术把通过民主方式反映出来的、蕴含于人民群众常识当中的规范性判断转变为符合现代法治要求的形式。科学立法与民主立法的这种统一关系既延续了中国共产党坚持对西方理论本土化以解决中国实际问题和重视群众路线的传统，也是传统思想延续至今的规范观念的反映。

首先，对于科学立法所强调的“科学”，不应是对自然科学的模仿，而应是一种技术理性。将科学立法所强调的“科学”视为对自然科学的模仿的观点，包含了一种将立法的科学性与自然科学的科学性进行简单对应的逻辑。例如，有学者认为，“在人对自然的活动领域，科学性的基本含义就是符合客观规律，如果在社会活动领域也是这样，我们就需要了解立法需要遵循什么规律”[1]。这种认识，在本质上对社会活动及其中的社会行动者进行了对象化，从而造成了立法的科学性与民主性之间的内在割裂。更为重要的是，自然科学的对象与法律规范并不处于同一领域，因而自然科学与其对象之间的那种映照刻写的关系不能套用到法律和社会生活的关系上。法律自身作为意义，有机生成自社会生活。因此，立法的科学性应该指的是一种技术理性，即围绕如何更好地实现现代法治的核心理念而建立起来的一套体系化要求。比如，为了更好地实现个人自由，那么立法就要思考如何建立一套能最大限度限制公权力并同时扩大私权利的规范体系；还有一些现代法律的内在价值，如明确、可执行和可预期等也对立法技术提出了相应要求。此外，由于法律所要维护的价值往往不止一个，故立法技术还要兼顾实现法律体系内部的协调性和严整性。具体到我国的法治国家建设上，对于科学立法的理解不能脱离中国特色社会主义法律体系建设过程中所形成的核心认识。其中一点就是，“中国立法的实践表明，不能为体系而体系，它必须服从于中国社会本身的变化”[2]。在此之上，立法的科学性体现在立法能否充分反应中国社会的现实与观念。[3] 此处，自根据地时期就植根于社会主义法律实践的民主传统与立法的科学性要求产生了某种共鸣。民主立法要求通过诸如立法听证等制度实现立法过程从封闭转变为公开、促进立法专家与普通民主的认识有机统一，其核心理念就是“立法应

[1] 黄建武：《论立法的科学性与主观选择》，载《地方立法研究》2016 年第 1 期。

[2] 朱景文：《中国特色社会主义法律体系：特色、结构和趋势》，载《中国社会科学》2011 年第 3 期。

[3] 类似的结论也可见于其他学者的研究中，如关保英：《科学立法科学性之解读》，载《社会科学》2007 年第 3 期。

当体现广大人民的意志和要求，确认和保证人民的利益”[1]。在立法实践的过程中，与此理念相伴随的一个突出现象是，以国务院作为主体制定的行政法规、部门规章和地方性法规等规范性文件在数量上要比全国人大及其常委会制定的法律多得多。虽然现在这一现象已经有所改变，全国人大及其常委会承担了越来越多的立法工作，但需要注意的是全国人大及其常委会的立法草案也往往是由国务院起草的。产生此种现象的原因在于，“国务院处在行政管理工作的第一线，最了解实际情况，对一些重点的社会生活问题的处理最有发言权”。[2] 可见，如何能更好地、更有效率地将人民群众在日常生活当中所积累的认识及基于这些认识所做出的实践转变为法律条文的内容，是我国立法工作长期以来的目标。

接下来，需要探讨科学立法与民主立法是在怎样的理论框架下达成统一的。基于本书先前的论述，科学立法和民主立法虽然有各自不同的关注点和要求，但它们的核心内涵却可以在常识理性的框架下达成统一，即强调立法要反映民众普遍认识中的是非观和价值观，亦即涉及行为正当性判断的常识、常理和常情。为此，立法的科学性体现在两个层面，第一个层面是形式的技术要求，即要求制定的法律要公开、明确、稳定和可执行等，以及不同法律条文之间不相互矛盾，全部法律条文构成一个法律体系。第二个层面则是基于实质立法目的所提出的技术要求，即这些技术要求的是围绕实现实质立法目的而提出的。而民主立法所针对的正是立法的实质目的，即要求法律的内容应体现民众对于相关待立法事项的普遍认识和共同判断。当然，民众的这些认识不可能都是高度统一和清晰明确的，甚至往往存在矛盾和模糊。随着社会关系的复杂化，民众在表达意见的时候往往是以自己身处的利益团体的角度出发的，故立法的民主性绝不等于群众直接立法。[3] 因此，就需要熟悉立法技术和法律知识的专家将它们提炼成为规范并体系化。反过来说，立法的科学性作为一种技术理性的要求，如果

---

[1] 高其才：《现代立法理念论》，载《南京社会科学》2006 年第 1 期。

[2] 朱景文：《关于立法发展趋势的几个问题——一个比较研究》，载《法学杂志》2005 年第 6 期。

[3] 参见朱景文：《关于立法的公众参与的几个问题》，载《浙江社会科学》2000 年第 1 期。

不是围绕着一种法律内容的要求和规范观念来展开，它也就是无价值的。此间所反映出来的恰恰是以常识理性作为基础的法律规范观念，即法律应是常识、常理和常情的制度化。

综上，从传统思想的深层结构到五四运动以来的现代思想所包裹着的都是常识理性，而科学和民主实际上是常识理性的内涵在特定历史阶段的表达。结合现有的立法学理论和立法实践可以发现，立法的科学性和民主性除了一些自己独有的要求之外，还有一个共同指向，即尽量使法律反映当前政治和社会的日常秩序。因此，尤其强调要以人民群众的是非判断和规范观念作为开展立法工作的根本出发点。申言之，常识、常理和常情在中国现代立法的语境中被替换成了社会实际情况和人民群众的普遍认识等词汇，但其本质上仍是常识理性在延续。科学立法和民主立法虽然在表达上被分成了两个原则，可实质上是一体两面的，它们的统一内涵反映了从传统延续至今的常识理性下的规范观念。在这种观念的指引下，民主立法所应力图实现的是在最广泛的层面上使人民群众在日常生活中所看重的意义被反映到立法者的面前；科学立法则要求运用现代立法技术将这些反映出来的、鲜活但仍显粗糙的内容打磨成符合现代法律体系运作需求的形态，同时又以最便于人民群众理解的表达方式对相关法律规范进行表达。

4.2　尊重常识与司法的内在道德

自日常生活中上升而来的法律还须进一步回归到日常生活当中，才能获得实际的遵守，而实现这一步的就是司法活动。司法活动通过在适用法律处理具体纠纷的过程中时刻保持对常识的尊重，使得意义世界的整体和谐得以维持。然而与大部分旧有观点的论调不一样，本书强调尊重常识，并不是主张司法裁判一定要符合某种社会上已经存在的判断标准，如常识性的道德或传统文化中的一些教义。换言之，许多论者在讨论法律与道德、法律与民意之间的关系时所强调的司法要充分照顾传统文化中的美德以及广大人民群众的意见，实际上是对司法提出的外在道德要求。司法被等同于其他调解社会平衡和权衡利益的手段，失去了自身的独特性，导致法治还是不法治毫无区别。因此，本书所主张的司法要尊重常识并不是要表达上述观点，而是希望说明司法在遵循其内在道德的基础上尊重常识。

4.2.1 司法的内在道德

近年来，对法律提出弘扬优秀传统文化、认可及维护广大人民群众在日常生活当中所形成的秩序及规则的要求，不仅是学者的观点，也常见于一些指导性文件里，甚至还被写入国家的主要法律当中。例如，我国《民法总则》第10条就规定："处理民事纠纷，应当依照法律；法律没有规定的，可以适用习惯，但是不得违背公序良俗。"诚然，习惯反映出了日常生活当中获得了实际遵守的规则，而公序良俗则是维护社会基本秩序的底线。然而，这是否意味着法院在处理具体纠纷的时候可以直接依据习惯或公认的价值和规则来进行判案呢？这一点是值得商榷的。司法判决是一种个别化的规范，法官的司法裁判行为是一种意志行为。意志行为在法律运行的各个环节中都存在，那么意志行为是如何产生意义的？通过本书前面的讨论，对此的回答就是意志行为通过相应的法律规范尤其是宪法来确保其行为能被理解为具有法律的意义。这一说法看似抽象，但是通过下面两个例子，就可以得到较为清晰的说明了。例如，握有立法权的机构在没有依据宪法及其他相关法律规范的情况下所颁布的规范，人民群众会出于某些好处的考虑或仅仅因为害怕受到惩罚而予以遵守，但不会视之为法律。再如，一个法官在判案时，没有依据法律规范进行说理，而是直接认为某一方的主张合理就予以支持，那么另一方当事人及社会上其他人也不会认为这一判决是法律规范。换句话说，这样的判决只会被归结为法官的个人意志，遵循与否仅在于是否屈服于他人的意志，而非是否遵守法律。总而言之，只有那些令法官的意志行为产生法律意义的东西才是内在的，否则就是一种外在的评价标准。后者至多起到锦上添花的效果，但并不决定法与不法。

那么，司法的内在道德究竟是什么呢？概言之，就是依据宪法和法律进行清晰的述理。为何强调要依据宪法和法律？正如本书第一章和第二章所进行的原理探讨揭示出来的那样，一种主观性的意志行为只有通过遵守规则才能产生客观的意义。换一个角度来看，行为的相对人也只有对那些遵守规则的行为才会将之接受为具有客观意义，并按照这一意义的理解来调整自己的行为。这一点对于司法活动而言尤为重要，因为司法裁判是具体调整相关主体之行为的个别规范。在司法的过程中，法官的工作在实质上是依据法律，结合事实及案件双方当事人的意见，形成一套客观理解。这一套客观理解不仅以双方当事人为对象，一旦公开后就是以整个社会的所有具有一般理性的成员为对象的。而在实定法的体系中，意义设定的最终依据是宪法。因此，法官在司法裁判中就需要采取明示或默示的方式表明自己所提供的客观理解忠实于宪法对整个实定法体系的意义设定。所谓明示的方式有两种：第一种是在宪法能被适用于具体司法裁判的情况下，法官通过在其述理中解释相关宪法条文的内涵来表明自己最终作出的判决与宪法之间的内在联系；第二种则是在宪法不能被适用于具体司法裁判或实际上并未被适用于具体司法裁判的情况下，法官通过宪法宣誓的形式公开表明自己的信念与宪法一致，即意味着将宪法所代表的整套规则加诸己身。至于默示的方式，是与第二种明示的方式紧密联系在一起的，即法官的判决不得违背宪法的原则、精神以及制宪主体所推崇的价值。如果一个判决违背了这些内容，或许不会直接引起判决的无效，但毫无疑问会损害司法的权威，最终影响到整个法体系的实效。因此，忠实于宪法，以法律规范为依据，结合具体事实形成针对纠纷所涉之问题的客观理解，是司法内在道德的一部分。

司法内在道德的另一部分，就是清晰的述理。清晰的述理之所以是司法的内在道德，不仅在于上一段所说的司法的内在道德必须通过清晰的述理才能体现出来，更在于没有清晰的述理就无法形成客观意义。在诉讼的过程中，双方当事人提出自己的主张并加以陈述的过程实际上是一个沟通交往的过程。在这个过程中，双方都针对相关事项提出自己认为是正确的规范性命题。因此，对于法官而言，就是要将双方当事人的主观理解转化为一套客观理解。因此，所谓的案结事了，就是在双方当事人之间实现一个理解与被理解的过程。或许有人说，之所以案结事未了，是因为总有人会败诉而输家永远会有怨言。但是若经过仔细考虑就可以发现，极为蛮不讲理或毫无理解他人之可能的人在整个社会中毕竟只占少数。那么，其他不满判决的人，并不是仅仅因为败诉了而不满，而是因为其主观意义最后没有在法官所提供的客观理解中得到体现或回应。只有在这种情况下，人们才会坚定地认为自己主张的东西是其应得的。因此，法官即便不采纳一方的观点，也要在判决当中对该观点进行分析和论述不采纳的道理，而不是用一种和稀泥式的利益平衡或所谓“公平”来了事，更不能对一方之观点不予理会。

每一个诉讼当事人实际上都是整个规范秩序建构的参与者，诉讼当事人与法官一道构成了法治国家的意义世界的重要组成部分，因而即便在不采纳一方观点时仍用清晰的述理进行说明是最低限度的承认。只有相互承认，整个国家才能建立起相互理解的规范秩序。也正是因为如此，法官作为对宪法所设定的意义世界进行持续维护的人，上述内容就是司法的内在道德。假如我们再进一步分析司法与常识制度化为法律之间的关系，那么此种内在道德的重要性就能得到更为清晰的展示。此外，当司法谨守其内在道德时，不论最后得出的结论如何，实际上也尊重了常识，从而增进了法治下的相互理解。反过来说，要求法律尊重常识也必然要求司法以谨守上述内在道德为基本前提。

4.2.2 司法与法律作为常识的制度化

法律作为常识的制度化具有多个层次。本书在前面的章节里已经论及了立宪和立法两个层次，即立宪是对进入法律阶段的生活世界之意义总设定，以及在科学立法和民主立法相统一的基础上实现常识制度化为一般法律。前者是最为一般普遍的规定，即将人们在生活世界中看重的意义和价值通过立宪方式吸纳到法律体系中，并予以保护。后者则是在一般立法的层面，通过制定一般法律规范的方式对人们在日常生活中积累的规范性判断制度化，以实现对生活世界中的重要意义和价值进行体现和保护。二者之间的关系是递进式的。然而法律作为一种社会调整的方式，不仅仅依赖于一般的规范性调整，还需要有更为动态的机制以及更能应对具体对象的调整方式。换言之，根据调整的对象不同，法律调整在规范性调整和个别性调整的结合上会有所不同。更为重要的是，仅仅有宪法和法律的制定规范还不足以完整地实现法律调整。法律调整还需有一个机动性阶段，"这个阶段也是保证权利、义务的实现所必需的，这就是法的适用，其特点是有管辖权的机关（如国家权力机关、法院、行政机关）发布产生法律效力的个别性文件（如判决、决定、裁定）"[1]。换言之，通过该阶段的调整完成的是法律权力和义务的实现，亦即将法律规范中的应然要求具体化为特定当事人的具体行为规范。在法治国家中，法院毫无疑问在该阶段中承担了最为重要的角色。

若将本书之前关于常识理性和规范观的理解推展至司法层面，那么就不难发现近些年来所强调的司法为民、法律效果与社会效果相统一等要求，其实也是常识理性在我国法治建设和法律运作当中的具体表达。常识理性之所以要在司法层面寻求相应的表达，是在于本书之前所阐明的原理，即法院作为一种常态化的机制通过司法实践来为法律体系和生活世界的意义之间取得动态平衡，以及将一般意义具体化。为此，法官在司法裁判活动中一面连接着抽象的、一般化的法律条文，另一面连接着具体纠纷。前者虽然是主权者通过其认知和实践将从法律阶段的意义转过来的一般法律，但由于日常生活的复杂性，法院仍需要结合具体纠纷中的事实来实现一般意义到特定情形、行为和当事人的具体化。而以常识理性为指导的实践，在很大程度上就能确保法律效果和社会效果的统一。为此，在司法实践中实现常识判断与法律判断的衔接与转化，就显得尤为重要。

---

[1] 孙国华、朱景文主编：《法理学》（第三版），中国人民大学出版社 2010 年版，第 207 页。

4.2.3 常识通过司法实践制度化为法律的一般模式

在司法实践的过程中，常识与法律总是勾连在一起的。这不仅仅是因为当一个判决被批评为缺乏常识时，将会对司法权威带来极大的损害。对于一个成熟的法律体系而言，法律总是对常识的体现，并且是法官实践理性的一部分，对法律规则和法律原则的形成具有极大的推动作用，尤其是比例原则在司法中的运用是对常识与法律推理之间联系的最好示例。[1] 然而在这些司法技术层面的现象背后，仍有重要的原理等待揭示。而从本书之前所揭示出来的规范与意义的视角来看，此间所涉及的原理性问题就是生成于日常生活的意义如何在司法活动中被制度性地转化为具体规范，亦即常识据以通过司法实践而被制度化为法律的模式。在本书看来，这其中有一般和特殊两种模式。

在一般的模式里，法官在实定法允许的范围内选择适用来自人们在日常生活实践中形成的特定规则来维护日常生活的秩序。法官在处理引起社会广泛关注和人民群众的意见十分强烈的案件时，往往会运用到这一模式。例如“泸州二奶案”，在当年触发了社会各界对法与道德、司法与民意、裁判可接受性和司法的民主性等各种争论。[2] 诚然，这些争论都有各自的出发点并能在自然法与法律实证主义之争或司法裁判技术等理论领域做深入研究。然而从本书之前所揭示出来的规范与意义的视角来看，此间所涉及的根本问题是生成于日常生活的意义如何在司法活动中被制度性转化为具体规范的问题。正如本书之前所述，我们的生活中存在大量的制度性事实，范围从最简单的口头承诺到最为复杂的国家政治经济法律制度。就像维特

[1] See E. W. Thomas, *The Judicial Process*: *Realism*, *Pragmatism*, *Practical Reasoning and Principles*, Cambridge University Press 2005, pp. 335-8.

[2] 参见何海波:《何以合法？——对“二奶继承案”的追问》，载《中外法学》2009 年第 3 期；陈景辉:《裁判可接受性概念之反省》，载《法学研究》2009 年第 4 期。另有关于司法技术层面的探讨可参见喻敏:《文义解释——民法解释的基础与极限》，载《西南民族学院学报》（哲学社会科学版）2002 年第 11 期；陈林林:《基于法律原则的裁判》，载《法学研究》2006 年第 3 期；周安平:《涉诉舆论的面相与本相：十大经典案例分析》，载《中国法学》2013 年第 1 期。

根斯坦思考游戏规则和意义时所说：“当我们谈论这样的东西时：它将纸币与单纯的印刷出来的纸条区别开来并且给予其意义、其生命！”[1] 从最为原初的层面来讲，使意义得以产生的规则形成于人们在日常生活中的常规判断和常规实践。因此，当司法审判中的争议焦点涉及一个制度性事实的时候，所需要解决的问题就不仅仅是司法解释技术层面上的问题，也不是单纯的民意与司法裁判的问题，而是日常生活和法律两个场域之间的制度性转化问题。申言之，有别于规律，法律规范所表达的是归责 (imputation)，[2] 而每一次依据法律规范进行归责都涉及日常生活与法律两个场域之间的沟通。换言之，在日常生活的场域之中，人们以日常语言为载体分享了一个相互理解的秩序状态，而法律场域所包含的相互理解的秩序状态是以法律语言为载体的。实现归责的过程是一种桥接日常语言和法律语言的沟通过程，因为“法律规范是一种有实际性、有效性的语言结构，是一种以达到在同一个社群生活的意见一致或理解对手的沟通技术”[3]。日常语言与法律语言必须相互拉近以接合生活世界和法律规范体系，防止它们之间出现割裂。否则，基于法律所形成的秩序对于人们而言将毫无意义，因为人们在此不是基于理解来安排自己的生活，而是基于恐惧。因此，在司法裁判的活动中，常识判断就必须被纳入进来，作为法律判断的前置性判断。这一点，在普通法系的司法实践中，早已得到了明确。在著名的“多诺霍诉史蒂文森案”中，法官已经明确地将常识作为判决的主要基础之一。[4] 对此，麦考密克指出，在一些司法裁判活动中，法官必须给出“基础性理由”解释其所接受的承认标准并据此恰当地形成裁判规则。这一过程所依赖的是对备选裁判规则的可能后果进行论辩，而对后果的评价则依赖于“常识”

[1] [奥] 路德维希·维特根斯坦：《哲学语法》，韩林合译，商务印书馆 2012 年版，第 91 页。

[2] See Hans Kelsen, *Pure Theory of Law*, translated by Max Knight, China Social Science Publishing House 1999, p.76.

[3] [德] 阿图尔·考夫曼：《法律哲学》(第二版)，刘幸义译，法律出版社 2011 年版，第 135 页。

[4] 参见 [英] 尼尔·麦考密克：《法律推理与法律理论》，姜峰译，法律出版社 2005 年版，第 102—104 页。

等标准。[1] 因此，当个案引起了社会广泛关注并且存在不同意见的时候，一方面要承认这是一个不可回避的社会事实，但另一方面也要清楚地认识到这并非要求法官根据各方意见的强弱来进行平衡，而是要求法官甄别出人民群众的意见当中所包含的规则或行为标准。

从上述理论认识出发再审视“泸州二奶案”，就会发现那种将人民群众与法官的不同判断理解为民意与司法之间的对立的观点，不啻为一种有害的误解。实际上，该案的难题在于争议双方各自的主张都能以一个法律规范作为前提推理出有利于己方的结论。主张遗嘱有效的一方能在《继承法》中找到一般立法层面的规范依据，主张遗嘱无效的一方则能求诸《婚姻法》的相关规定。因此，核心问题就在于如何在这两个形式有效却相互对立的结论中进行选择，并论证该选择的合理性。该案与其他争议性案件的共同点是，民众与相当一部分法律专家之间存在明显的意见分歧。有学者将其解读为法律解释中“大众话语”与“精英话语”之间的对立。[2] 可是，对于司法裁判而言，上面提及的那种误解把裁判的思维引入了两难境地。当遇到有两个前提能有效推出两个对立结论的时候，如果某种理论认为其中涉及的要素是异质的，那么该理论当然无法指导司法通过推理的方式得出结论。该类理论最终只能认为这种情况下法官所做的唯有在两种可能的结果之间做权衡并以此做出选择进行判决，这对指导司法完成其为自身所设定的目标毫无助益。实际上，这种看待问题的方式是作茧自缚，把思路带进了死胡同。若从常识与规范之间的内在联系出发进行思考，这个貌似的对立就被消解掉了。在本书看来，“大众话语”本质上即人民群众的常识判断，而“精英话语”则是职业法律人的法律判断。因此，关键就在于我们应如何理解常识，并进一步思考在司法活动中如何实现常识判断与法律判断的衔接与转化。我国现有的一些研究已经指出常识是民众判断的重要基

[1] 参见［英］尼尔·麦考密克:《法律推理与法律理论》，姜峰译，法律出版社 2005 年版，第 131—135 页。

[2] 参见刘星:《法律解释中的大众话语与精英话语——法律现代性引出的一个问题》，载《比较法研究》1998 年第 1 期。

础，但这些研究普遍对常识的本质存在误解，导致它们往往对常识判断与法律判断做异质化处理。针对这些误解，本书在前面的篇幅里已经进行了系统的说明和澄清，在此不做重复。总而言之，造成上述知识断裂的根本原因在于缺乏对常识之性质和特点的深刻认识，并导致以下两个主要问题：第一，一种以权衡为结论方案的理论没有能力提供司法裁判所要求的能指导法律推理的合理性标准；第二，对常识屏蔽，使司法无法甄别出日常生活中具有规范意义的内容，法律失去将日常生活秩序作为来源获取规范性的能力。

那么，从“泸州二奶案”及其他类似的案件里，我们能提炼出什么呢？在本书看来，那就是常识通过司法实践被制度化为法律的一般模式。通过探究规范性与常识之间的内在联系，本书在前面部分已经阐明了常识是人们在社会交往中经过检验、确认后被接受为行动理由和判断依据的理性。法律作为一种日常生活指向的规范，应积极正确地对待常识，从中汲取规范性力量。然而强调法学理论应认真对待常识，并不意味着要求常识要优于法律或用常识判断代替法律判断。作为法治国家，法律规范在效力上必然要优于其他来源的规范，法律判断也有其独特的专业性。常识固然对法律判断所取得的效果有主导性作用，理由在于常识所蕴含的合理性标准和规范性。常识因此被前置作为推理的首要原则，这也是实现常识判断与法律判断的衔接与转化的真正意义所在——为司法裁判奠定坚实的合理性、规范性基础。下面回到“泸州二奶案”来反思当中的逻辑及合理性，本书已经指出，本案的难点在于要对两个在形式上都有效但相互冲突的结论进行选择，即要在适用《继承法》或《婚姻法》相关条文中进行选择。那么，需要前置的常识判断就是：遗嘱这个语词所指向的主要关系是单纯的契约关系还是继承关系？如果认为遗嘱只是单纯的契约关系，那么这就是一个单纯的自由问题。如果认为是继承关系，那么就要问继承关系当中的主要关系是家庭关系还是非家庭关系。对于此问题，也是要首先求助于常识判断的，为此我们要考察在中国老百姓的常识中“继承”这一语词所指向的首要主体是哪些人？本书在此当然无法代表老百姓下判断，但以日常经验及这些年来有关继承的案件作为例证，可以看出“继承”在中国首要涉及家庭内部关系。当继承发生或即将发生的时候首要涉及的是家庭内部人员——其中又以夫妻关系作为首要关系，而家庭外部人员加入继承活动中则被视为一种非常态的、偶发性的次生情形，该次生情形又往往会受到更严格的检视和省察。以上也正是我国《继承法》有关法定继承和遗赠等规定的内在逻辑。因此，通过前置的常识判断确定“继承”与“遗嘱”所指向的首要关系是家庭成员的内部关系后，家庭伦理就需要被纳入进来，《婚姻法》等相关规范应被选为适用的裁判规则。本案判决中“公序良俗”原则的作用并非“原则判案”或“道德入法”，而是诠释了哈特称为“承认规则”的内涵，即该原则是作为一个法官实现用承认标准识别相关常识判断并将其衔接、转化进入制度性规范体系的入口，使常识判断作为合理性标准被合法地引入法律判断当中。这也就是常识通过司法实践被制度化为法律的一般模式。

4.2.4 常识通过司法实践制度化为法律的特殊模式

从之前的讨论可以看出，常识通过司法实践制度化为法律的一般模式有两个前提条件，第一是在社会当中已经存在相关的常规性实践，第二是人民群众对争议所涉及的事项已经表达出较为一致的判断。正如在上一节内容中可见的那样，通过确定“遗嘱”这一制度性事实的意义就将内含于其中的日常规则引入司法裁判的过程中，实现无须直接诉诸价值判断的同时又体现和维护了人民群众在生活世界中看重的价值。[1] 然而，并非所有的法官在处理司法案件时都能如此幸运，能从明确的常规实践及一致判断中提取出相应的规则。换言之，对于相关争议事项而言，难以明确是否存在某种常规性实践或一致的判断。那么，在这种情况下，如何在司法当中

---

[1] 关于我国法律体系中对家价值的体现和保护，以及家与自由之间的辩证关系，请参见张龑：《论我国法律体系中的家与个体自由原则》，载《中外法学》2014 年第 4 期。

实现日常生活和法律两个场域之间的沟通以维护生活秩序呢？此时，就必须超越一般显见的实践或判断，进而从共享的价值观入手，以价值选择来引导裁判的方向。此时，问题的重点则转为如何理解这种价值选择？它是任意的抑或是有章可循的？如果是有章可循的，那么这个“章”是什么？从何而来？也就是说，需要我们思考的是，在价值选择的标准并不明确时，法官应如何确定特定行为的意义？对于这些问题，以“腾讯诉奇虎不正当竞争案”作为切入点，能得到一个较为清晰的探讨。

在“腾讯诉奇虎不正当竞争案”中，腾讯公司作为原告，诉称奇虎公司提供的产品“扣扣保镖”破坏原告 QQ 软件及其服务的安全性、完整性，使原告丧失增值业务的交易机会及广告收入，从而构成不正当竞争的问题。一审法院认为根据《反不正当竞争法》第 2 条之规定，本案的关键在于厘清被告的行为是否违反了诚实信用原则和互联网业界公认的商业道德，并损害了原告的合法权益。在进行上述判断时，一审法院援引了工信部发布的《规范互联网信息服务市场秩序若干规定》（以下简称《若干规定》）和互联网协会发布的《互联网终端软件服务行业自律公约》（以下简称《自律公约》）作为认定的事实依据。这一点成了二审中的重要争议焦点。针对该争议，最高人民法院指出，自律公约是行业协会或类似的自律组织在总结行业竞争现象的基础上制定的从业规范。而这些自律公约或类似的从业规范在很大程度上反映了业内公认的商业道德和共同的行为标准。因此，它们可以成为人民法院发现和认定行业惯常行为标准和公认商业道德的重要渊源之一。同时，对于奇虎公司在上述阶段提出的，在互联网产业中究竟以什么价值为目标的质疑，最高人民法院并未将对此质疑的回应作为判决理由。

上述判决在学理上的重要性在于，人民法院第一次以判决的形式将公认的商业道德作为独立法源运用于判决理由当中。公认的商业道德既然强调其公共的认受性，那么其必然也是一种常识性的道德。但在此之前，公认的商业道德与诚实信用原则在广泛的司法实践中是被视为一体不予区分的。因此，本案的判决首次在反不正当竞争的领域内将公认的商业道德与诚实信用原则分离，通过发现常规性实践和一致判断来确定公认的商业道德的内容。然而法院实现上述分离的方式是通过司法程序和举证责任等司法技术的方式实现的，最终以事实认定的方式回避了实体性价值判断。为何此处不能回避实体性的价值判断？申言之，本案判决将行业的惯常行为标准认定为公认的商业道德，将一个需要论理的价值判断问题转变为了单纯的事实认定问题。这一做法是为我国现有的法律规定和审判理念所允许的，却也存在值得进一步讨论的地方。其中亟须回应的问题就是互联网商业这一新领域的秩序建构究竟应该以什么为总原则。这一案件的判决折射出了更为重要的一个理论命题，即司法应以什么为指引将社会事实转变为法。因为并不是任何社会事实都可以无条件地转化为法或具有法律意义。即便要以事实认定的方式解决问题，最终还是要回到一个深层面的问题，就是选择哪些事实以及对其赋予法律意义的基础是什么？要回应这个问题，就必须在价值选择的层面进行说明，否则整个意义建构的任务就没有完成。但这一情况实际上也折射出了最高人民法院的无奈，即面临常规实践与一致判断的缺失。在此之上，还遇到了一个更深层次的困难，即从何确定一个明确的价值标准或价值范围以供裁判者进行选择和论理。

唯有解决上述困难，才能确保法官在恰当的范围或依据特定的标准来进行价值选择以维护人们共享的生活秩序，而不仅仅是法官主观恣意的寻找。对此，在本书看来，解决上述困难的关键就在于如何看待社会主义核心价值观在司法活动中的地位与作用。正如本书之前所说的那样，法院和法官在整个意义建构的过程中属于次级设定，他们是在主权者决定了共同体未来生活的基本方式后，通过他们的实践完成主权者所设定之整体意义的具体化，并维持法律体系与生活世界之间的动态平衡。而在主权者进行意义的整体设定时，通过其认知和实践已经把其在生活世界中看重的价值放到了整个意义的结构当中。主权者在完成了意义的整体设定后，就将常态化运作的任务交给了特定的个人和机构，并赋予他们相应的权威和功能，成为主权者所确立下来的重要意义和相应价值的守护者以及对这些意义和价值进行具体化。那么，这些个人和机构在运用他们的权威和功能的时候，就必须以主权者的整体设定为范围。然而人民主权原则下的人民实现自我统治的方式具有高度抽象性，因此，在主权人民和臣民之间还必须有一个中间的实体的个人或机构以实现人民主权的真正运行。卢梭因而提出了在主权人民和人民之间加入政府。这个意义上的政府是作为人民意志的代理和执行人的政府，行使的是执政权，而非行政意义上的政府。然而政府并非唯一的选项，根据各国的实践，政党也可以起到上述中间项的作用。在我国，这种执政结构就是，“执政党的集体领导制为主导，结合人民代表大会引领下的一府两院”[1]。换言之，执政党在我国的政治立体结构中的角色就是人民意志的代表和执行人。法院在这个执政结构中是作为执政者下属的机关之一，它的特点是消极的，并且只根据具体的诉讼纠纷来实现对意义的守护和具体化。行政机关意义上的政府通过制定政策，而立法机关则是通过依据宪法制定法律或授权行政部门和其他机关立法，此二者都是主动的。但更为重要的是作为执政党的中国共产党不仅主导各项工作，还可以通过对主权者的意志进行直接开示来使原本比较抽象或宽泛的意义和价值得到具体化。党在十八大提出的社会主义核心价值观，就是相应的实践和成果。社会主义核心价值观包括：富强、民主、文明、和谐、自由、平等、公正、法治、爱国、敬业、诚信、友善。在这些核心价值观当中，每四个一组，分别针对不同主体和领域的核心价值。“富强、民主、文明、和谐”是针对建设社会主义现代化国家所强调的价值，“爱国、敬业、诚信、友善”是针对公民个人的道德操守提出的价值，“自由、平等、公正、法治”则是针对社会层面强调的、反映中国特色社会主义的基本属性的价值。因此，当需要对社会行动的正当性进行评判，而现有的规范性框架中又没有明确表明什么价值在相关情形中占主导地位时，法院或其他共同意义的守护者们就要以第三组核心价值观作为选择或论理的基础。申言之，我国作为一个奉行人民主权的社会主义人民民主国家，领导人民和代表人民的

[1] 张龑：《多元一统的政治宪法结构——政治宪法学理论基础的反思与重建》，载《法学研究》2015 年第 6 期。

执政党[1]所提出核心价值观既体现了人民作为主权者所给出的价值范围，也应在必要的时候得到法律形式的体现。这同时也是建设我国社会主义法治的应有之意。

最后，回到本节开头提出的问题，即司法机关在面对一个全新领域，而该领域尚未明确形成共同行为标准或需要法院以权威判决的形式明确共同行为标准时，法院应当以什么基础或在怎样的范围内做出决定。这一范围就是执政者根据对主权人民的意志进行开示后所得来的价值范围。倘若司法机关在裁判活动中需要做出价值选择的时候，就要根据这一范围进行选择。也就是说，要以主权者的意义整体设定中所包含的重要价值为基础进行司法裁判。如此做的目的是使法律能够与生活世界的意义建立起内在联系，使得法律规范和司法判决能得到最为广泛的认可和遵守，建设具有中国特色的社会主义法治国家。因此，这种从抽象的共同价值观出发引导法律解释的模式，就是常识制度化为法律的特殊模式。

4.3 小　结

本章以之前的原理研究为基础，尝试对我国当代法治建设中的一些重要方面提出建设性的建议。总体而言，法律要成为切实地调整生活世界中人们的行为及由此产生的关系，就必须符合人们的规范观。我国人民群众的主流规范观从古代到现代，都是以常识理性为深层结构的。因此，法律要作为常识制度化，才能真正成为人民群众日常生活中的共同规范。法律作为常识的制度化至少可以分为三个层面。第一个层面就是人民通过立宪的方式将他们在生活世界中看重的意义及相应的价值转化成为宪法条文，成为宪法统领下的法律体系的组成部分。从这个角度，也可以说宪法就是生活世界进入法律阶段后的意义总设定。第二个层面就是通过一般立法机

[1] 有宪法学者总结出我国宪法中的五个根本法，其中一个根本法为“中国人民在共产党的领导下”。参见陈端洪：《制宪权与根本法》，中国法制出版社 2010 年版，第 283—286 页。

关的立法程序将人民群众常识中关于行为合理性或正当性的标准转化为一般法律。在此意义上，科学立法和民主立法的统一为立法工作提出了技术性指导的同时，又为立法所应实现的效果提供了方向性的指导。第三个层面就是通过司法判决产生具体规范的方式将争议所涉及的常识判断转化为法律判断。司法实现上述转化的方式，在一般情况下是通过确定争议所涉及的对象在日常生活中的意义，并以此为前置判断选择具体的法律规范进行使用。然而在特殊情况下，即争议所涉及的对象并没有明确对应的常识判断或标准先于法律判断存在，此时司法机关就需要先确定价值选择。然而这种价值选择并非任意的或没有既定范围的。在我国的执政结构中，中国共产党处于主导地位，主要代表并执行人民的意志。因此，社会主义核心价值观所体现的就是执政者对人民的意志进行开示得出来的价值范围。司法机关在需要进行价值选择的时候，需要根据社会主义核心价值观的范围和指引进行价值选择。换言之，就是要以主权者的意义整体设定中所包含的重要意义和相应的价值为基础进行司法裁判。目的是使法律能够与生活世界的意义建立起内在联系，使法律规范和司法判决能得到最为广泛的认可和遵守，实现法律效果与社会效果相统一，完善具有中国特色的社会主义法治建设。然而必须注意的是，上述一切的实现都以谨守司法的内在道德为前提，即依据宪法和法律进行清晰地述理。否则，法律自身的规范性以及司法自身的严肃性将会被稀释。从另一个角度来说，当司法谨守其内在道德时，无论最后得出的结论如何，实际上也尊重了常识，从而增进了法治下的相互理解。

结 语

现代法律规范与中国人的本土生活如何能够有机地结合在一起，从而成为一套可以反映和保护中国人日常生活中所看重的共同意义和共同价值的法律秩序，一直是我国法律理论研究中最为重要的命题之一。我国不少现有的研究已经从各种不同的出发点进行探索，并做出了令人钦佩的成果。与上述问题意识密切相关的原理性问题，却并未得到充分系统的理论研究。该原理性问题就是，法律规范与人们日常生活当中的常识、常情和常理之间的内在联系究竟是怎样的？由此还能进一步提出的另一个问题，即法律规范是如何从饱含常识、常情和常理的惯习和传统转化而来的？为了回答这些问题，我们就不得不从规范理论的视角展开相关研究。而本书在深入思考了现代规范理论中最为重要的两个代表人物，即凯尔森和哈特的思想后，总结出了规范理论中最为根本的原理："法律规范作为意义"，该意义生发自人们在日常生活中的常识性判断和相应的常规性实践。法律规范作为一种特殊的意义形式，正是从对这种原生于人们生活世界中的重要意义进行制度性转化而来的。至于这种制度性转化的模式，哈特认为是由一群接受过高度职业训练、具备充分专业知识的官员——法官，在他们的日常工作中通过集体认知和集体实践来予以实现的。可是本书在经过细致的考察后指出，哈特的理论是具有重大缺陷的。因为法院和法官本身就是一种意义建构下的制度性存在，并且他们只能负责部分常态化的运作。这意味着，在此之前必然还有一个过程，对共同体进入法律阶段后的意义建构进行总设定。这一过程只能是主权者通过他的认知和实践，以立宪的方式将人们原先生活当中重要的意义和价值初步转化到法律体系当中。

基于上述思路，本书对哈特的理论进行了深入的反思并提出了相应的批判。这些反思和批判主要是澄清了“霍布斯—奥斯丁”这一法政理论传统的主要观点，指出主权者并非像哈特所说的那样是外在于法律体系的实体，而且是事实性的权力。相反，主权者是基于共同体成员的价值共识才出现的，是共同体政治同一性和法律同一性的体现。也正是主权者的存在，才使得共同体能够走出自然状态，安享文明社会带来的生活。换言之，主权者才是让共同体摆脱只能依靠事实性的强力生活的状态，进入以客观意义为基础的秩序生活。为此，本书提出了把常识制度性转化为法律制度的二级模式。第一级是对共同体进入法律阶段后的意义建构所进行的整体设定。在这一级设定中，主权者通过他的认知和实践，把生活世界中的重要意义和相应价值以宪法的形式转化到法律框架当中。然而此时包含在宪法当中的意义还是十分抽象和宽泛的，因此，主权者同时将特定的权威和功能分配给特定的个人或机构，让他们实现对相关意义的具体化及再生成。这些个人和机构是实现法律体系和生活世界之间的动态平衡的常态机制，是二级设定的主体。

上述原理分析和二级模式的提出，是本书在纯理论的层面上对法律规范如何从人们的日常生活中获取相应的规范性内涵这一原理性问题的解答。依据这一原理层面的解答，本书从立法和司法层面上提出了引导中国现实法律实践的两条建议。在立法层面，要以常识理性为基础统合科学立法与民主立法，使立法能充分地反映人们在日常生活中看重的意义和相应的价值，同时借助现代立法技术将上述鲜活但仍显粗糙的内容打磨成符合现代法律体系要求的规范。在司法层面，要强调法律效果和社会效果的统一。尤其是当案件的争议涉及与人民群众日常生活息息相关的社会制度和社会关系的时候，要从传统理解和传统价值出发，而不是机械地适用法律。

诚然，本书肯定有不足之处，在理论和实践的其他方面还有进一步深入研究的空间。因为本书所致力于完成的，首先是将西方现代法律理论中最为核心的原理揭示出来，并根据该原理对我国目前法律理论研究中的重要问题进行回应。至于对制度性实践进行指导方面，只有在上述原理性研究基本完成后，结合部门法实践中出现的各种问题或面临的困难，才能提出更为具体的制度性建议。因此，本书希望在理论研究方面的现有成果能在未来得到更多地检验和拓展，并以此为基础回应我国在法治建设过程中的其他问题。

参考文献

（一）专著

1. 中文专著

[1] 陈端洪：《制宪权与根本法》，中国法制出版社 2010 年版。
[2] 陈嘉映：《语言哲学》，北京大学出版社 2003 年版。
[3] 冯友兰：《中国哲学史》，重庆出版社 2009 年版。
[4] 费孝通：《乡土中国　生育制度》，北京大学出版社 1998 年版。
[5] 高鸿钧：《法治漫笔》，译林出版社 2017 年版。
[6] 韩林合：《〈逻辑哲学论〉研究》，商务印书馆 2007 年版。
[7] 何家弘、刘品新：《证据法学》，法律出版社 2008 年版。
[8] 黄敏：《维特根斯坦的〈逻辑哲学论〉——文本疏义》，华东师范大学出版社 2010 年版。
[9] 金观涛、刘青峰：《观念史研究：中国现代重要政治术语的形成》，法律出版社 2009 年版。
[10] 金观涛、刘青峰：《中国现代思想的起源：超稳定结构与中国政治文化的演变》（第一卷），法律出版社 2011 年版。
[11] 马驰：《法律规范性的基础——以法律实证主义的演进为线索》，法律出版社 2013 年版。
[12] 孙国华、朱景文主编：《法理学》（第三版），中国人民大学出版社 2010 年版。
[13] 王路：《弗雷格思想研究》，商务印书馆 2008 年版。

[14] 张晓梅：《托马斯·里德的常识哲学研究》，上海人民出版社 2007 年版。
[15] 杨楹、王福民、蒋海怒：《马克思生活哲学引论》，人民出版社 2008 年版。
[16] 朱景文主编：《法社会学》（第三版），中国人民大学出版社 2013 年版。

2. 中文译著

[1] [意] 阿冈本：《例外状态》，薛熙平译，麦田出版社 2010 年版。
[2] [匈] 阿格尼丝·赫勒：《日常生活》，衣俊卿译，重庆出版社 2010 年版。
[3] [奥] 阿尔弗雷德·舒茨：《社会世界的意义构成》，游淙祺译，商务印书馆 2012 年版。
[4] [德] 阿图尔·考夫曼：《法律哲学》（第二版），刘幸义译，法律出版社 2011 年版。
[5] [德] 阿图尔·考夫曼、温弗里德·哈斯默尔主编：《当代法哲学和法律理论导论》，郑永流译，法律出版社 2013 年版。
[6] [英] 伯特兰·罗素：《意义与真理的探究》，贾可春译，商务印书馆 2009 年版。
[7] [英] 边沁：《政府片论》，沈叔平译，商务印书馆 1995 年版。
[8] [瑞典] 宾德瑞特：《为何是基础规范——凯尔森学说的内涵》，李佳译，知识产权出版社 2016 年版。
[9] [爱尔兰] 菲利普·佩迪特：《语词的创造：霍布斯论语言、心智和政治》，于明译，北京大学出版社 2010 年版。
[10] [德] G. 弗雷格：《弗雷格哲学论著选辑》，王路译，商务印书馆 2006 年版。
[11] [德] G. 弗雷格：《算术基础》，商务印书馆 1998 年版。
[12] [英] H. L. A. 哈特：《哈特论边沁》，谌洪果译，法律出版社 2015 年版。

[13] [美] 杰拉德·波斯特玛:《边沁与普通法传统》，徐同远译，法律出版社 2014 年版。

[14] [美] J.B. 施尼温德:《自律的发明：近代道德哲学史》(下册)，张志平译，上海三联出版社 2012 年版。

[15] [英] J.L. 奥斯汀:《如何以言行事——1955 年哈佛大学威廉·詹姆斯讲座》，杨玉成、赵京超译，商务印书馆 2012 年版。

[16] [奥] 克拉夫特:《维也纳学派》，李步楼、陈维杭译，商务印书馆 1999 年版。

[17] [德] 费迪南德·滕尼斯:《礼俗社会与法理社会》，载汪民安等主编:《现代性基本读本》，河南大学出版社 2005 年版。

[18] [奥] 汉斯·凯尔森:《纯粹法理论》，张书友译，中国政法大学出版社 2008 年版。

[19] [英] 亨利·西季威克:《伦理学方法》，廖申白译，中国社会科学出版社 1993 年版。

[20] [美] 霍菲尔德:《基本法律概念》，张书友译，中国法制出版社 2009 年版。

[21] [英] 吉尔伯特·赖尔:《心的概念》，徐大建译，商务印书馆 2005 年版。

[22] [德] 卡尔·施米特:《论法学思维的三种模式》，苏慧婕译，中国法制出版社 2012 年版。

[23] [德] 卡尔·施米特:《霍布斯国家学说中的利维坦》，应星、朱雁冰译，华东师范大学出版社 2008 年版。

[24] [德] 卡尔·施米特:《宪法学说》，刘锋译，上海人民出版社 2005 年版。

[25] [德] 卡尔-奥托·阿佩尔:《哲学的改造》，孙周兴、陆兴华译，上海译文出版社 2005 年版。

[26] [德] 康德:《纯粹理性批判》，邓晓芒译，人民出版社 2004 年版。

[27] [德] 康德:《法的形而上学》，沈叔平译，商务印书馆 1991 年版。

[28] [法] 雷蒙·阿隆:《社会学的主要思潮》，葛秉宁译，上海译文出版

社 2015 年版。
[29] [英] 莱斯利·格林:《国家的权威》，毛兴贵译，中国政法大学出版社 2013 年版。
[30] [法] 卢梭:《社会契约论》，何兆武译，商务印书馆 2012 年版。
[31] [奥] 路德维希·维特根斯坦:《蓝皮书和褐皮书》，涂纪亮译，北京大学出版社 2012 年版。
[32] [奥] 路德维希·维特根斯坦:《哲学语法》，韩林合译，商务印书馆 2012 年版。
[33] [英] 路德维希·维特根斯坦:《哲学研究》，陈嘉映译，上海世纪出版集团 2005 年版。
[34] [奥] 路德维希·维特根斯坦、[奥] 弗里德里希·魏斯曼:《维特根斯坦与维也纳学派》，徐为民、孙善春译，商务印书馆 2015 年版。
[35] [奥] 路德维希·维特根斯坦:《逻辑哲学论》，贺绍甲译，商务印书馆 1996 年版。
[36] [德] 罗伯特·阿列克西:《法概念与法效力》，王鹏翔译，商务印书馆 2015 年版。
[37] [比] 马克·范·胡克:《法律的沟通之维》，孙国东译，法律出版社 2008 年版。
[38] [德] 马克斯·韦伯:《经济行动与社会团体》，康乐、简惠美译，广西师范大学出版社 2010 年版。
[39] [德] 马克斯·韦伯:《经济与社会》(第一卷)，阎克文译，上海世纪出版集团 2010 版。
[40] [德] 马克斯·韦伯:《支配的类型》，康乐译，广西师范大学出版社 2010 年版。
[41] [德] 马克斯·韦伯:《支配社会学》，康乐、简惠美译，广西师范大学出版社 2010 年版。
[42] [英] 妮古拉·莱西:《哈特的一生：噩梦与美梦》，谌洪果译，法律出版社 2006 年版。
[43] [英] 尼尔·麦考密克:《大师学述：哈特》，刘叶深译，法律出版社

2010 年版。

[44] [英] 尼尔·麦考密克:《法律推理与法律理论》，姜峰译，法律出版社 2005 年版。

[45] [英] 尼尔·麦考密克:《制度法论》，周叶谦译，中国政法大学出版社 2004 年版。

[46] [美] 帕特里夏·尤西克、[美] 苏珊·S. 西尔贝:《日常生活与法律》，陆益龙译，商务印书馆 2015 年版。

[47] [英] 乔治·摩尔:《伦理学原理》，长河译，上海人民出版社 2005 年版。

[48] [英] 瑞·蒙克:《维特根斯坦传：天才为之责任》，王宇光译，浙江大学出版社 2011 年版。

[49] [美] 索尔·克里普克:《命名与必然性》，梅文译，上海译文出版社 1988 年版。

[50] [英] 托马斯·里德:《按常识原理探究人类心灵》，李涤非译，浙江大学出版社 2009 年版。

[51] [英] 托马斯·里德:《论人的行动能力》，丁三东译，浙江大学出版社 2011 年版。

[52] [法] 耶夫·西蒙:《权威的性质与功能》，吴彦译，商务印书馆 2015 年版。

[53] [英] 约瑟夫·拉兹:《法律体系的概念》，吴玉章译，中国法制出版社 2003 年版。

[54] [美] 朱尔斯·L. 科尔曼:《原则的实践》，丁海俊译，法律出版社 2006 年版。

[55] 张龑编译:《法治国作为中道——汉斯·凯尔森法哲学与公法学论集》，中国法制出版社 2017 年版。

3. 马克思主义经典文献

[1]《路德维希·费尔巴哈和德国古典哲学的终结》，人民出版社 2014 年版。

[2]《马克思恩格斯选集》(第一卷)，人民出版社 1995 年版。

[3]《资本论》(第一卷)，人民出版社 2004 年版。

4. 英文专著

[1] Andrei Marmor, *Social Conventions*: *From Language to Law*, Princeton University Press 2009.

[2] Andrei Marmor, *Philosophy of Law*, Princeton University Press 2011.

[3] C. E. Merriam, JR: *History of Theory of Sovereignty Since Rousseau*, Batoche Books 2001.

[4] David Lewis, *Convention*: *A Philosophical Study,* Blackwell Publisher 2002.

[5] David Lewis, *Philosophical Papers*: *Volume I*, Oxford University Press 1983.

[6] Frank Jackson, *From Metaphysics to Ethics*: *A Denfence of Conceptual Analysis*, Oxford: Clarendon Press 1998.

[7] Frederick Schauer, *The Force of law,* Harvard University Press 2015.

[8] G. P. Baker & P. M. S. Hacker, *Wittgenstein*: *Understanding and Meaning*, Vol.1, Wiley-Blackwell 2009.

[9] G. P. Baker & P. M. S. Hacker, *Wittgenstein-Rules, Grammar and Necessity*, Wiley Blackwell 2014.

[10] H. L. A. Hart, *The Concept of Law* (second edition), Oxford University Press 1994.

[11] Hans Kelsen, *Pure Theory of Law* (second edition), translated by Max Knight, China Social Science Publishing House 1999.

[12] Hans Kelsen, *Pure Theory of Law*, The Lawbook Exchange, Ltd. 2005

[13] Hans Kelsen, *The General Theory of Law and State*, Oxford University Press 1949.

[14] Hans-Johann Glock, *What is Analytic Philosophy?*, Cambridge University Press 2008.

[15] Jenny Thomas, *Meaning in Interaction*: *An Introduction to Pragmatics*, Foreign Language Teaching and Research Press 2010.

[16] John Austin, *The Province of Jurisprudence Determined*, Hackett Publishing House 1998.

[17] John Searle, *Expression and Meaning*: *Studies in the Theory of Speech Acts*, Cambridge University Press 1979.

[18] John Searle, *Making the Social World*: *The Structure of Human Civilization,* Oxford University Press 2010.

[19] John Searle, *Mind*: *A Brief Introduction*, Oxford University Press 2004.

[20] John Searle, *Seeing Things as They Are*, Oxford University Press 2015.

[21] John Searle, *Speech Acts*: *An Essay in the Philosophy of Language*, Cambridge University Press 1969.

[22] John Searle, *The Construction of Social Reality*, The Penguin Press 1995.

[23] Ludwig Wittgenstein, *On Certainty*, Oxford: Basil Blackwell 1969.

[24] Norman Malcolm, *Noting is Hidden*: *Wittgenstein's Criticism of his Early Thought*, Basil Blackwell 1986.

[25] P. F. Strawson, *Analysis and Metaphysics*, Oxford University Press 1992.

[26] Ryan Nichols, *Thomas Reid's Theory of Perception*, Oxford University Press 2007.

[27] Tyler Burge, *Truth, Thought, Reason*: *Essays on Frege*, Oxford University Press 2005.

[28] William James, *Pragmatism*, Longmans Green Co. 1907.

[29] Thomas Baldwin, *G. E. Moore*, Routledge 1990.

[30] Thomas Reid, *Essays on The Intellectual Powers of Man,* A.D.Woozley (ed) , M.A., Macmillan and Co., Limited, 1941.

[31] R. M. Hare: *The Language of Morals*, Oxford: Clarendon Press 2003.

（二）论文

1. 中文论文

[1] 陈嘉映:《常识与理论》，载《南京大学学报》2007 年第 5 期。

[2] 陈景辉:《裁判可接受性概念之反省》，载《法学研究》2009 年第 4 期。
[3] 陈林林:《基于法律原则的裁判》，载《法学研究》2006 年第 3 期。
[4] 邓晓芒:《康德的“先验”与“超验”之辨》，载《同济大学学报》（社会科学版）2005 年第 5 期。
[5] 高其才:《现代立法理念论》，载《南京社会科学》2006 年第 1 期。
[6] 关保英:《科学立法科学性之解读》，载《社会科学》2007 年第 3 期。
[7] 韩大元:《如何维护宪法权威》，中国数字时代：http://chinadigitaltimes.net/chinese/2013/08/ 爱思想 - 韩大元：如何维护宪法权威 /。
[8] 何海波:《何以合法？——对“二奶继承案”的追问》，载《中外法学》2009 年第 3 期。
[9] 金观涛:《中国文化的常识合理精神》，载《中国文化研究所学报》1997 年第 6 期。
[10] 金观涛、刘青峰:《新文化运动与常识理性的变迁》，载《二十一世纪》1999 年 4 月号。
[11] 李启成:《“常识”与中国传统州县司法》，载《政法论坛》2007 年第 1 期。
[12] 刘星:《法律解释中的大众话语与精英话语——法律现代性引出的一个问题》，载《比较法研究》1998 年第 1 期。
[13] 马小红:《中华法系中“礼”“律”关系辨证——质疑中国法律史研究中的某些“定论”》，载《法学研究》2014 年第 1 期。
[14] 喻敏:《文义解释——民法解释的基础与极限》，载《西南民族学院学报》（哲学社会科学版）2002 年第 11 期。
[15] 叶一舟:《常识理性下科学立法与民主立法的统一内涵》，载《行政法论丛》2015 年第 17 卷。
[16] 张龑:《从基础规范看现代立宪转型之道》，载《南京大学法律评论》2014 年秋季卷。
[17] 张龑:《多元一统的政治宪法结构——政治宪法学理论基础的反思与重建》，载《法学研究》2015 年第 6 期。
[18] 张龑:《凯尔森法学思想中的新康德主义探源》，载《环球法律评论》

2012年第2期。

[19] 张龑:《论我国法律体系中的家与个体自由原则》，载《中外法学》2013年第4期。

[20] 朱景文:《关于法律和全球化研究的几个有争议的问题》，载《南京社会科学》2010年第1期。

[21] 朱景文:《关于立法的公众参与的几个问题》，载《浙江社会科学》2000年第1期。

[22] 朱景文:《关于立法发展趋势的几个问题——一个比较研究》，载《法学杂志》2005年第6期。

[23] 朱景文:《中国特色社会主义法律体系：特色、结构和趋势》，载《中国社会科学》2011年第3期。

[24] 庄世同:《法律的概念与法律规范性的来源——重省哈特的接受论证》，载《中研院法学期刊》2013年第13期。

2. 外文论文

[1] A. D. Woozley, "Ordinary Language and Common Sense" , *Mind*, New Series,Vol.62, No.247, 1953.

[2] A. D.Woozley, "The Existence of Rules" , *Noûs*,Vol. 1, No. 1, 1967.

[3] Andrei Marmor, "Farewell to Conceptual Analysis (in Jurisprudence)" , in *Philosophical Foundations of the Nature of Law*, Wil Waluchow and Stefan Sciaraffa, Oxford University Press 2013.

[4] Arthur Ripstein, "Authority and Coercion" , *Philosophy & Public Affairs*, Vol. 32, No. 2, 2004.

[5] Benjamin W. Redekop, "Reid's Influence in Britain, Germany, France, and America", in *The Cambridge Companion to Thomas Reid*, Terence Cuneo and René van Woudenberg (ed) , Cambridge University Press, 2004.

[6] Benjamin W. Redekop, "Reid's Influence in Britain, Germany" , France, and America, in *The Cambridge Companion to Thomas Reid*, Terence Cuneo

and René van Woudenberg (ed) , Cambridge University Press, 2004.

[7] Brian Bix, "Kelsen and Normativity Revisited" , in *Social Science Research Network*: http://papers.ssrn.com/sol3/papers.cfm?abstract_id=2287870&rec=1&srcabs=2448000&alg=1&pos=7.

[8] Charles L. Barzun, "Common Sense and Legal Science" , *Virginia Law Review*,Vol. 90, No.4 , 2004.

[9] Danny Priel, "Sanction and Obligation in Hart's Theory of Law" , *Ratio Juris*,Vol. 21, No. 3, 2008.

[10] David Dyzenhaus, "Austin, Hobbes and Dicey" , in *The Legacy of John Austin's Jurisprudence,* Michael Freeman and Patricia Mindus (ed) , Springer 2013.

[11] David Dyzenhaus, "Positivism and Pesky Sovereign" , *The European Journal of International Law*,Vol.2, No.2, 2011.

[12] David Dyzenhaus, "The Genealogy of Legal Positivism" , *Oxford Journal of Legal Studies*,Vol. 24, No. 1, Spring 2004.

[13] Friedrich Stadler, "Logischer Empirismus und Reine Rechtslehre—über Familienähnlichkeiten" , in: Clemens Jabloner, Friedrich Stadler (Hrsg.) , *Logischer Empirismus und Reinie Rechtslehre*, Springer-Verlag/Wien 2001.

[14] G. E. Moore, "A Defence of Common Sense" , in *Philosophical Papers*, George Allen & Unwin Publishers, 1959.

[15] G. E. M Anscombe, "On Brute Facts" , *Analysis*,Vol. 18, No. 3, 1958.

[16] George Pavlakos, "Law, Normativity and the Model of Norms" , in *New Essays on the Normativity and Law*, Stefano Bertea and George Pavlakos (ed) , Oxford: Hart Publishing 2011.

[17] George Pavlakos, "Non-naturalism, Normativity and the Meaning of Ought" , in *Research Gate*: https://www.researchgate.net/publication/256036581_Non-Naturalism_Normativity_and_the_Meaning_of_%27Ought%27.

[18] George Pavlakos, "Practice, Reason and the Agent's Point ofView" , *Ratio Juris*,Vol. 22, No.1, 2009.

[19] Gerald J. Postema, "Law as Command: The Model of Command in Modern Jurisprudence" , *Philosophical Issues*, 2001, 11 (1) .

[20] Gottlob Frege, "Sense and Reference" , *The Philosophical Review*,Vol. 57, Issue 3, 1948.

[21] Grant Lamond, "The Rule of Recognition" , in *Reading HLA Hart's The Concept of Law*, Luis Duarte D' Almeida, James Edwards and Andrea Dolcetti (ed) , Oxford: Hart Publishing 2013.

[22] H. L. A. Hart, "Definition and Theory in Jurisprudence" , in *Essays in Jurisprudence and Philosophy*, Oxford Clarendon Press 1983.

[23] H. L. A. Hart, "Jhering's Heaven of Concepts and the Modern Analytical Jurisprudence" , in *Essays in Jurisprudence and Philosophy*, Oxford Clarendon Press 1983.

[24] H. L. A. Hart, "Kelsen Visited" , in *Essays in Jurisprudence and Philosophy*, Oxford Clarendon Press 1983.

[25] Hans Kelsen, "Natural Law Doctrine and Legal Positivism" , in *General Theory of Law and State*, The Lawbook Exchange Ltd., 2009.

[26] Henry Sidgwick, "The Philosophy of Common Sense" , *Mind*, New Series Vol.4, No.14, 1895.

[27] Hilary Putnam, "The Meaning of Meaning" , in *Mind, Language and Reality*, Cambridge University Press 1979.

[28] Hilary Putnam, "Meaning and Reference" , *The Journal of Philosophy*, Vol. 70, No. 19, 1973.

[29] J.L. Austin, "A Plea for Excuses" , *Proceedings of Aristotelian Society*, Vol. 7, 1956.

[30] John Gardner, "Why Law Might Emerge: Hart's Problematic Fable" , in *Reading HLA Hart's The Concept of Law*, Luis Duarte D' Almeida, James Edwards and Andrea Dolcetti (ed) , Oxford: Hart Publishing 2013.

[31] John Macfarlane, "Frege, Kant, and the Logic in Logicism", *The Philosophical Review*, Vol. 111, No. 1, 2002.

[32] John Skorupski, "Irrealist Cognitivism", *Ratio*, December 1999.

[33] Joseph Raz, "Two Views of the Nature of the Theory of Law: A Partial Comparison", in *Hart's Postscript: Essays on the Postscript to the Concept of Law*, Jules Coleman (ed), Oxford University Press 2001.

[34] Karl Schuhmann & Barry Smith, "Speech Act Theory and Thomas Reid", *History of Philosophy Quarterly*, Vol.7, No.1, 1900.

[35] Kenneth Einar Himma, "Coercive Enforcement and a Positivist Theory of Legal Obligation", *Belgrade Law Review*, No. 3, 2012.

[36] Lars Vinx, "Austin, Kelsen, and the model of sovereignty", *Canadian Journal of Law and Jurisprudence*, Vol. 24, No. 2, 2011.

[37] Leslie Green, "The Force of Law: Duty, Coercion and Power", in *Social Science Researh Network*: http://papers.ssrn.com/sol3/papers.cfm?abstract_id=2588588.

[38] Michael Beaney, "Analysis", *Stanford Encyclopedia of Philosophy*: http://plato.stanford.edu/entries/analysis/#6.

[39] Michael Rodney, "What is in a Habit", in *The Legacy of John Austin's Jurisprudence*, Michael Freeman and Patricia Mindus (ed), Springer 2013.

[40] Nicos Stavropoulos, "Hart's Semantics", in *Hart's Postscript: Essays on the Postscript to the Concept of Law*, Jules Coleman (ed), Oxford University Press 2001.

[41] Nicos Stavropoulos, "The Relevance of Coercion", *Ratio Juris*, Vol. 22, No. 3, 2009.

[42] Nicos Stavropoulos, "Words and Obligations", in *Reading H.L.A Hart's The Concept of Law*, Luis Duarte D' Almeida, James Edwards and Andrea Dolcetti (ed), Oxford: Hart Publishing 2013.

[43] Norberto Bobbio, "Kelsen and Legal Power", in *Normativity and Norms*,

Stanley Paulson (ed) , Oxford University Press, 1999.

[44] Norman Malcolm, "Defending Common Sense" , *The Philosophical Review*, Vol.58, No.3, 1949.

[45] Paul Bohannan, "The Differing Realms of the Law" , in *Law and Warfare: Studies in the Anthropology of Conflict*, Paul Bohannan (ed) , Natural History Press 1967.

[46] Paul Snowdon, "Peter Frederick Strowson" , *Stanford Encyclopedia of Philosophy*: http://plato.stanford.edu/entries/strawson/.

[47] Paolo Sandro, "To Whom Does the Law Speak? Canvassing a Neglected Picture of Law's Interpretative Field" , in *Problems of Normativity, Rules and Rule-following*, M. Araszkiewicz, ° P. Banas, ° T. Gizbert-Studnicki,° K.° Pleszka (ed) , Springer 2014.

[48] Pavlos Eleftheriadis, "Hart and Sovereignty" , in *Reading HLA Hart's The Concept of Law*, Luis Duarte D' Almeida, James Edwards and Andrea Dolcetti (ed) , Oxford: Hart Publishing 2013.

[49] Robert Nozick, "Coercion" , in *Philosophy, Science and Method: Essays in Honor of Ernest Nagel*, White Morgenbesser (ed) , St Martin's Press 1969.

[50] Robert S. Summers, "H. L. A. Hart's 'Concept of Law' " , *Duke Law Journal*, No. 4, 1963.

[51] Ronald Dworkin, "Legal Theory and the Problem of Sense" , in *Issues in Contemporary Legal Philosophy*, Ruth Gavison (ed) , Oxford: Clarendon Press 1987.

[52] Ryan Nichols and Gideon Yaffe, "Thomas Reid" , *Stanford Encyclopedia of Philosophy*: http://plato.stanford.edu/archives/sum2015/entries/reid/.

[53] Scott Hershovitz, "The End of Jurisprudence" , *The Yale Law Journal*, No. 124, 2015.

[54] Stanley Paulson, "The Neo-Kantian Dimension of Kant's Pure Theory of Law" , *Oxford Journal of Legal Studies*, Vol. 12, No. 3, 1992.

[55] Tadeusz Szubka, "Connective analysis and Basic Concepts" , *Philosophia*, 26 (1) , 1998.

[56] Thomas Ricketts, "Pictures, Logic and the Limits of Sense in Wittgenstein's Tractatus" , in *The Cambridge Companion to Wittgenstein*, Hans Sluga & David G. Stein (ed) , Cambridge University Press 1996.

[57] Wolfgang Kersting, "Neukantianische Rechtsbegründung: Rechtsbegriff und richtiges Recht bei Cohen, Stammler und Kelsen" , in: R. Alexy, L. H. Meyer, S. L. Paulson, G. Sprenger (Hrsg.) , Neukantianismus und Rechtsphilosophie, Baden-Baden 2002.

[58] W. Moore, "Was the Author of the Tractatus a Transcendental Idealist" , in *Wittgenstein's Tractatus: History & Interpretation*, Peter Sullivan & Michael Potter (ed) , Oxford University Press 2013.

后　记

2016年5月10日，在经历了两个小时的陈述与问答之后，我顺利地通过了博士论文的答辩。自此，我用了十年时间完成了18岁时为自己定下的一个目标，成为了法理学专业的博士。我从来不是一个喜欢回顾过往的人。十年漫漫求学路，从深圳到广州，从广州到香港，从香港到北京，从北京到安特卫普，从安特卫普又回到北京，我从来没有用长篇的文字记录自己的足迹和心迹。之所以如此，是因为语言文字乃是人类精神不朽的见证，故在使用上要慎之又慎。然而，在经历了博士研究生阶段这四年的学习和研究后，我感觉确实到了回首和感恩的时候了。

首先，我要感谢我的父亲叶小杨和我的母亲吴秀清。我并不是一个总是让人省心的孩子，但我的父母总是以极大的爱心和耐心对我进行培养和教育。在过去的十年里，我从没有把主要的精力放在解决一些私人问题或世俗之人看来重要的事情上，而我的父母总是以最大限度的包容和理解来支持我的选择。在身边的同龄人都纷纷成家并逐渐拥有自己的事业时，我仍在象牙塔里安心地枯坐冷板凳，研究着不是很多人能懂或愿意研究的问题。没有父母为我打下的生活基础和无微不至的关爱，上述的这些都是不可能实现的。对此，千言万语汇成一句话：感谢爸妈，我爱你们！

其次，我要感谢我的导师朱景文教授。在第一次遇到朱老师的时候，我还是一个对于法理学只有很模糊理解的懵懂少年。当时朱老师对我说的话我始终记在心里，那就是：要做好法理学，一定要有好的部门法基础。从那时候开始，我在进行法理学思考的同时，一直没有中断对现实问题的关注，也逐渐形成了我做研究的一些个人特点。在博士学习阶段，朱老师总是以其渊博的知识和丰富的经验对我的思考进行指导，鼓励我根据自己的学术兴趣选择研究的主题。在博士论文写作的最后阶段以及找工作的过程中，朱老师在许多关键的地方给予了我重要的指导和无私的帮助。可以说，没有朱老师的教导和帮助，我就难以延续我的学术梦想。对此，我将永远心怀感激！

最后，我要感谢在我求学的路上一直给予我关怀、教导和肯定的各位老师们。其中，我要特别感谢以下几位老师。胡锦光教授在许多重要的选择问题上为我指引方向及提供关键的帮助，令我不至于迷失方向，少走了很多弯路。我常深深地感觉到，若没有胡老师一直以来对我的关怀和提点，我的求学之路就不会走得如此平稳和顺畅。在此，我想对胡老师表达发自内心深处的万分感激和无限敬意。张龑教授以其对西方法理学深刻的洞见及对中国现实问题的独到见解，为我打开了深入思考法理学问题的大门，对我的成长有不可估量的作用。没有张老师的指点，便不会有眼下这篇博士论文。联合培养导师 George Pavlakos 教授作为当今西方法理学界新生代的领军人物之一，传授予我许多国际前沿的法理学知识，并对我的博士论文进行了细致的指导。无论我身在何方，Pavlakos 教授都时常询问我的研究情况，向我提供学术生涯发展的建议与指导。除了上面提到的老师们之外，还有许多从本科到博士曾经向我传道授业解惑的老师，我无法在此一一道谢，你们的培养和教导之情我将永远铭记在心，感谢你们！

“你到底在思考什么？逻辑，还是你的罪？”这是罗素在维特根斯坦的博士论文答辩中说出的广为人知的一句话。而维特根斯坦的回答是“两者”。我已经想不起是什么时候读到的这段话，但依稀记得当时的感觉是罗素的提问挺莫名其妙的。直到后来我才逐渐意识到，一个人最为深刻的理论思考一定是与他生命体验中最深刻的焦虑紧密联系在一起的。维特根斯坦的焦虑在于一个“真”字。维特根斯坦是家里的小弟，在文化艺术氛围浓厚的家里他被视为天赋和才华远不及哥哥们。维特根斯坦因此通过顺从父亲，做乖乖仔的方式来获得喜爱和赞赏，有时甚至不得不曲意逢迎或伪饰自己。这也促使维特根斯坦从童年到青年一直未曾中断过思考关于“真”的问题。这些思考从个人生活出发逐渐发展为一种高度抽象的哲思，并最终成为了我们今天所熟知的《逻辑哲学论》，也就是维特根斯坦的博士论文。

那么，与我的生命体验紧密相连的、最深刻的焦虑又是什么呢？它是从什么时候开始的呢？我回想了一下，这种焦虑总的来说就是对死亡的焦虑。很多人都害怕死亡，但是却并不能当然地称之为对死亡的焦虑，因为他们未曾思考死亡究竟意味着什么。不思考死就无以理解“生”，正如不思考无就无以理解“有”。在10岁那年的一个夏日午后，我独自一个人在空荡荡的屋子里躺着，想象着死亡是不是就像无梦的沉睡那样，唯一不同的就是永远不会醒过来而已。但转念一想，这个想象是不恰当的，因为唯有醒过来才能得知是一个无梦的沉睡。而死亡是一切的终点但自身又没有尽头，它是终极的虚无。它是不可想象，也不可描述的，正如目视黑洞所得皆为黑暗。然而，生命最大的确定性却又是死亡，因为任何生命从诞生的那一刻起唯一确定的就是它终将死去。此时，生与死，有与无，都似乎在虚空中模糊了界限，逐渐交融在一起。而一幅有关生命的奇异图景就慢慢地浮现了出来。这幅图景或许通过米兰·昆德拉的笔触，在《生命不能承受之轻》的一段话中得到了最好地展现：

一切都是马上经历，仅此一次，不能准备。好像一个演员没有排练就上了台。如果生命的初次排练就已经是生命本身，那么生命到底有什么价值？正因为这样，生命才总是像一张草图。但“草图”这个词还不确切，因为一张草图是某件事物的雏形，比如一幅画的草稿，而我们的生命的草图却不是任何东西的草稿，它是一张成不了画的草稿。

存在之苦于此时展露无遗。更为甚的是，在活着的时候我们是如此地热衷于追逐欢愉与幸福，享受欲望满足的快感，以至于竟然忘记了有一双无情的大手正等着将我们自认为的所得统统夺去，然后将赤裸的我们丢弃在虚空之中。一切的存在及拥有最后都注定归于终极的空寂和虚无，所有的美丽似乎不过是在掩盖内在于生命自身的荒芜。然而，正是在此中又产生了人生于世最本真的冲动。试想一下，我们每个人是不是在生命的某一个时刻想要做些什么来赋予自己活过、来过的感觉，或者有要留下些什么的念头？否则，为什么那么多地方都写着“到此一游”？塞纳河上的大桥又怎会不堪锁头的重负呢？上面所说的，并不是要传递一种消极的、阴暗的思想。因为，看不到生命的绝望，就难以寻找到生命的希望。唯有在此刻，我们才无法不严肃地问自己，有没有想过来到这个世上要得到些什么或实现些什么才叫来过这个世界上？换言之，有没有想过生活意味着什么？生命本身是珍贵的，但生命本身又并没有什么特殊的，我们绝大部分来到世上的人都被给予了均质的生命。生命不仅仅是生存，还有生活，而生活是在生命均质性之上的。进一步说，如果我们不给自己的生活赋予意义，那就是单纯地从哪来最后又回到哪去，化为星尘，成为宇宙大循环的下一个环节。那么，在生命的均质性之上、大循环之外的东西就成了对人生而言最为重要的东西。对我而言，这个东西就是关于对象之本质或本源的知识。诸如财富或地位这些东西都是不能与个人的生命结合在一起的，最终都将被夺走。而知识，只要是依靠自己得来的、关于对象之本质或本源的真知，就会永远地嵌入个人的生命形式中，就是真正的所得。从这种真正的所得中，生命又找到了其最为安定的存在基础。因此，我对死亡的焦虑就被解决掉了。为什么这么说呢？因为，问题的解决不在于被回答，而是在于被消解。死亡是生命最大的确定性，这一点是怎么也无法改变的，因而也不需要去在乎。死亡的存在是为了提醒我们要时刻思考怎么才算真正地活过及如何更好地生活。对于人们而言，定义这种状态的东西是多种多样的，可以是知识，也可以是真爱。然后，我们把生命赋予我们的资源投入追求这些东西的活动中去，如此一来，我们才能在死神来敲门的时候，安然地对自己说：我来过，我见过，我活过。又或者借用维特根斯坦在去世前对身边的人所说的那句话：“告诉他们，我这辈子过得很好。”

这些断断续续的想法在过去很长一段时间里占据了我思考的中心位置，

甚至在很大程度上影响了我对待绝大部分事物的思维方式。对于任何对象的知识，如果不是经过自己从头到尾的思考得来的，我是不会轻易接受的；一种知识，如果不是关于对象之本质或本源的原理性知识，也是难以吸引我的。可想而知，在我国的应试教育体制中，带着这种想法的我在进入大学以前的日子都是不会太好过的。我还记得在高三的某一次数学课上，老师在黑板上写了一道题目，全班同学花了近 15 分钟都没能提出解题的方法。后来，数学老师在黑板上写了一个公式，并依据这个公式很快解出了那道题目。我当时就向老师提问，这个公式是怎么来的？根据问题里的什么条件或特征能判断出需要运用这个公式来解题？老师的回答是，题目做多了就知道了。我感觉，这就是我大学前学习生涯的写照。带着无穷的好奇心和对真知的渴望，我进入了大学，并很快就被法理学这门学科所吸引。尤为吸引我的，是法理学中对于法律规范性之本真的探讨。可以说，有关法律规范性的性质、基础及人们守法的原理等问题，是我从进入大学以来就关注的问题。为此，我曾学习过自然法，研究过功利主义，探索过分析实证主义法学。而在没有对法律规范性之本真有自己的理解前，除了完成毕业要求的任务，我坚持不发其他论文或在公开场合谈论相关问题，这主要是对自己负责。最终，我在博士阶段结合苏格兰的常识哲学、语言分析哲学和实证主义法学的思考，对法律规范性的问题提出了自己的一套基本理解。对于我而言，这套理解仅仅是一个基础性框架，它还有一些不尽如人意的地方，但总体而言是能被接受为未来发展起点的。以此为基点，我还要努力地进行系统化的工作，乃至对一些具体的问题再做更为深入的探讨。所以，本书栽下的是一颗树苗，它在未来还会继续汲取各种营养、不断地长大，最终到达我心目中的那块高地。

从内容上看，本书涉及了从哲学到法理学的多个重要领域和相关人物，因而说它是一篇宏阔的论文也不为过。然而，从主旨上看，它通过一个核心命题而将原本纷繁复杂的讨论收纳、集中于一点，是一个范式研究、一个对所涉及之学者思想的内在逻辑的研究，因而它可以说又是极为简单的。思前想后，我觉得只能借用维特根斯坦的一段话来概括，这段话就是：

我的命题通过下述方式而进行阐释：凡是理解我的人，当他借助这些命题，攀登并超越它们时，最后会认识到它们是无意义的（可以说，在爬上梯子之后，他必须把梯子丢掉）。他必须超越这些命题，然后才会正确地看待世界。

我想，如果本书哪怕能在最低微的积极意义上与这句话联系在一起的话，那么也就无愧于岁月、父母的养育、老师们的栽培及亲戚朋友的理解和帮助了。这样，本书所代表的光阴，也就具备其应有的意义了。这一份意义，我希望将来还能延续下去。

叶一舟

于中国人民大学明德法学楼

2016 年 6 月 15 日

图书在版编目（CIP）数据

论法律作为常识的制度化 / 叶一舟著 .—北京：中国法制出版社，2020.6
（青蓝文库）
ISBN 978-7-5216-1030-7

Ⅰ. ①论… Ⅱ. ①叶… Ⅲ. ①法律规范—研究 Ⅳ. ① D90

中国版本图书馆 CIP 数据核字（2020）第 069882 号

策划编辑 马颖 王雯汀　　责任编辑 王雯汀　　封面设计 蒋 怡

论法律作为常识的制度化
LUN FALÜ ZUOWEI CHANGSHI DE ZHIDUHUA

著 者 / 叶一舟
经 销 / 新华书店
印 刷 / 三河市紫恒印装有限公司
开 本 / 710 毫米 ×1000 毫米 16 开
印 张 / 16
字 数 / 191 千

版次：2020 年 6 月第 1 版 / 2020 年 6 月第 1 次印刷
书号：ISBN 978-7-5216-1030-7　　定价：59.00 元

北京西单横二条 2 号
邮政编码：100031　　传真：010-66031119
网址：http://www. zgfzs. com　　编辑部电话：010-66060794
市场营销部电话：010-66033393　　邮购部电话：010-66033288

（如有印装质量问题，请与本社印务部联系调换。电话：010-66032926）